"流动的中国"丛书
LIUDONG DE ZHONGGUO CONGSHU

总策划 宁孜勤 卢海鸣

商贾便览

（清）吴中孚 纂辑
杨正泰 点校

南京出版传媒集团
南京出版社

图书在版编目（CIP）数据

商贾便览 /（清）吴中孚纂辑；杨正泰点校. -- 南京：南京出版社, 2019.12
（流动的中国）
ISBN 978-7-5533-2687-0

Ⅰ.①商… Ⅱ.①吴… ②杨… Ⅲ.①商业史—中国—明清时代 Ⅳ.①F729.4

中国版本图书馆CIP数据核字（2019）第256694号

丛 书 名：	流动的中国
书 　 名：	商贾便览
作 　 者：	（清）吴中孚
点 　 校：	杨正泰
出版发行：	南京出版传媒集团 南　京　出　版　社
社址：南京市太平门街53号	邮编：210016
网址：http://www.njcbs.cn	电子信箱：njcbs1988@163.com
联系电话：025-83283893、83283864（营销） 025-83112257（编务）	
出 版 人：	项晓宁
出 品 人：	卢海鸣
责任编辑：	徐　智
装帧设计：	王　俊
责任印制：	杨福彬
排　　版：	南京新华丰制版有限公司
印　　刷：	南京工大印务有限公司
开　　本：	890毫米×1240毫米　1/32
印　　张：	8
字　　数：	200千
版　　次：	2019年12月第1版
印　　次：	2019年12月第1次印刷
书　　号：	ISBN 978-7-5533-2687-0
定　　价：	48.00元

南京出版社
图书专营店

总　序

　　人流、商品流、资金流、信息流，是现代社会经济活动的主形式、主渠道、主脉搏和主动力。而在明清时期，借助于各地陆路交通、自然河流和人工运河的便利，邮驿、漕运、盐运、各种贸易物资的运输，以及不同人群的往来，对封建王朝的政治统治、国防军事、经济命脉、社会稳定等，起到了十分重要的作用。"驿通四方""邮传万里"，偌大的中国，仿佛在普遍的"流动"中维系着社会经济的稳定与前行。

　　回顾历史，在自给自足为主的农业社会里，大多数百姓并不能随意流动，商人往往成为商业流动和社会流动中最活跃的因子。为了便于外出经商活动，明清时期一些走南闯北的商人在注意收集各地程图路引的同时，还通过各种渠道广泛了解当地的风土人情，这些内容构成了日后他们所编纂的商书的主体。从存世的明清商书中，我们能够窥见"流动的中国"的社会经济生态，获取破解封建社会经济发展的密钥。

　　"流动的中国"丛书，选取明清时期四种经典的商书，包括明代佚名编《寰宇通衢》、黄汴纂《一统路程图记》、程春宇辑《士商类要》以及清代吴中孚纂辑《商贾便览》。其中，《寰宇通衢》是记述明初驿站驿路的专书，《一统路程图记》是我国现存最早的商旅交通指南,《士商类要》是明代商书的代表作,《商贾便览》是清代商书的代表作,都具有很高的史料价值。为了更好地发挥丛书的作用,我们邀请致力于明清商书研究三十余年的杨正泰教授,通过整理点校的方式,将原先难得一见、不易阅读的古籍文献,打造成适于广大具有中等以上文化程度读者阅读的普及性读物。

为了尽量保持原书的面貌,除了必要的校注外,我们确定了如下整理原则:书中的通假字、异体字径改;可以确定的错漏字直接补上,无法臆补的用方框表示。为节省篇幅起见,丛书校注中的常用书名皆改用简称,如《明实录·太祖实录》作《太祖实录》,《明实录·太宗实录》作《太宗实录》,其他类推;《寰宇通志》作《寰宇志》;《读史方舆纪要》作《纪要》;《大清一统志》作《清统志》;《嘉庆重修一统志》作《一统志》;《古今图书集成》作《图书集成》;《一统路程图记》作《路程图记》;《天下路程图引》作《路程图引》;新安原版《士商类要》作《士商类要》;《新刻水陆路程便览》作《路程便览》,等等。

总之,我们希望这套丛书的出版,能为读者了解明清时期的山川地理、商业发展、社会经济、民间生活,描绘"流动的中国"意象提供帮助,同时也为专业人员研究明清交通史、商业史提供便利。

导　读

《商贾便览》又名《重订商贾便览》，八卷。清乾隆五十七年(1792)江西广信府(治今江西上饶市)人吴中孚纂辑。

在现存明清商书中，《商贾便览》内容全面而丰富，保存了许多清代前期的商业状况和社会生活情况，在商书编纂体例方面也有新的拓展，一些中外学者赞誉它"达到了明代以来商业书发展的顶点地位"[1]，是"明清时期商业文化的代表作"[2]。

吴中孚生卒年不详，出身于商贾世家，未及弱冠，即随其父"坐店攻买卖"，后又去玉邑(今江西玉山县)经营粮食生意。其父去世后，吴中孚在江浙一带经商。上饶地处浙、闽、赣三省交会处，是徽商、闽商、龙游商和赣商活动极为活跃的地区，各地商贾云集，商业氛围浓郁，便于搜集资料和进行交流，编纂商书的社会环境良好，《商贾便览》于是应运而生。鉴于以前的商书，多为"行商之论"，缺少"坐贾之论"，吴中孚便在以往商书的基础上，增编"土产、书算、字义、辨银、路程等类"，重新编成一书供坐贾使用。

---

[1] [日]寺田隆信：《山西商人研究》，山西人民出版社1986年版，第291页。
[2] 陈学文：《明清时期商业书及商人书之研究》，台北洪叶文化事业有限公司1997年版，第197页。

吴中孚从小接受家教,长成后从事经商活动,对商贾尤其是坐贾应该具备怎样的素质、经受哪些历练、掌握什么知识、熟悉哪些业务、防备哪些陷阱、怎样为人处世等,都有切身体会。这些经历和阅历,大大丰富了他的编纂思想,开卷之后读者自有感受,无须笔者多言。与之前的商书相比,《商贾便览》胜出的地方有:一、门类更加广泛,内容更加丰富。《算法便览》《银谱便览》《尺牍便览》等,均为以前商书少见或未见,而这些又都是商贾必不可少的知识,非常实用,读来令人耳目一新。二、上述内容的纳入,不仅体现了编纂者对商书的理解和探索,而且为后继者规范商书内容和体例,拓宽商书编纂者的视野,提供了新视角和新思路,有重要的启示作用。三、编纂者对市场的关注度和敏锐性,亦胜于以往。除漕运、盐务、茶引、关税等传统贸易外,对各省的马头买卖、大小市场,乃至运河水道、运船样式、旅途风险、小费数额等都有具体记载,为研究当时的经商环境和社会生活提供了珍贵素材。四、重视学徒的素质培养和对商贾的人文关怀,也是本书的亮点所在。《江湖必读》《应酬书信》等相关内容对此有生动详细的说明,在此不赘。总之,《商贾便览》在内容上,丰富而不芜杂;在体例上,紧凑而有新意,当得起国内外学者的赞誉。

作为一部纂辑的商书,《商贾便览》存在着前后体例不一、行文风格不同、各自为例的不协调现象。例如《江湖必读》与《工商切要》的内容,只是编排在一起而未能更好地揉合成篇,吴中孚辑录的部分与萧廷祚续增的部分各自独立成段便是例证。吴中孚纂辑本书的出发点和着力点,侧重于坐贾,却因此忽视了与行商有关内容的审核和校对,例如"水陆路引"与行商的关系十分密切,但吴中孚对此却用心不多、用力不够。《天下水陆路程》援引的水陆路引,来源于六七家之多,其表述方式和编排风格很不一致,如果不加整理,一般读者很难读懂。诸如此类的问题,原书中并不少见。再者,本书搜集的资料,各地详略不均,取舍差异很大。例如银钱货币,于苏州、广州、扬州诸处,研究十分详尽,于一般地方则很少提及;对经常乘坐的船式,言及江西及其附近地区如数家珍,对其他地区则泛善可陈;阐述水陆交通情况,详于杭州、苏州、松江、汉口等地,边远地区则很少提及或全被忽略。这种情况,可能反映了当时的实际,也可能受限于纂辑者的经商实践和接触到的资料,读者应注意分析,辩证对待。

这次整理的《商贾便览》,以日本东京大学图书馆的藏本为底本。除东京大学图书馆外,东洋文化研究所和日本东北帝国大学也有藏本,且卷数和分装册数并不一致,有志于此的学者可循此做进一步研究。笔者在整理工作中遇到不少困难:一、本书是稀有古籍,国内无藏本,国外藏本不易获取,没有可供本校的书籍。二、本书所载的部分内容,如元宝、银钱和算盘,如今社会上已弃之不用,寻找他校的书籍也很困难。三、原书刊印时,随意性较大,且采用多种字体,并多双行夹注,版式的无序和错乱往往造成文意相左。凡此等等,都加大了校勘的难度和整理的工作量。这次整理出版,除点校和注释外,主要做了以下工作:一、将原书中的双行夹注改为单行小字;二、改正衍、脱、舛、误的文字和段落;三、将繁体字直排本改为简体字横排本。

本书的整理出版,得到众多方面的关照。首先得益于南京出版社卢海鸣社长的热情鼓励和大力支持。其次,要感谢张盛全君的鼎力帮助,他利用在日本疗养的机会,多次往返东京大学图书馆,取得了本书复印件,使其整理出版成为可能。在本书整理过程中,南开大学南炳文教授,中国社会科学院古代史研究所张金奎研究员,上海大学陈建勤教授、章海荣教授,上海外贸学院姚昆遗教授热情地参与了一些段落的校勘工作,帮助解决了不少疑难。没有上述各方的共同努力,这本珍贵古籍是难以顺利面世的。

杨正泰
2019 年 10 月于上海兴国路寓所

自 序

余家世业儒,自先严甫冠呕血,因废书未就,计图调安,后育余兄弟辈,力以家贫治生,然儒素犹未遽改也。余年七龄入小学,颇能成诵,先君指曰:"儿似能读,奈居学日少,在病日多,弃书而为商贾可也。"且云谚有之曰:"大富由命,小富由人。"是亦存乎儿之为人耳。年十二,随父兄坐店攻买卖,暇时兼阅书卷。嗣以邻店回禄累及,乃命余商贩信郡①,经营缱绻,凡事谦恭受益,是以贸过货物,略识高低,即经过市镇,其规则颇十知五六焉。岁己丑,余以粮食开张,驻玉邑②。至癸巳,先严不幸,七旬寿终。余治丧毕,益切缵承玉店生理,亦月易而岁不同。后走江、浙,繁冗羁绊,不获朝夕,奉养家慈,岁一归省,为太疏也。戊申,忽遭城火殃鱼之灾,陷成不白缧绁之中,接见家计痛哭号天,偷生苟延,养生送死,寸志未尽,此余不肖不孝之谓也。随配芝阳,乃昔交易熟地,日虽藉契宽怀,夜卧每难安席,泣思先堂贤勤,以训不肖。继旦若不能独生,又思前事既不可补,且年将老至,病务交加,恐

---

① "信郡",明清时期江西广信府的别称。唐宋时,曾置信州,故名。明改元信州路为广信府,治今江西上饶市。清因之。
② "玉邑",明清时期江西广信府玉山县的别称。相传玉帝遗玉于境内怀玉山,故名。玉山镇是玉山县治所,亦称为"玉山""玉峰""玉邑"。

难永算,不克继绍先人,训成后裔。因见坊间《江湖必读》一书,确当行商要说,但既有行商之论,岂遂无坐贾之论,爰增数条,兼及土产、书算、字义、辨银、路程等类,辑成数卷,名为《商贾便览》,以训后裔。庶几"小富由人",或可加之,以教不负先严之训诲也。辑成,友人力请剞劂①,公诸商贾,极知鄙陋管见,贻笑大方,第付诸梓,伏乞俊杰君子及时增减,以匡不逮,或于生理之道不无小补万一云尔。

  时惟大清乾隆五十七年岁次壬子仲夏月上浣之吉
    凤冈吴中孚回澜氏书于芝阳之大兴堂

---

① "剞劂",雕刻用的刀具。引申为雕版、刻书。

目 录[①]

商贾便览卷之一
《江湖必读》原书 …………………………………… 001
萧廷祚续增 …………………………………………… 014
《工商切要》 ………………………………………… 016

商贾便览卷之二
经营粮食五谷，须兼菜子分辨 ……………………… 025
出行、兴贩、行船、开张吉凶日 …………………… 032
诸神圣诞风暴日期 …………………………………… 035
各省船名样式 ………………………………………… 039

商贾便览卷之三
各省疆域、风俗、土产 ……………………………… 044
新增各省土产 ………………………………………… 070
异国、口外土产 ……………………………………… 072

[①] 原书目录与正文多有不符，今根据正文内容重新编排目录。

外国方向 …………………………………… 073
各省买卖大马头 …………………………… 073
各省关税 …………………………………… 076
各省盐务所出、分销地方 ………………… 077
茶引 ………………………………………… 078
漕运河工省分 ……………………………… 078

算法便览卷之四
算法 ………………………………………… 079
变算口诀 …………………………………… 080
归除法实首末因乘图 ……………………… 083
立法总论 …………………………………… 084
归除法 ……………………………………… 088
撞归法 ……………………………………… 089
已有归而无除,用起一还原法 …………… 089
乘法 ………………………………………… 090
便民法 ……………………………………… 094
混归法歌诀 ………………………………… 094
分别货物价乘除法 ………………………… 096
一归零除法 ………………………………… 098
斤两法歌 …………………………………… 098
倾煎论色 …………………………………… 102

银谱便览卷之五

平秤市谱 …………………………………………… 103
辨银谱总论 ………………………………………… 103
辨银则例 …………………………………………… 104
辨银名色 …………………………………………… 109
辨银增要 …………………………………………… 118
各处倾出高低样式名色 …………………………… 123

尺牍便览卷之六

应酬书信 …………………………………………… 127

尺牍便览卷之七

时令佳句 …………………………………………… 171
月令别名 …………………………………………… 172
书信称呼 …………………………………………… 173
字义四则 …………………………………………… 177

路程便览卷之八

天下水陆路程 ……………………………………… 195

商贾便览卷之一

《江湖必读》原书

物古不狼，老实节俭。

凡观人家器用物件，不可因其古旧即以为贫，非狼藉破坏不堪，必老实节俭，其家充溢可知。

新宅而焕，标致奢华。

人家屋宇精致，物件鲜明，分外巧样，是好奢华之人，内囊定无积聚。

异妆服饰，浪荡之流。

衣冠随世，不古不华，若巧异妆扮，服色变常，此皆浪荡下流，必非守业受用者也。

左右顾盼而呼号，矜夸富势。

对客坐谈而大声呼喝奴婢，或左顾右盼如有所事，此皆卖弄富样，假充财主之相。

上下瞻视而吐语，心暗算人。

乍会谈之间，不轻出口，以目上下瞻看，方露微言，则其心中必有所计较矣。

礼貌假迁,心中叵测,起坐率直,面上无态[①]。

谦迁多礼之人,其心必诈,面颜不能谄媚,则方寸必良。

问价即言,大都不远,论物口慢,毕竟怀欺。

初到牙家问货,价值随口而答,则亦相近,不差多少。若口慢应对,含糊其间,必怀诈也。

货物低假,尚可获五七之偿,牙侩空虚落套[②]**,无万一之稳**。

货低货假,虽无利钱,肯亏折尚可出卖换物,不至全无。若在空虚牙家,一落其套,不惟本钱折尽,即求归费不可得矣。

相见恭而席厚,货快有价。

主人初会恭敬,益然出于分外,酒席破格丰盛,跟从欢腾,情意甚炽,则知货有价而锋快也。增[③]:若非货快,则虚空之主,媚套起货,私图扯移,以应其急,更宜防之。

妻女声传而貌露,难言循良。

妇女居于内室,招摇暴露以炫人目,彰大声音以乱人耳,此乃奸淫之态,非良家之妇,慎之。

病心偷欢,终有损于正经。

为客者当谨慎自持,不可因主妇之美,偷情窥视,彼良妇岂肯轻身,是必无耻下流,纵妻勾引,一坠其术,本钱遭骗,可不慎乎。

[①] "态",底本作"熊",据上下文意改。

[②] "牙侩",又称牙商、牙人、经纪。古代在城乡市场中为买卖双方说合交易并抽取佣金的商人。有官牙和私牙两种。他们在贸易中帮助主顾权贵贱、别精粗、衡重轻、举伪妄。

[③] 吴中孚《自序》云:"因见坊间《江湖必读》一书,确当行商要说……爰增数条,兼及土产、书算、字义、辨银、路程等类,辑成数卷,名为《商贾便览》。"后文中又有"萧廷祚续增"之说。疑本卷文字中"增"以下文字,为吴中孚所加,并为说明也。

锐志坚持，必不堕于勾引。

花街柳巷，原无客妻，若正道明嫖，所用尚节，如邪心贪恋主家之妇，虽不要钱，货本诓去，到头无算，所用多矣。凡客必坚持其志，庶不入于套中。增：若不能卓立之客，一入下流奸牙之家，揣客所好，或赌或嫖，百计勾引，串觉摆布，不至诓尽客本不休，客悟回头尚有归费，终迷不醒必致洗罄，归家无颜，反入下流。有余之家，父兄闻此或来唤回，若属远省贫户孤丁，由此飘流，竟作异地孤魂，为客者不可谨慎以禁嫖赌乎。

客来无货，非取账即是候人。

若客来，空手无货，非向主家取账，必是等候朋友同行。

买主私谈，不扣银，定夹账。

行家以买主私地背言，必定旧有所欠，扣我货银抵还，不然货价腾长，必落价以图夹也。

多因行大放胆，十有九危。

客见牙侩彰大财货，放胆托付，不思倾败，一失则所损多矣，切宜慎之。

不如才小慎心，三平五满。

经纪门面小，坊所费不繁，而客货不轻放手，量入为出，必无差误矣。

许多卖少，接新客之常情；说快反迟，哄起货之旧套。

客家惟图多利，必许多方能满意，货滞客必他往，必说快以哄之，乃肯起货。

送客与接客情殊，完货与到货待异。

客货初到，必款待恭敬，无所不备，若货已完送完，送客将行，其情礼定然疏略。增：或老宾主，情有始终。

远接岂是良牙,疏礼乃为稳主。

经纪因无客投,雇人远接素行,不卜可知,若忠厚不事诈谋,相待直率,货本托之无虞矣。

红面知羞终不负,低头忍辱必为诓。

知羞耻者,必能辗转挪移,断不负人之债。若不知羞者,百行皆丧,即骂即告何益焉,一落其手,必被其诓骗矣。

狂而无耻口偏硬,假做英雄。

心性狂妄,未有卓见,唯强不自料量,偏夸己是,口硬无为,特假做英雄耳。

毁誉中,防家奴误主。指示处,恐稍子利私[①]**。**

雇工奴仆之流,惟图口腹夸其好,未即真谤其非恐未是,船家私受经纪贿赂,推荐其家,误客丧本皆由此弊,其言不可轻信。

客荐客须防有故,牙赞牙亦是常情。

客伙吹嘘主家,邀我同投,彼非相厚知交,必因欠账,欲扯我补,不可不察。经纪彼此相赞,势所必然,不可轻信。增:然客荐客,在知己老诚,客友相荐,又不可概同疑忌。

性快心慈,成人之美。奸贪诡诈,幸人之灾。

为人爽快,恺悌慈祥,凡遇交易,必忠诚相劝,务全其事。彼诡诈之流,见人美好,必嫉妒之,见人灾祸,窃喜笑之。

类忠厚者,却是无能。善谈论,必然有见。

真忠厚者,才干迥异,心地光明。若不能言语,此乃昏庸无才之人,岂真忠厚哉。至若善谈论之人,有条有理,其胸中必有见识。

老客宿商言语必切,稚童雏子性急不常。

老客遇事,言词紧切,不动声色,人自钦畏。初出江湖者,常易变

[①] "稍子",犹舟子。泛指船户的稍公、撑船的水手。

颜,少倾笑舞。

好歹莫瞒牙侩,交易要自酌量。

货之精粗美恶,实告经纪,以便售卖。若昧而不言,希图侥幸出脱,恐自误也。买卖交易要自立主意,不可听信旁人拦阻。齐行熬价,惧我成交,欲脱彼货,宜自己酌量。

卖货莫听人拗,买物须与众观。

莫听人拗,莫信直中直也,好破我以成彼交。与众观,乃得直假也。

齿下不明,久后徒然,混赖当场,既允转身,何必趔趄。

交易之时,即要讲明价钱银水,若含糊图成,至会账之时,必然混乱,争竞买卖,允与不允,决于当时。既已成交,转身鬼相,非君子道义之交也。

掬撮成交,难免会银破面。捺压出货,终须会账伤情。

卖货不由客允,或众人作成,或牙人捺压,皆非公平交易,难免会账争低昂也。

现银争价不知机,守货齐行多自误。

货到地头终须要卖,若现银免强争价,亦过于自执。或听人掬撮,错过机会,以致货搁,后悔何及。

多说价钱,老好之客;遍呈纹银,好胜之流。

老好好胜之流,分明此货只价九钱,对众客便说一两,会来银水不足,则拣去色银,独有纹银遍呈人看,使人争价争纹,彼在其中讨好行事也。

有物不可离房,无事切宜戒步。

鼠窃之徒有心窥探,或暗通己仆,结为内应,伺主他出,即潜入盗取,故房门常宜锁锢,出往宜早也。

守己不贪终是稳,利人所有定遭殃。

彼吊白打拐之人,骗哄诡诈之术,千计百较,智过君子,或锡锭,或水银、铅金、沙汞、服饰、物件,种种多端,以欺好利之流。若贪其小利,必致失其大物,惟不利人之有,则伪者不能欺矣。

以心度心者少,以德报德者希。

客投主家图有益耳,但恐主家不能体心,侵吞客本,甚负其美意。

阴消之辈不堪扶,暴溺之流还可拯。

无志之人承祖父之业,蚕食殆尽者,决不可扶持。若乎素有能干,偶遭横祸者,丧本倾家过后,尚能奋发。

最厚亦宜谨慎,临卑不可骄矜。

相交至厚之友,不宜讪诽轻慢,亦当谨慎思默。如见面生后辈,岂可妄自尊大,言行骄而欺压乎,是皆取祸之由耳。

出纳不问几何,其家必败。

当家之人,宜量入以制出。若蒙昧不问所进若干,尽其所有而用,更无稽考,全不慎惧,此乃必败之家。

算计不遗一介,凡事有成。

成家创业者,常恐败于怠忽。每事必焦思劳心,精详筹画,不失一策,凡有所谋,无不遂也。

逢人不宜露帛。

乘船登岸,宿店野行,所佩财帛切宜谨密收藏。应用盘费,少留在外,若不仔细显露,被人瞧见,致起歹心,倾财毕命皆由于此。居家有财,亲友见或借,无以推辞,拒之又生怨恨。

处室亦当藏钞。

银钱多在目前,遇物必买,当俭亦丰,当省亦费,妻女在旁诒笑,拈取何以拒之,一朝贫窘,求友固难,求妻亦不易也。

撺掇买,撺掇卖,岂良主之心。不强人,不强货,是贤东之德。

有等经纪惟图牙用,不当卖之物撺掇客卖,不可买之货撺掇客买,以致折本徒劳,其过岂小,而贤东良主,既不募人邀客,又不强客起货，任客自投，听客自便。

让货非为假义，处财乃见真心。

一客之货分派几家，经纪当起货之际，不竞多少，任客所付，此为义主。交易之时，虽价贱推以牙用让补，后来会银或挪移他处，致令从少，或低悭银水，扣少天平，此皆假义，必始终如一，财上分明方见真心也。

跌鬻婉成而减价，倒脱靴时后糊扒。

买卖既已成交，又云价贱不卖，希望主家损用增补，此非公平正大人也。

贪口腹而忘本，图小利以倾财。

良客不求主家酒食丰盛，不因小利以快其心，安知其酒食与微利非饵我之具乎。

侵用客钱，何必食前方丈。广招商旅，所因财上分明。

经纪滥用客财，恬不知恤，日款肥羊美酒，何补于事。惟财上分明，商旅以本钱为重，自不他往而来投矣。

客逢落落牙人慢，货若当时主家恭。

客若消乏本钱，主人相待则简，若合时行之货，其款待自然不同。

起跌先知，称为惯手，壅通预识，可云智人。

做牙做客于货之起跌壅通，预有定见，斯为识时俊杰也。

客堪扶主十有五六，主能体客百无二三。

客以货投牙，扶持牙人之实心，牙人不体客心，坑陷其本，往往有之，为客可不择主而投乎。

恣情刻剥，良客不为。任意指勒，狼牙素行。

客勒牙用补货价，贴银水凑天平，皆刻剥之为，主家若以快货为迟钝，瞒取牙用，不顾客之折本，或贸易之间公然指勒，此乃狼牙之素行，良客亦当识之。

路钱勿负,恩债必还。

出外者于各口岸店肆赊银钱、酒饭之类,切不可负心不还,恐一旦重逢,当路索取,体面何存,下次倘遇缺乏,谁肯赊借。如恩德之债,又当加倍奉偿,不然缓急人所时有,一遇坎坷,恩主不再捐赀,况他乡异域,将谁乞怜,请三复之。

天因材而授职,人有干则起家。

世人负才气,妄自夸张,或怨天尤人,而算计之失,皆不究自己之误,不知天付人以富贵,必因自能营运而起家也。且凡创业之人,内有才干,外不矜张,外虽朴实,内则丰盈,得一文实受一文,起家亦易耳。

太过者满则必倾,执中者平而且稳。

凡人存心处世,务在中和。不可因势凌人,因财欺人,因能侮人,因仇害人,因倾推人,因宠赞人,使我一旦势尽财竭,威福不张,灾祸临身,四面皆为仇敌矣。惟能处世以谦,处财以宽,处能以逊,处仇以德,处倾以扶,处宠以方便,若此岂惟中和待人哉,亦可为保全身家之策矣。

厚利非我利,轻财是吾财。

经营贸易及放私债,惟以二三分利息,此为平常悠久。若希图七八分利者,偶值则可,难以为恒,倘或以此存心,每每如是,必至倾覆,我本亦为天所夺矣。

钱入贪手,虽健讼亦难追。货放邪人,纵势威而莫逼。

人多自恃能讼能言,有威有势,货物乱放,人不敢负,至于极贫、无耻而赊欠者,不惟讼之于官,即凌逼百出,亦无奈何。莫初授之时谨慎拣择,使无后悔。有势主家宜以心结之,无钱牙侩要在利予,官家经纪及能干之东,钱入其手难以角力,必须推心置腹以礼待之,不可轻口浪言,自然愈加公道于我。若穷迫之主,凡事相帮扶持,有利于彼，自然感我而不负也。

提防莫投，可托勿弃。

客若提防主家卖货会银，紧跟不离，早晚疑畏，恐其诓骗，似此何不当初莫投彼。有身家经纪，财货可以放手，虽有微短，我本无虞，为客者不宜弃此主也。

非正主不可听其撺瞒，若亲丁切忌计来勾引。

经纪若非正人或兄弟子侄、帮行伙计，专一哄客嫖饮以迷其心，摈掇货物以私其利，或哄赊货，或托借银，至于结账，正主不认，耽搁行程，写约记账，破面伤情，为客者先宜识之。

口是心非难与处，为人犹己可相亲。

与人交结，极为难认心可人。忘恩之徒平昔密如胶漆，口谈最厚，及我灾患，彼见之不少为，一觑此人难与处也。惟仁厚笃实，视人犹己，能忧人之忧，则可以相亲近矣。

推钞满前应付，敢云悭吝。扯银不会因循，毕竟推挪。

手头盈余丰足，应会客银，自然随口随与。若只口答应，因循不付，则其扯挪别用，可云其有银而不会哉。

事先忧者不忧，患预防者不患。

凡事当备其未来，则临时不受其局促。凡患当防其未然，则祸害不至于深重。若茫然不知则患大，坦然不备则事急，俗云"未有水来先作坝"，此之谓也。

合伙开行，择能者是从。分头管事，以直者付托。

一行若有数人合伙经纪，我当择其忠厚者付之以本，能事者托之以鬻，他日分伙相投，亦必如是斯可矣。

轮年如同打劫，独任尚顾门风。

无论兄弟合伙共开一行，若轮流管事，各要顾己囊私，不如独自开行。尚图下年，凡事宽让，以顾门面。

银水不悭防放饵,价钱肯出为图赊。

买货者不争价,随口而允,此图赊之人恐一硬而不到手。至还银足纹而不悭水者,须防钓我下次也。

无买主而呈样银,此皆牢笼之计。

两尽至诚方称口宾主,客货立意要卖,当实云卖,岂可诡诈以试主,必求现银方行起货,而牙人恐不能留客,则执样银以哄,似此者俱非良实宾主。

说价多而纵遍访,是架搁之奸。

老客货投一家则定意实情,卖货之时自有定价,若东驰西探,遍家采访,其老实者以时价告之,其奸诡者以虚价诞之,不能察其奸则落其虚价之套,货到彼家临卖,反不如前之价,赀本更为消之,可不慎欤。

货分几主,锋快则彼此怀疑。物在一行,迟滞则主宾计处。

多有客人之货,分俵几家得以快卖,殊不知各主反相疑忌,恐彼多而我少,取怪于客。至投,两相耽搁,更不如独投一家,货虽迟钝,得以商议,计处而行也。增:但须贤主独投乃可,倘非良牙,则分卖择诚而重托之,亦权变之宜也。

隔面讲盘终有弊,当场喝价始无欺。

公平正直之主当场定价,而于用是其分内,良客必不争也。阴险奸牙背地私议,其间得无弊乎。增:更有预先勾串,虽当面亦不识其奸。纳要客能自认货色,识定行情,合时裁夺,至此奸狼之牙亦将手软矣。

买主生疏,应是主家之弊。

有等经纪因债而扯本行之客货,叫帮闲外人假执样银,不辨货之精粗,不争价之高下,秤短不竞,银纹不搭,行径不似买主,交易又非老诚,经纪务必逼从,店官又来撺掇,似此必主家之弊也。

货必过秤,须知经纪之狠。

客货到主家,坐守日久,不为发出,要令讲清价钱,各货过秤,私自发账,希图多利,秤头又好,多卖价值,此为最狠之主也。

终日肆筵防有意,不时做戏岂无因。

主之待客自有常礼,若不时唱戏,大张筵宴,美醽佳肴邀张之,结买客心,钓饵之计,其中必有所利。

失礼非是罪人,图食岂为好客。

牙人只在财上分明,不至负客,虽酒食、礼物哺啜,不为得罪,其不念赀本,惟贪些小饮食,岂得谓良客哉。

口里虽肥,到底还须吃自。眼前虽好,后来端的遭亏。

图口腹固非良客,而越分呵谀亦非好牙,安知所以款待之需,取之牙用之外,他日无可抵偿,算来平日之食,岂非自吃也乎。

扯门面不耐久长,安平素自然悠远。

百凡依古守常,丰俭适当,此乃久处之道。若趋时迈众,弄巧使心,勉强门面,即一时好看,不久必致倾败也。

经纪登舟,非拜客即为接客。

有名经纪随客自投,若探听客来,自驾小舟远迎邀接,假以拜客为名,实恐客投他人,客若情面不能拒之,俯从到家,此等媚态之牙,高商决不入套。

客人就主,岂其贤,必是己贤。

客之老诚,人所难接,牙之老实,亦不远迎。客自然相投,此非待主之贤[①],必客之自贤也。

写船无主埠,因生歹意。

写船非近邻熟识者,不可自惧,必由船行立票,前途吉凶得以知

---

① "待",底本作"特",据上下文意改。

之。间有歹人窥视,亦恶有根脚熟识,不敢为非。倘省牙用,自雇船只,人面生疏,交人得以行事,因有谋故,可不慎之乎。

同行无的伴,须慎囊橐。

凡出外,须择熟识的伴,方可无虞。若路逢非素相识之人,同舟共宿,未必他心似我心,一切贵重之物,务宜防护,夜恐盗而昼恐拐也。即深知其果,忠厚者亦不可露白也。

搭船行李萧然,定是不良之辈。

同伴搭船之人,或人物衣冠齐整,却无行李,踪迹实可疑者,非拐子即吊剪不良之流,切宜谨防耳。

若舟桨帆朽坏,须防风浪之灾。

雇船要看新旧,若舟中应用什物朽坏者,必不耐风浪也。

钢铁忌储箱箧,重物莫裹包囊。

出外收拾行李,若有钢、铁、铅、锡及一切沉重之物,不可藏于箱箧,裹于包袱,或发夫或雇船,挑扛装仓,疑是财物,致生歹心,辄行谋故,不可不慎。而有此物,宜露外面,不可蔽藏,以远小人之害也。

箕毕定有雨风,执破必然阴晦。

箕好风,毕好雨,执日阴,破日晦,凡值此四日,试之果然。

三三九九浪掀天,五五六六风转北。

三月初三,玄帝诞日。九月初九,玄帝飞升日。或在此日前三后四,必有大风扬沙拔木,行船宜防。至于夏天,多是南风,而反南风者,必不能前。不知四月鱼苗风,五月划舟风,六月雷祖风,皆可以防送而南也。

天财阳富任君行,申集盗贼宜敛迹。

出行最忌申日,及七不往、八不归。天集日,每月初六、十四、念二、三十。天盗日,初八、十六、廿四。天贼日,初二、初十、十八、廿六。除此数日,其余天财、天阳、天富,俱吉日。

辰巳不异黎明，春夏最嫌燥热。

清早天色至辰巳时，明净不变，虽有微风雨，船行上下，俱无妨碍。春夏若逢天气燥热，其日必有雷雨风暴。

白浪、覆舟毋解缆，风波、灭没切停桡①。

月建为白浪日，如正月寅日、二月卯日也。覆舟，即破日也。风波日，即年建也，如子年子日、丑年丑日。灭没，是弦日虚、晦日娄、朔日角、望日亢、虚日鬼、盈日牛，此数日而值此几宿也。

天若冥暗莫起早，日才西坠莫前行。

水陆行人俱要看东方发白，方开船行路。若尚冥暗，恐堕奸人之谋，防有劫夺之害。至日将西坠，便湾船及投宿也。

财不竭于明骗，本切忌于阴消。

人来骗我，利我有余，尚属有形之骗。倘不揆度支给，阴耗赀本，自无算计。使用不节，货物银钱全不介意，至于临行结账，浪费千百，持本经营者当自慎也。

艺乘旺者恐衰，财骤发者防败。

凡为艺业之人，生意旺甚，愈加精致，可保长兴。若因其旺而变其心志，疏懒玩忽，必至衰也。财若骤发，以为得之容易，浪漫无稽，借与失当，消耗立见矣。

技贵精专，业防贪滥。

贪滥之人心志不定，得陇望蜀，居此图彼，羡人之美，耻己之恶，皆是无厌之徒，终无结实。若能自守本业，技艺日加淬砺，着意用心，不失故物，是为固本之道。

---

① "灭没"，"天地灭绝"之意。旧云灭没日为凶日，忌上官、出行、起造、入宅、婚姻等百事。虚、娄、角、亢、鬼、牛，为二十八宿中特定星官的当值之日。

拙于治生，虽能无益。

百般生业，计在资身、养父母、育妻子。若无能支持家务，致使饥寒，及不知利害，妄生祸柄，贻累家人，纵使外务有能，亦何裨也。

专于刻剥，纵舍无功。

与人交际刻剥，取利锱铢，而竞其方寸，已不良也。虽捐万金，施舍造桥、砌路、创庙、作福，亦无功德矣。（萧廷祚续）

萧廷祚续增

空客劝盘，求为替代。门前久坐，专等姨夫①。

客被经纪诓骗，不得起身，若来劝盘，则是求我之成，以补他之空②，眼智者察之。若无货之客，久坐门前，丧神失魄，强为谈笑，必专望新客以垫已亏也③。

客商慎勿妆束，童稚戒饰金银。

出外为商，务宜素朴，若到口岸肆店，服饰齐整，小人必生窥觊，潜谋劫盗，不可不慎。而孩童年小，其父母垂爱，以金银为之冠帽、手镯、项圈、耳坠之类，小人窃见，利其财物，或毁体折肢采取，或连孩童抱去，谋杀之端皆由于此。

同舟共店因悭小，满座人嫌为语狂。

彼悭吝者，与人同舟共店，饮食蔬菜皆他自用，不俟均众同嗜，独喜便宜，因是取人嫌弃。人前话语，务宜谦慎缄默，使人难以窥我虚实，若满口矜夸己胜，说短论长而不知止，此人必无内养，岂不嫌憎。

---

① "姨夫"，与"姨父"有别。姨父指姨妈的丈夫，而姨夫指共狎一妓的两个男人，互称姨夫。此处借喻客商与经纪皆想从某买卖中谋利脱身，是怀有同一动机的人。

② "他"，底本作"地"，据上下文意改。以下径改。

③ "亏"，底本作"归"，据上下文意改。

是官当敬，凡长宜尊。

官无大小，皆受朝廷一命，权可制人。不可因其秩卑，放肆侮慢。苟或触犯，虽不能荣人，亦足以辱人。倘受其叱挞，又将何以洗耻哉。凡见官长，须起立引避，盖常为卑为降，实吾民之职分也。不论贫富，或属我尊长，或年纪老大，遇我于座于途，必须谦让恭敬，不可妄狂僭越，设若尔长于人，人不逊尔，尔心独无恨忿乎。

富从勤得，贫系懒招。

若谓贫富，各有天定，岂有坐可致富，懒可保贫哉。彼大富固有自来，吾衣食丰足，未必不由勤俭而得。观彼懒惰之人，游手好闲，不务生理，既无天坠之食，又无地产之衣，若不饥寒，吾不信矣。

不识莫买，熟行莫丢。

平昔生意，惯熟货物，虽然利微，亦或遇而不遇，切不可轻易丢弃，收换生理，暴入别行。而货真假未必全识，价值低昂，难以逆料，以致倾覆财本，大有不可量也，然作客贩货，宜固守本行为是。

衣戒游行，早宜兴起。

浪荡之人专欲夜游，或饮酒而街坊闯祸，或玩戏而殴妓骂娼，或赌博而忍饥寒，或鼠偷而陷缧绁，或罹不测之灾，靡可尽述，夜游为害若此。视彼早起者，清心爽意之时，干理正务，惺惺不悖道义，百求皆得，百为皆顺，所以夜游无益，早起有功。

斯言浅易，无非开启迷蒙。意义少文，惟在近情通俗。

予俗著言，为目击经商艰于获利，渐见消替，而牙侩日坐失业，益见困惫，所以人心不古，俗习浇漓，有自来矣。然句法虽浅近无文，其中意义亦能曲尽宾主之弊，指人循道义履中正，不溺欲海，挽回淳厚，向化美俗，诸君不鄙而共之，俾可少补处世治家之万一耳。

《工商切要》 中孚新增

习惯成性,坏在幼时。

人自孩提时,初性本善。及其能言语,能步履,则惟知随父母言,跟父母行。渐长,则渐知识。贤父严师,则子弟无不效其贤。年将冠,察其质,授之业。设或不能读书,即习商贾者,其仁、义、礼、智、信皆当教之焉,则长成,自然生财有道矣。苟不教焉,而又纵之,其性必改,其心则不可问矣。虽能生财,断无从道而来,君子不足尚也。

谅质授业。

人之质性,虽有贤愚不等,士农工商须各执一业,皆要父母自幼留心察识。上质者,习儒业。中质者,学工商。下愚者,务农业。因人而授,贵在于专。俗云:"行行出状元,只要有志气。"

乘时习艺。

凡子弟,十岁以前不可为工贾之徒,以其弱小,世故未知,授事难执,教导难明。二十岁以后者,亦属难学,以其长大,性格已定,师长叱责不便,即严督亦难随事改悔也。故学工贾,必十一二岁至十八九岁,及时勉学,以其性未定,年渐长,世事渐知,师长可以随事教训,易为节制也。

学艺业,贵择师伴。

师者,弟之表也。伴者,人之友也。若非贤师良友,而从浮薄之人,不惟艺业难进,且为非作歹,效尤习惯,贻累终身,为父兄者可不预为择之乎。

初走水,当带行李。

子弟有志走水买卖①,或先学过行铺中生理者②,此则差可。若

---

① "走水买卖",即乘船外出做生意。亦指行商。
② "行铺",即商店。相对行商而言,指坐商。

初出门，务要跟好亲友中老客同往，或请教熟客中前辈至诚者伙行。本银宜少带，则易买易卖。走水宜近处，则易来易往。货物高低，易识行情，起跌易闻。始然在家立志出门，择定吉期前数日，先将本银预备，点数看过，亲自封好。继将朴素寒暑衣服、蚊帐、被褥、毡毯、棕荐，或被、哨、鞋、履、帽、箱、油布、算盘、戥子、账簿、图书、笔砚及零星等物收拾共一处，用衣箱一二只，弄官差大商，不可用大红皮箱，但用木蔑棕箱，只要坚固，将衣服等物及本银点明，开单放置箱中，扣锁妥当。又备伙食篮一只，炊爨、饮食、瓷木、锡器要用等物，亦须点数开单，放妥锁好。其余往办何货，应用物件，如贩杂货、药材须用棕印、铁签、秤硇、刀、针、锥、剪等物。若贩粮食，须用灰印、布袋、斛筹等件，均宜置办，随身得用。又有米桶、雨伞、灯笼、锁蓬、铁钩、便壶、便桶等物，共列一单，配合装梱，作成几大件，发至埠头，交明船户搬放舟中，即便照单逐件查点。到了买卖地头，仍照前装成几大件，或就船买卖，亦易照应捡点。若行李发上埠头，行家着人来挑，亦要交明，到行开折，照前单逐件点过，放入卧房。诸凡如此，以防遗失。总之，出外不比居家，带物宜简少，不宜太多，若为长路大商，本银或用包梱，或用桶装，衣箱、器械各物，增加须及宜，不必繁华，不惟便于捡点，抑且掩饰，以远害也。

出门恳辞饯程，归家莫令接风。

饯程及接风，乃族人亲友之厚礼，惟文人乡会之行，前辈长者之回，领之无愧。若少年子弟出外商贾，时往时返，何必作饯，既受饯行，回家必送物还礼，又备接风，此种风俗彼此多费，不过悦人耳目，了人情意而已。且送饯者皆作吉兆之言，称其必定发财而回，但受饯者未必皆是得意还乡，或有折本而归者，当之岂能无惭，不若彼此两相心照，临别托以家事，而送者一诺千金，各嘱保重。及归时，果不负其所托，足见厚情美意，存心图报，此则谢者理所当然，而受者亦可无歉矣。

登舟斟酌步履。

出外经营,难免坐船,走水买卖,居舟尤多,稍不慎重,命丧顷刻,寸步须当留心。凡上船下埠必从容,候船定稳,或靠贴岸埠,或搭跳板,看果平稳,无论晴雨,须穿布底鞋,行步方稳实。下到埠头,上至船舱,再换靴鞋可也。倘穿皮靴、木屐,尤要仔细。跳小而长,须烦舟子代搭扶手。或船住外帮远隔,宜雇小船以渡上下,如无小船可渡,须逐船走至,务要两手寸尺扭攀蓬板、木篙根固之物,两足斟酌缓走,不可脚踏两边船筐。如过邻船,用手扳定走过。遇船动开,或忽然帮船挤近,及船走风,切勿立于船头、艄上及边筐之上,恐各物碍近身来。或在浅小之河,看定船有十分稳妥可援之处,方可大小便。若大河中,宜用便桶出恭,便壶小解,随即盖密,放入自坐舱底,无令秽气熏人。俟船住之时,倾下河去,打水洗净。日间炊爨要水,大船则用绳引桶提,小船则用长柄水筒打上,或浼舟子代提。或洗晒衣服,宜晒于舱内,若船湾定则可晒于舱外,须防风飘及岸上小人窃去。夜间油烛、灯火要放在空处,挂灯笼切勿近蓬板。烟火灭熄。临睡先将各门窗看过,用铁钩锁紧,以防水贼。宜多醒少睡,听察不测,提防失耗也。

雇夫提防歪邪附雇牲口车。

客途雇夫运货、挑行李,而夫马往来之地,固有夫行、歇店保雇。夫运间亦有挑夫窃走,虽经官追问,行店守候无期,失去实追转虚。莫若预将货物捆装,包印封整,指明给挑。如银两重物,切要言明,与行店知之,另雇至妥当之夫,嘱其中途不得换夫转挑。或行店着伙押送,或客伙自押,均须小心慎重,或挑夫中途忽病难运,必需换夫,尤宜谨慎,切勿忙中自乱。雇夫莫惜脚钱,暂雇帮夫同原夫换挑于市镇之处,再投歇店,托其代雇妥当之夫转运可也。更有孤客路途生疏,偶搭生船,坐至地头口岸舟多之埠,客恐上埠觅夫挑物需时,转身难认原埠,寻船不着,又恐船夫移埠窃物等情,是以当即就河下乱叫夫挑，偶遇匪类揽挑上肩，快步走前，客赶不及，常有被挑夫盗走不见。又有船埠隔地头乡镇十余里，亦须雇夫挑至，若错雇歹人，被其挑逃失物者常有，此皆少年性急，疏失者多只因忙中乱雇，或贪脚钱便宜，不肯小心浼托船夫。及近埠头店家代雇，脚钱虽贵，而有经手，可保无失。且客途雇车，亦当虑此。惟西北之地雇牲口骡车，则凭行家着夫伴送，谅无疏失矣。

船件串骗须识破即"相识船"，又名"相吃船"。

有等奸恶匪类之徒，朋党数人，撑驾一舟，择无人知觉口岸，打听异地孤客搭船，设计自向揽来。客初上船，则假装忠厚，分班装扮，皆称是搭船之客，各报来去之处，以安异客之心。早晚甜言以结相好，始则自伴赌起，引人上场，继则用谋诱动其心，一入其套，则船住荒洲冷处，不输罄尽不已。否则暗使一班另驾舟楫，或埋伏自岸而来，假装地方官差模样，捉拿捆锁，各党装作慌忙逃走，惊吓孤客，客以为实，怕祸累身，惟知忙中求脱，或自逃走，或被若辈赶逐，恶党得其行李、银钱，一篙撑开潜逃，可怜异地孤客，遭害告诉无门，沿途求乞者有之，投短丧命者有之，皆缘未经船行，妄搭匪类之船，以致如此，悔之晚矣。异地搭船者慎之。

舟子盗卖宜防闲俗名"放生船"。

有等好赌、爱嫖、贪吃之船，懒惰不勤，每到口岸，不即将货交卸，揽载回水，或因客货迟滞，空船不得，久停口岸，必致赊欠、扛借若干，总以揽载之日水脚偿还为词[①]，况埠头船行惯放此等险船之债，计其所欠若干，将其揽载所得水脚尽行扣偿，别欠无还者，必来索咀，拮据难行，只得私将客货盗卖，抵填各债，以图下次赊借之路。舟开途中，思想客货装至地头，折多难赔，顿起恶心，不顾有客坐船，故意将船

---

① "水脚"，水路运输费用。

撞坏针漏,声言水入船沉,将货乱搬乱丢,或听沉水,或任飘流,客在危急之际,何能稽查先所盗卖之货,以为因船坏,搬抢失货,沉水飘流去了。若无客在船,愈加胆大,任意多卖。中途早晚将船针沉,将货丢些入河,令来往人看见,或称遭风,或捏撞破,总以坏船掩饰盗卖之弊,客或追问,弃着烂船不要,再无他虑,至此客亦无可奈何,即欲追问船行,禀究船夫,徒增讼烦,有何益哉。故凡雇船载货,宜投老诚船行,要择船新蓬好、家伙齐整、查探到埠未久者,必属勤俭殷实之船,再加人多壮健,不但货不疏折,即遇风狂水大,亦可藉保无虞,此船虽水力比众船更贵,固所应得,客当莫惜,正所以顾本也。

舟中载轻,不惧大风高浪。夜间水涨,须防断缆定锚。

常言船轻如宝,船载只可装七分为宜①、八分为止。船既略轻,筐围离水自高,风浪容易过身,舵橹篙桨,随动随应。设遇风暴,可以招架保护②,以免覆沉之灾。夜间湾船小河,途中须防洪水忽涨,大河湾埠尤虑合水高冲。每见黑夜突泛洪水,急冲船动,以致缆断锚走,人货俱作鱼虾矣。此虽船夫之事,客人亦要留心,叫起看察,择妥而湾,以防失误。

走路莫贪捷径,过渡戒登满船。

异地陆程,官马大路,无论晴雨,步履必须平稳。早餐晚宿,当自计算,及时而止。苟轻信土人指示,贪走捷径小路,一逢崎岖必致腰痛腿酸,甚有失足跌伤者,或赶铺不及,腹久馁饥者,或路生不知远近,日落忙赶投宿者,反受种种之苦,皆由图捷所致。至于过渡,须看舟之大小,水之缓急。若舟大水缓,十数人同一渡为适当,倘舟小水急,人装满重,常见舟至河中,一逢风浪,人齐惊动,舟即覆沉,命送顷刻,而尸且莫知葬于何所矣。此皆不耐时久,以俟别船再渡,而欲忙

---

① "七分为宜",底本"宜"上衍"及"字,据上下文意删。
② "招",底本作"昭",据上下文意改。

赶送死也。知命者慎之。

禁赌遏淫。

赌、嫖二事,好者无不败家倾本,甚至丧命,此乃人人明知。而好者入迷,不能禁遏。后生少年非十分至诚,不可远出商贾。况近时世华人巧,有等奸险老客不顾廉耻,或素来巧于赌嫖,引诱同船共栈客伴赌嫖,明为心腹壮胆,暗实于中取利,大则串人捉拿讹诈,小则吃用包其所费,多般花销难以枚举,二害非小,当自知之。

戒酒保身。

酒虽可以合欢,而多饮不节,必至乱事,倘非安闲无事之人,不可过饮。行船防风,夜船防盗,居栈防火,买卖防错误,应对防失礼,酒之为害,可胜言哉。至于身体,出外之人当自保重,不但酒色赌博宜戒,即与人骂殴,亦当节性养气。且冷热之物,尤须忌口安衷。酷暑严寒,须知略避,或不得已而冒暑冲寒,当知清热缓和以调护。男人志在四方,能者任行,乘风击浪,要在问心。勤可治生,俭可惜福,披星戴月,不如安命。凡有所好,必有所忌,自古至今,乐极生忧,安于中和,保身延寿第一方也。

学徒称呼须知。

子弟投师学贸易,先分尊卑称呼。行铺正主为师,并有总管及正店官带徒者,此皆专管专教之师,本称老师。同事中,有年长过我二十以上者[①],均当以老师、老伯称之。年长十岁以上者,以老叔称之。年长数岁及先后学徒年长者,皆以老兄称之。惟后来学徒年小于我者,方可以老弟呼之。一切来往客友,总以尊长贵重称之。无紧急事,不可高声呼尊长之名。常时,须平声和容称呼答应,乃为善也。

---

① "有年长过我二十以上者",底本"我"下衍"我"字,据上下文意删。

学徒任事切要。

初入门数日,当侍立众店官之侧,或立久方许坐从低末之处。眼看前班伙徒每日所执一切之事,谨记在心。此数日,递茶、装烟谅可。过了十数日,行主老师及店官渐有逐事吩咐,授执跟学,大约清早起来,相帮下小店门板,开光窗门,打扫各处灰尘,抹洗各局上及桌凳物件污迹,捡齐各处要用小物件,及样货照原铺摆,自洗面,燃神位香灯,拜□□□□主及师长。卧起,即侍候梳洗、茶烟,到库房门外,问发各草簿物件,捧入局内放置,或可简省,必须坚固得用,规模纵小,摆设合宜,取则便手,放物不移。掌总、掌局、管钱、管银重设副正。繁有帮人收进发出,内查外寻,访探行情,辨货贵真,走水采买,脱陈留新,经手赊账,责成取身司厨、司杂、粗工、学生、熟识接客,主人待宾,敬公罚私,强去扣留,奖勤责怠,褒智教愚,始终如一,行店可兴。至于京、苏、楚、粤谋大事,繁不同。慎者,宁安朴实。智者,必扬才情。

因人授事,量能论俸。

行铺事繁,用人必多,授执合宜,诸凡妥贴。贤愚倒置,事必乖张,第一在管总、统事、库房;次则内外店官买卖,水客访市辩货,接对客友查收各账;又次则寻船起货,卞货管栈,出入收拾货物;又次则杂务、粗工、炊爨等事,授事论俸,无不各适其宜。至于忠公勇往,尽义竭力,此则又在褒奖敬酬之列也。

行铺马头择闹热。

凡开行铺,须择当市、马头聚集之所,取舍目有机锋①,来往人繁贵贱,可得权通。买卖既大,高低亦能合售,果是公平交易,客顾必定源源。若或吝惜租金,愿居冷市即原处。早餐摆定桌凳,安放碗箸,请有客侍候,上酒饭茶烟之事。若师长吩咐吃饭,虽一面自己吃饭,

---

① "机锋",机警、犀利的锋芒,或含有深意的禅机。此处指商人的眼光和能力。

眼仍要顾客酒饭茶烟之事。餐毕，捡拾碗箸等物，抹净桌上。午听店长吩咐，或入局侍立侧末，跟众伙执习轻便之事，莫乱说话，或命走动，有事听明记心，即开步就去，小心慎重，做来回复。中饭及下午各事照前。或有余闲，不得闭眼偷睡，恐客忽至，要奉茶烟。即无客至，亦须寻问些轻便之事去做。旁晚，各处灯台油烛上好，安放妥当原处，相帮捡拾外局上各物件，上小铺门板，关闩光窗门，点神位香灯，拜揖。夜餐后，各事毕，候过师长，不得即进房安睡，须到闲静处，或自一人，或邀伙徒同习算盘或学字信，必要做过半个时久，方许就寝。总须晏眠起早，莫懒惰好吃。遇天雨之日，众伙闲坐时，方可请教师长，看银水，学算盘，讲书信及生意各事。其由生而熟，自拙而精，皆在留心观听，思慕之勤，神到自明矣。

立规模以壮观，定章程而不易。

凡开行铺，无论大小，要有规模章程，人物整齐。屋虽旧小，虽要打扫灰尘。局橱、桌凳不华，务在洗抹洁净家伙。昔十买九卖，难得拾近求远，不顾闹中现成之处，而募冷街静巷之家，恐未必也。惟有独行专卖，或作囤货栈所，庶几可矣。

行铺屋宇要坚牢。

凡开行铺，屋宇必要土库高楼，不但火烛无虞，且盗贼亦难侵害。即在小本开店，门壁尤要坚固，店高柱大，规模恢宏，人加神气，生意必兴。旧店柱小，日怕风雨，夜怕贼撬，倘一疏失，悔之不及。

赊账要择诚信。

买卖肯赊，其故有三：一为揽生意，一为图多价，一为脱丑货。三者之利少，而害却无穷也。其所利者少，尚属侥幸，设若揽生意而乱放，多与图多价，并不择人脱丑货，只求受主如此，望其全收，岂可得乎。况今时之人险诈多端，甚有专以赊借营生，稍得遂意，以他人之本，趁他人之钱，若一亏折，必假装门面，百计巧骗，东诓西套，自百而千,自千而万,私藏银钱,或逃或倒,不一而足,负累若干,皆为三者之利,昔赊者宜慎之。做客者,即货丑价贱,终有淘澄折数,开行者果有良心待客,公平交易,谅情劝成,则买卖不揽自来,何用赊为。俗言:"三分一两易趁,九钱七分难赔。"人负我,我负人,前车之失,后车复辙,可不畏耶。惟开铺者,各乡市镇主顾必多,难免挂欠,择人而授,宁少莫多,货要卖真,价作公平,以义取利,主顾信服,非贫难偿,必不负也。

囤贩贵审时宜。

囤栈脱贵,收新出陈,此囤户之常谋也,还当察其贱而又贱,贵而又贵,不贱而可买,不贵而应卖之时也。何谓贱而又贱,无非大熟涌出,邻近皆然,货无行路,自然滞跌异常。何谓贵而又贵,必是出处无来,消路转大,所以贵缺无底。何谓不贱而可买,无如各路出处不熟,而消处所必需,故虽不贱犹可买。何谓不贵而应卖,盖以所出各路源源有来,而流路阻滞,故虽不贵亦当卖。此皆要在留心访问,审察机变时宜,合乎情理而已。若格外奇谋,则惟高明智巧者能之,非我庸碌之所能也。

辨货要知大概,识物务须小心。

天下货物,各有土产不同,任是老商遍游大省名镇,惯涉江湖洋海,岂能各种皆识高底。然货之大概,高者总有自然买色,光亮解明,活润生神,细嫩结实,滋味美厚,干净均匀。而低者色相死而不活,黯晦黩黧,枯呆觉硬,粗糙稀松,形质恶浊,难掺伪牵。至于新田生热,方圆大小,轻重长短,整碎切湿,或土产,或止作,可否取舍,挩要合宜,然后可售。惯家内行一见了然,外行初认,黑白难分。虚心求教,神而明之,存乎其人,此又不在概论者也。

商贾便览卷之二

经营粮食五谷，须兼菜子分辨 余居此业日久，略识高低，故附以备参

稻谷

粳、糯二种，俱有早晚。早者颗粒短，晚者颗粒长，皆要干炒、结实、鲜光。重的为高，则碾出多米，每谷一石，可有净米五斗几升。其湿霉、刺芒、秕多者为低，则少米且碎，每石谷只砻得四斗几升米。再将谷研出米来看，其色漂亮的极高，如陈霉谷米则色不鲜明，或川、楚及南昌近湖等处谷米，有种淡黄色，名为"麦子米"，则卖相为次。糯谷研看米色，尤忌其红白阴间，多者为低，俱以此论其价值。

齐粮粳米

俗以粳为晚米，早为籼米，皆要择其干炒十净、色白亮结者为佳。其有红青间者为次，湿、碎、糠秕多杂者为低。顺色红米，炒净者亦为高。

稬米 "稬"即"糯"正字

择其饱满、肥润、顺色、皮薄、干炒、十净者为佳，造酒极妙。其红白阴间、青碎、皮厚者为低，造酒则淡。袁州万载出种黄糯米，名"金包银"，其好的造酒亦佳。广信上饶间出红皮糯米、造酒略次。

粳糯熟米

俱要分辨上熟、次熟、三熟三等，看察真炒、干净、顺色为佳，其粗

糙、碎青、间杂、水湿为次。

青黄黑豆

无论湖广及本省各处土豆,总择饱满、均匀、光亮、㸆净为高,其温、软、鼓、烂、色晦、油边、子母上下槁壳、灰土重者为低。

蚕豆、豌豆、马料豆、赤豆、豇豆、泥豆、藕豆、刀豆

高低,俱仿青黄豆分辨。

绿豆

颗粒一色、均匀、鲜绿小者极好发。非粒大者,好磨洗粉。余分高低,与青、黄豆同。有种黄赤色的,亦好洗粉。

大麦

择㸆净、光结的为高,湿、轻、芒刺长的为次。

小麦

择干净、鲜亮、结重、颗粒均匀的为佳。各地土产性厚者多,有好扯细长索面,湖广、下江、山东等处出有好的,间亦可以扯索面。有种颗粒肥大、黄金色的,虽难扯面,磨粉极多,亦不为低。其潮湿、秕小、有砂泥及无名子多,并色晦、斤两轻者皆为低,不能扯面,且少粉不白。米、麦只可炊饭食。

荞麦

择㸆净、皮黑、粉白、斤重者为高。

脂麻

有黑、白、红三种。红的所出更少、极好榨油。黑、白的,茶饼、糖食兼用。俱择㸆净、饱满、粒匀、气香者为高。其潮湿、秕小及叶泥多者为次。不香者草子多,尤次。

粟 黍 稷

皆粟类。有黏者,为糯。粟不黏者,为粳。粟色黄的更多,俱以饱圆、㸆净为高。

梁

比粟粒更大，五色皆有。蜀地出高粱、稷秋之类，亦有糯、粳两种，总以干炒、十净、饱满、一色者为高。其潮湿、秃小、间乱、毛杂、斤轻者为低。粟、梁、碾米成熟，仿此而辨。包粟即芦穄。

掺子 山东、河南俱产

亦仿粟、梁辨高低。

油菜子

择极干炒、一碾即开成粉片、一概金黄色者为高。再看实色鲜润、黑中略带红艳、颗粒饱满均匀、无草子、砂泥者更佳。其草子之色带灰，曰皮起有毛，只用粗棉布衣，按入菜子中，有草子便粘在布上，可以辨其草子之轻重。其潮湿的，研则连成片饼，虽春秋天气亦要发烧，即变灰白之色，便带酸馊之气，研出片来，中间多变红色，榨出油来，亦带酸气。及秃小、皮厚、皮皱、土泥多者皆为极低，榨油则少有矣。今湖广分为两样，一宗收晒用篝皮，无土泥，名为篝子，价可高卖钱数；一宗不用篝皮，只在地上旷干，故泥砂多，名为土泥子，价要低卖一二钱不等，江西属算武宁菜子高。

萝卜子

择颗粒匀、大、鲜红色、炒净的为高，种菜则茂兜长成大。其色红淡、秃小的，种菜不能长大，及陈久有泥立、潮湿的为低。

以上米、谷、豆、麦、菜子等类，若遇暑热之时，务择真炒采买，及春秋买存囤积，更宜复晒炒硬，以免发烧生虫。

以己恕人能处久，以人犹己可合长。

古云财从伴理生，即论商贾亦有伙伴同为，而彼此须先识其性情。盖人之性情刚柔缓急不一，半由父母生定，半由幼小习成，倘或性情执拗，虽父兄朝夕训诫，且难必其改悔，何况伙伴乎，故谚有之曰"识性可同居"，惟各揣己之性，以度人之性，若己之性善，不妨容众之不善,则不善者因此而知改过自新,岂但有益生理,而益友之功德且归于我矣。其一宜先洁己以公,进出账簿清白无讹,无分尔我,同心协力,发奋经营获利,盈不必逞功,见亏本亦莫生怨,不可纤毫苟且,万一有损人利己之私,当时虽不觉,久后必有败露,因小失大,有防公务,往往而然。诚以营私得志,只知惟利是图,则于公事不觉忽略而失之矣。及至败露,伙伴嫌疑启讼,观其色报报然,甚至天理报复,将平日所得之私财,皆消诸乌有,即何益矣。迩来有等本多之伙,除均本之外,仍有余银带做己分小伙,又有帮伙己下有银,亦带做己下小伙,如此所为,即属公正之人,日久不无嫌疑,况其不公者,似难免是非争论矣。莫若将银统归众做,或补公息,或照本分利,以免一身两心,岂不尽善。至有大本钱付众,难以概理,或抽身自为,或另伙别图,庶不致一身兼二,以取嫌疑之渐耳。

书信勤通,趋避两得。

商贾生理,买有地头,卖有定处。货载中途,或因水干,或为分手,俱须开剥分运,难免托人代办①。宾主关切,客友情深,必须信息彼此频通,不但各处货物行情时知裁办,即两地兴居可亦藉以慰怀,故勤谋生理者不惜笔墨,各省小费,每逢紧要,即专雇飞报,或给酒钱,附便快交,则知机风,早晚可得趋避而有益矣。

未买入手先图脱,诚实赊来遵信还。

小本铺家向行家及大铺家贩货,须择货。合我售价,合我卖,各货办得精功,才可受来,方能爽脱。而银不便手与赊,须诚实约议远期,切莫食言,方为信义之交也。

开店慎本自然久,始终公平势必兴。

店铺生意,无论大小俱宜度量稳当,处而为之,方可保本图利,

---

① "办",底本作"亦",据上下文意改。

即生意不能通达，亦不致大折本源。斗、斛、秤、尺俱要公平合市，不可过于低昂，及生意广大之后，切戒后班刻薄，以致大始无终，败坏店名也。

浮载账簿欺主，假盛生意哄人。

店官为坏生意折本，恐被主人责革，作弊于簿上，浮载出息，以欺主人，图再信用，更有巧为浮作之徒，贵买贱卖以图生意茂盛，骗人悦来，好为借贷，君子俱宜精察而提防之。

店官智信两兼取，簿账详查宜亲勤。

请用店官经管之人，须择老诚忠厚、才德兼备者，虽去重俸，实益于店。所有簿账，宜自同理查核，方无错误，则作奸舞弊之心无自而生矣。

杜赌根源须知。

孟春为一岁之首，元旦是日辰之初，正望乃三元之上，是以天下富以贵，贫以贱，莫不庆赏佳节，各抒良心，敬天地，礼神明，奉祖先，孝双亲，守王法，重师尊，爱兄弟，信朋友，亲三族父族、母族、妻族，和乡邻，无不往来拜贺长者。行少者效，雍雍一堂，爱乎莫尚猗欤，盛哉。所可虑者，父兄之教不先，子弟之率不谨，败坏根源，未有不肇于新正者，而人皆曰元旦至元宵为日无多，正是弟子嬉戏取乐之时，饮酒、赌钱风俗相沿，以为常事。虽在父兄，不禁其言动之非，即有老成，亦靳其箴规之最，出则同侪游嬉冲街，穿也看灯，戏窥妇女，归则一班聚首，设计引诱，或抹牌，或掷骰，终日昏昏，尚何望其良心犹存哉。且今之世，更有一等无政之家，堂前设局，或父子兄弟同赌，或亲戚朋友共场，甚至妻女奴婢凑数，喧闹一庭，夜以继日，男女混杂，内外不分，大有不堪言者，嗟嗟，弟子之害亦于此而起矣。盖父兄坐前赌，弟子立后看，幼则旁观学习，长则爱赌贪嬉，放僻□侈，以致倾家丧命，后悔无及，是谁之过与。由此观之，为家长者得无虑乎，可因新年姑惜而任其自放乎,敢自为之模范,令子弟效法乎,可不自此严肃防闲,杜其败坏根源乎。然而杜之之法,要自元旦始,拘束弟子家庭习礼,三餐饮食,男聚外堂,妇女内室,弟子出门拜贺,道途间徐行,后长遇亲友,必恭敬逊让,谨言慎行。如远方拜贺,则限其归期,若过期不旋,须遣人催回,以杜其旷日放荡之弊。除此拜年事外,孝弟谨信,爱众亲仁,所当急讲者,即日新年佳节,应为取乐之事,然而取乐究亦何所不有者,初何尝沾沾在赌博哉。士则有琴棋书画,农则有陇畔游春,工则有锣鼓闹新,商则有舟车玩景,四民无往不得其乐者。至于习技艺、学商贾,往往从行铺投师,拘束犹如家长,当此新年闲暇之际,约束弟子身心,免致外出,见闻非礼,正好教其明巧拙、知粗细、学算盘、识银水、习字帖、读书信、从容佚,其自化上和下悦,岂非乐事哉。即欲外观春景,父兄率子弟、童冠偕游,风浴咏归,致足乐也。自过元宵之后,各令专务正业,或投托师友教训,或家长自为管督,循规蹈矩,务使立志有成,如是则天下无不肃之家,亦无不肖之子矣。斯时也,四民安业,风朴而淳也,俗勤而俭也,士秀而文也,农愿而悫也,盛哉斯世,堪与春光并矣,谁不愿哉。此篇庚戌已刊在外。

好讼祸端当察。

小忿不忍以致兴讼,讼必有师。君子爱无讼,必劝息。小人利有讼,必教争而不利于息,一息彼无利矣。是故讼棍结连衙役,两相表里,事本可无讼,若辈唆成讼,未进词满口"包准""包赢",既告状则一字入公门,九牛拔不出矣。当此骑虎之势,又怀好胜之心,只知谋讼,那顾身家,讼师操其技,书役逞其权,经承问出票礼,原差索行牌钱,贫者变产典质,讼未见结而家已罄矣。且奴颜婢膝,候于公庭,今日求讼师,明日乞书差,在其呼喝,听其詈辱,望其一审,亦不可得。至于富者居讼,若辈摆布,尤多串鬼引祟招摇,日出勾嘱歇家,反间亲信,情可知也。而恐之日,彼布置已定,理本长也。而疑之日,莫轻易就审,佯为劝止,而实以鼓进,明为竭忠而暗以输敌,一处可结必动经数处,一倍可了必花费十倍,倘得胜犹可解事,一败不可救,家被破矣,罪被陷矣,反又归咎于主人不从其谋,不顺其手,非我尤也。更有恶毒者,唆教重犯,妄扳族邻,挟诈平人,经府解司拖累无辜,由是受冤者惊惶苦楚,计骗者恐吓招摇,或说门路可通,或说关节可入,被祸之人身在缧绁,冤望早伸,父子兄弟宁忍坐视,得不被其招摇动心乎。一入圈套,串党妆样,假扮官亲,或称门上,或号幕宾形状,言词对答如真,或议批准,或议审脱,或议现付,或议封贮,现付则呆子遭骗,封贮则庸夫入险。贤官伸冤,奸党撞骗。何谓撞骗,事本冤枉,官察自明,岂门路关节之力也。人因当局而迷,只谓银封中处,准则交与,不准取回,并非套骗,不思彼奸徒,则有撞官之准,白得汝银,官若不准,伊却毫无受罚,如此撞骗,显然易明。奈迷不悟,甚有据脏讹诈,将银抢去,忍害莫何,种种串骗,难以枚举。历来各宪查拿森严,无奈恶棍藐不畏法,切劝世人小忿微嫌,忍耐为福,设不慎之于始,辄听兴讼,及至费时荒业,将财买辱,悔恨迟矣。若果情关切肤,不得不控诉者,亦当打定主意,据实陈情,不可轻信旁人,造谎及越告上司,目前希图一准,其如日后审虚反坐,何况上司告状,即属情真理直,干碍前问之官,终无善结。至于干证,尤为吃紧,若非事果干涉,素有操守之人不可轻列。常有匪类,当某未做干证时,竭尽肝胆,概言公平,一用其名,遂改弦易辙,听其播弄,或临审不到,或当堂左袒,以致真枉竟不能伸,实事翻成疑案,狱重初情,追悔亦无及矣。总之,讼弊多端,智者难防不测,终讼必凶,即有财能通神,不无天理报覆,宁省讼费以资亲邻,专心正业,共乐升平,岂不美哉。昔海陵贤牧书一对联于门曰:"得一日闲,且耕尔坑;非十分屈,勿入吾门。"好讼者宜味之。此篇本出《愿体集》中。

出行、兴贩、行船、开张吉凶日

出行通用吉日

甲子 乙丑 丙寅 丁卯 庚午 辛未 甲戌 乙亥 丁丑
己卯 甲申 丙戌 庚寅 辛卯 甲午 庚子 辛丑 壬寅
癸卯 丙午 丁未 己酉 癸丑 甲寅 乙卯 庚申

内辛丑、壬寅、己酉忌,避建、破、平、收,相并则凶。

逐月出行吉凶日

宜用除危定执黄道日,次则成开日,又次则建满平收日,皆可用也。闭亦或有合用,而破则断不可用矣。

出行地支吉日诀法

正月宜子午,二申丑未良,三月寅申吉,四月子卯长,五月寅申午,七月午申强,八未申酉亥,九子午吉祥,十月子亥酉,十一子寅昌,六未十二亥,每月已宜防。

出行四顺吉日

建宜行,成宜离,寅宜往,卯宜归。

出行吉凶方向时

子 东北凶,西南吉;丑 东南凶,西北吉;寅 四方皆吉;卯 南吉,余凶;辰 北吉,余凶;巳 东北凶,西南吉;午 北吉,余凶;未 西北吉,东南凶;申 北凶,余吉;酉 四方大吉;戌 西北吉,东南凶;亥 四方大吉。

兴贩吉日

己卯、丙戌、壬寅、丁未、己酉、甲寅,宜用成日。

行船吉日

甲子、丙寅、丁卯、戊辰、辛未、戊寅、壬午、乙酉、戊子、辛卯、甲午、乙未、庚子、辛丑、壬寅、癸卯、丙辰、戊午、己未、辛酉。宜用成满日。

开张、立契、交易、出藏宝物吉日

甲子、乙丑、丙寅、己巳、庚午、辛未、甲戌、乙亥、丙子、乙卯、壬午、癸未、甲申、庚寅、辛卯、乙未、己亥、庚子、癸卯、丙午、壬子、甲寅、己未、庚申、辛酉。

取债放债吉日①

取债,宜天月、德成满日;放债,宜成满日,忌破日。

大明吉日

辛未、壬申、癸酉、丁丑、乙卯、壬午、甲申、丁亥、壬辰、乙未、壬寅、甲辰、乙巳、丙午、己酉、庚戌、辛亥、丙辰、己未、庚申、辛酉。

此二十一日乃天地开通、太阳所照之辰,百事宜用,大吉。

宿主吉日

角、房、尾、箕、斗、室、壁、娄、胃、毕、张、轸。

宿主中平日

参、并、星。

宿主凶日

亢、氐、心、牛、女、虚、危、奎、昴、嘴、鬼、柳、翼。

每逢箕、壁、毕、星、翼、轸等宿值日,午后多有风雨。

十恶大败日,百事忌

甲巳年:三月戊戌日、七月癸亥日、十月丙申日、十一月丁亥日;

乙庚年:四月壬申日、九月乙巳日;

丙辛年:三月辛巳日、九月庚辰日、十月甲辰日;

戊癸年:六月己丑日;

丁壬年:不忌。人遇杨公忌日生辰者,多夭,即不夭必贱。

四离日:春分、秋分、夏至、冬至。俱前一日忌出行。

---

① "取债放债吉日",底本原无标题,据上下文意添加。

四绝日：立春、立夏、立秋、立冬。俱前一日忌出行。

月忌：初五、十四、廿三。惟廿三尤忌出行、开船。

出行忌日方向

初一忌西行，初八南方忌，十五东行凶，月晦北不利。

每逢红沙日，切不宜出门远行，有凶无吉。若迅行无妨。

天翻地覆时 忌出军、出行、修造舟楫

正月己亥时、二月辰戌时、三月申酉时、四月己申时、五月卯丑时、六月子午时、七月酉亥时、八月辰戌时、九月卯酉时、十月辰午时、十一寅未时、十二卯巳时。

大空亡四方

三月初四、五月初二、十一月初四。共犯，忌出行、开张。余者，若合得日干支日，主宿、主好，俱无碍。

凡月建日，主干支宿主每多带犯忌，凶星只怕相并，同集凑凶。若逢凶星少而吉星、恩星多，自然化凶转吉，不得一类弃取。

又录《观星指南》中出行、求财、开市、行船吉日。

正月　宜甲寅、乙卯、甲午、乙未、丙寅、丁卯、丙午、丁未，次则癸酉、己酉、丙戌、甲子、癸卯、丙辰。

二月　宜乙卯、乙未、丁卯、丁巳、乙亥、乙巳、丁未，次则丁亥、癸卯、丙辰、辛亥。

三月　宜丙寅、己巳、壬申、癸酉、乙亥、戊子、壬寅、乙巳、戊午，次则庚辰、壬午、丁亥、壬子、癸巳、丁酉、庚子。

四月　宜乙丑、丁卯、丙子、壬午、己丑、庚子、丁未、己巳、癸酉、丁丑、丙戌、甲午、癸卯、己酉、次则戊午、乙卯。

五月　宜丙寅、戊辰、丙午、丙辰、丁丑、丙戌、丁未、己未，次则辛未、甲午、壬寅、乙亥、辛丑、戊午。

六月　宜甲子、己巳、丁未、甲寅、己未、丙寅、丙申、乙巳、丁巳、

庚申,次则壬申、庚子、乙亥、癸卯。

七月　宜壬申、庚辰、庚子、癸卯、癸酉、壬午、辛丑、壬子、庚申、辛酉,次用丁卯、庚午、壬辰、丙辰、戊辰、戊子。

八月　宜乙丑、癸酉、辛丑、辛亥、辛未、庚辰、庚戌、辛酉,次宜丙寅、乙亥、丙戌、乙巳、癸巳、丙辰、己巳。

九月　宜丙寅、丁卯、丙戌、辛卯、辛亥、壬申、乙亥、甲午、丙午、甲寅,次用己巳、丙申、癸亥、戊午、壬午、壬寅。

十月　宜甲子、乙亥、甲午、癸卯、壬子、癸酉、壬午、乙未、辛亥、乙卯,次用辛未、庚子、己酉、己未、辛卯、丁未。

十一月　宜壬申、甲子、辛丑、壬子、己巳、壬辰、壬寅、甲寅,次用戊辰、戊子、乙未、丁丑、己丑、戊申。

十二月　宜丙寅、壬申、乙亥、癸巳、壬寅、己巳、癸酉、庚寅、辛丑、庚申,次则丁卯、壬午、乙巳、戊申、甲寅、丁丑。

诸神圣诞风暴日期[①]

正月　初一,天腊日、弥勒佛圣诞;初三,孙真人圣诞、却真人圣诞;初六,定光佛圣诞;初八,五殿阎罗天子圣诞、江东神圣诞;初九,玉皇上帝圣诞暴、南斗降风;十三,刘猛将军圣诞、杨公忌;十五,上元天官圣诞、门丞户尉圣诞、佑圣真君圣诞、正一靖应真君圣诞、混元皇帝西子帝君圣诞;十六,三官降;十九,长春立真人圣诞;二十日,南斗降;二十七,北斗降;二十九,龙神暴。

二月　初一,太阳升殿之辰、勾陈圣诞、刘真人圣诞、一殿秦广王圣诞;初二,土地正神圣诞;初三,文昌帝君圣诞风;初四,曹王大

[①] "诸神圣诞风暴日期",旧云每逢佛祖、菩萨、神仙、圣人诞辰时,天地会有感应,出现异常天气景象,如急风、暴雨等。下文所言风、暴,皆指此。

将军圣诞;初六,东华帝君圣诞;初七,斗星降,春期暴,前后必有风雨;初八,张大帝圣诞、昌福真君圣诞、三殿朱帝王圣诞;初九,东斗降;十一,祀仙张大帝圣诞、杨公忌;十二,百花生辰;十三,葛真人圣诞;十五,太上老君圣诞、精忠岳元帅圣诞;十七,东方杜将军圣诞风;十八,四殿五官王圣诞;十九,观音菩萨圣诞;廿一,普贤菩萨圣诞、水母圣诞风;廿五,玄天圣父明真帝圣诞;廿七,斗星降;廿八,北斗降;廿九,龙神风。

三月　初一,二殿楚江王圣诞;初三,北极真武玄天上帝圣诞风;初五,南斗降;初六,眼香娘娘圣诞、张老相公圣诞;初八,六殿卞城王圣诞风;初九,杨公忌;十二,中央五道圣诞;十五,昊天大帝圣诞、立坛赵元帅圣诞、雷霆驱魔大将军圣诞 即唐将雷万春暴、祖天师圣诞;十六,准提菩萨圣诞、山神圣诞;十八,后土娘娘圣诞、三茅真君得道、中岳大帝圣诞、玉阳真人圣诞;十九,南斗降;廿日,子孙娘娘圣诞;廿三,天妃娘娘圣诞风;廿七,七殿秦山王圣诞;廿八,东岳大帝圣诞、苍颉至圣先师圣诞、龙神风。

四月　初一,八殿都市王圣诞、白虎暴、萧公圣诞、南斗降;初三,北斗降;初四,万神善会、文殊菩萨圣诞[①]、狄梁公圣诞;初七,南斗西降、杨公忌;初八,释迦文佛圣诞、太子暴、九殿平等王圣诞、三天尹真人圣诞风、葛孝先真人圣诞;十四,吕纯阳祖师圣诞[②];十五,释迦如来成佛、钟离大仙圣诞、吕祖飞升;十七,十殿转轮王圣诞;十八,紫微大帝圣诞、泰山娘娘圣诞[③];廿日,眼光圣母圣诞;廿三五,龙神会、太白暴;廿六,钟山蒋公圣诞;廿八,药王圣诞。

五月　初一,南极长生大帝圣诞;初三,北斗降;初五,地腊之

---

① "文",底本作"父",据《商贾一览醒迷》六《六十甲子逐日吉凶》改。
② "纯",底本作"钝",据八仙名讳改。
③ "泰",底本作"太",据《路程图记》卷六、《士商类要》卷二改。

辰,地祇温元帅圣诞;初五雷霆邓天君圣诞、杨公忌、屈原暴;初七,朱太尉圣诞;初八,南方五道圣诞;十一,都城隍圣诞;十二,炳灵公圣诞;十三,关圣帝君圣诞、龙王圣诞风;十四,南斗降;十五,南极老人降;十六,天地合辰,最宜戒酒色;十八,都天大帝圣诞、张天师圣诞;廿日,丹阳马真人圣诞;廿一,龙母暴;廿九,许威显王圣诞即唐许远。

六月　初三,杨公忌;初四,南瞻大法轮;初六,杨四将军圣诞、崔府君圣诞;初七,北斗降;初十,刘海蟾帝君圣诞;十二,彭朗暴;十三,井泉龙王圣诞;十五六,南斗降;十六,王灵官圣诞;十九,观音得道;廿三,火神圣诞、关帝降神、马神圣诞;廿四,南斗降、雷祖圣诞烈暴;廿六,二郎神圣诞;廿九,天枢左相文丞相圣诞。

七月　初一,杨公忌;初七,道德辰、西王母及斗星降;初八,煞神交会暴;十二,谭真人圣诞;十三,大势至菩萨圣诞;十五,中元地官圣诞、灵济真君圣诞;十八,王母娘娘圣诞暴;十九,值年太岁圣诞;廿一,普庵祖师圣诞、上元化道唐真君圣诞;廿二,增福财神圣诞;廿三,天枢上相诸葛丞相圣诞;廿四,龙树玉菩萨圣诞;廿九,杨公忌;三十日,地藏王圣诞。

八月　初一,神功妙济许真君圣诞;初三,灶神圣诞、北斗降;初五,雷声大帝圣诞;初八,南斗降;初十,北岳大帝圣诞;十二,西五道圣诞;十四,伽蓝暴;十五,太阴朝元之辰;十七,太白南斗降;十八,酒仙圣诞;十九,北斗降、孔夫子圣诞;廿一,龙神暴;廿二,燃灯佛圣诞;廿三,伏魔张显王圣诞;廿六,寿星圣诞;廿七,杨公忌。

九月　初一,南斗降;初一至初九,北斗七星降[①];初三,五瘟圣诞;初九,斗母元君圣诞、玄天上帝飞升、重阳帝君圣诞风、酆都大帝

[①] "七",底本作"九",按天枢、天璇、天玑、天权、玉衡、开阳、摇光为北斗七星,据改。

圣诞、嵩帝圣诞、梅葛二仙圣诞;十五,朱夫子圣诞;十六,机神圣诞;十七,金龙四大王圣诞、洪恩真君圣诞;十八,北斗降;廿三,萨真人圣诞;廿五,杨公忌;廿七,冷风信暴;廿八,五显灵官圣诞、马元帅圣诞;三十,药师琉璃光佛圣诞。

十月　初一,民岁腊之辰、东皇大帝圣诞、下元定志周真君圣诞;初三,三茅应化真君圣诞;初五,达摩祖师圣诞暴;初六,天曹诸吕、五岳五帝圣诞;初八,宜放生作善、火星圣诞;初九,东斗降;十三,南斗降;十五,下元水官圣诞、痘神刘使者圣诞;十六,寒婆生;廿日,三十代虚靖张天师圣诞风;廿一,斗星降;廿三,杨公忌;廿五,东岳朝天暴;廿七,北极紫微大帝降。

十一月　初三,太上登玉宵,四盼天下;初四,孟夫子圣诞;初六,西岳大帝圣诞;初七,斗星降;初九,东斗降;十一,太乙救苦天尊圣诞;十四,水仙暴;十五,西斗降、南斗降;十七,阿弥陀佛圣诞;十九,太阳日光圣诞[①]、大慈至圣九莲菩萨圣诞;廿一,杨公忌;廿三、四,南斗降;廿三,张仙圣诞;廿五,北斗降;廿六,北方五道圣诞;廿七,西岳朝天暴。

十二月　初三,北斗降;初八,王侯腊之辰、张英济王圣诞即忠臣张巡;初八,释迦佛成道;十五,西王母降;十六,南岳大帝圣诞;十八,老君降、北斗降;十九,杨公忌;廿日,鲁班圣诞;廿一,天猷上帝圣诞;廿四,灶神上天奏善恶、扫尘暴;廿五,诸大神较人善恶;廿九,华严菩萨圣诞;三十日,诸佛下界访善恶。

以上诸圣诞日,或有微风微雨,内中注有"风"字、"暴"字之日前三后四,定有大风暴。及每月尾,龙神、朝天,俱有风暴,行船慎之。其杨公忌不在出行、行船,商贩中忌也。

[①] "太阳日光圣诞",疑"日光"后脱"菩萨"二字。

各省船名样式

江湖之船,惟盐、漕二船最大,客货小船往来相周,不可近其船边,以防风压水吸之虞。其漕官协运,势必赶先,所以客船沿途阻滞,况盐消界限,茶有引处,途中多有巡查之阻,于碍非小,经商者当慎之[①]。

江西粮船　方长式,头中平,艄略高,天仓蓬亦方长,俱木板装。官仓在中间,用三枝桅,中枝极大,后枝次之,前枝又次之。小风帆用篾的[②]。漕粮例装一千二百石之间,连搭各客货,总有二千余石载。头工、舵工俱带家眷在船上住,运官及旅丁在中官仓,客及水手各仓俱可住。头船工、水手请淮安、扬州等处及南昌人多。

尾子　南昌人多架[③]。其式略似摇划子、毛蓬子样,艄尾略小撬些,中仓天蓬有用木板的,亦有用篾箬的,艄天蓬用蔑的多。南昌又有艑子船。

扁担王　丰城人多架,临江人亦架。似圆旺子更长。

毛蓬子　南昌、南康人俱架。其式似鸦尾子、划子样。

三板子　赣州人多架,南安人亦架。头尾比梭子船更大,卷撬甚高,近有平头、牌头不一。

梭子船　南安人架多,赣州吉安人亦架。头艄尖,卷似织布梭样,故名之。

赣河　一名三角,又一名三眼枪。其式略似梭子船样。又一名吹火筒,其船两头板撬薄,俱小船,只在就近架。

官板子　吉安人多架,袁州人亦架。两头平尖,似锅铲样。

---

① "江湖之船"至"经商者当慎之",底本原置于《各省船名样式》前,易与前文《诸神圣诞风暴日期》混淆,今改置于《各省船名样式》后,以便与下文衔接。
② "用篾的",疑"的"字下有脱文。
③ "架",通"驾"。"南昌人多架",意即南昌人大多驾驶。下同。

吉安鱼船　略似襄划子样,更短,肚略大,中仓、艄仓、天蓬俱是篾箬的。头尖似鱼嘴。亦有带家眷的。临江人亦架。

套葫芦　吉安人架,湖广人亦架。似满江红样,头尾略尖些。

坐吉子　瑞州及建昌县人俱架。似新昌航船样,肚略小。

瑞州新昌航船　两头尖,腰更横大,府属,船多尖头子。

袁州万载船　两头尖,略似梭样,府属,亦架官板子。袁、临、瑞三府俱有尖头子、平头子,但船腰比抚船总略大些。又一名广船,亦略似尖头子。

圆旺子　临江人多架。船腰略似吉安鱼船样,但头更大,方中仓,篾天蓬,艄上木板,天蓬舵柄出天蓬外。又一式名一条龙,似圆旺子而艄尾尖。

巴斗子　九江人架的多。其船肚大,头平似火铲,艄略高,艄及中仓俱用篾天蓬。

桨船　都昌人架。似鸦尾子、划子样。又有小剥船,名辖船,似浮艄子样。

浮艄子　饶州府属俱架。惟浮梁人架更多,头艄平,尾中间开口,好安舵放橹。

暖艄子　鄱阳人架更多。即大浮艄子。用木板包艄、天蓬以避风雨,故名暖艄。

夜航船又名倒划子　万年人架的多。往来石镇街。饶郡多有夜晚行船,故名之。

刁子船　广信人架多。其船大小不一,大的七八个仓,小的只四个仓,头高艄,尾撬起,如竖高招牌样。

弋阳鱼船　似刁子艄,尾更尖小,略矮些。

提划子　弋阳人架多。略似刁子艄更大些,尾竖矮些。

雨伞小剥船　上饶、铅山、玉山俱有,似弋阳鱼船样。

罗荡子　贵溪、安仁俱架。其船两头一样平,极尖小船,有大小不一。

抚州建昌船　大概身条长,头高,艄平。一名平头子,建昌府人架多,抚州人亦架。船头略平。一名尖头子,建昌人架多,抚、临人亦架。船头略尖。一名横头子,宜黄人架多,崇仁人亦架。头有叉数寸。一名塘船,俗名土狗翼。临川人架。其船小,两头平。一名抚刁,两头高,撬木板,包艄。大的装得千担载。亦有饶州、广信等处人架。

车牌子　下江、扬州及湖广、南昌等处人俱架。其船大小不一,似湖广划子样,仓深,四方斗底,载得重。四方天仓、蓬俱用木板,或外雕花,官仓两边设有光窗,其舵、柄出天蓬外。

满江红　下江、扬州、湖广、南昌人俱架。其式似湖划子、车牌子样,只木板、天仓妆过腰前数尺,头上所空不多。

盐船　下江、湖广、九江等处人俱架,似湖广大划子样,仓斗深,大的装得四五千担,只到青山止。二三千担的,方到江西省。

椒湖船　江北人架。多似车牌子,四方斗底,而天仓蓬更矮些。

桐槽子　安庆人多架。略似车牌子,四方斗底。

苏船　有等略似车牌子样,此船虽大小不一,而其仓总四方斗底。又有一式,名油葫芦。

湖船　常州、无锡人架。其船大小不一,略似车牌子仓式,但小的无中仓天蓬,只艄上有天蓬。舟子炊爨,故不能搭客。

婺源船　肚大、头平、大艄,尖似贵溪罗荡船艄样。

祁门剥船　两头底平,艄尖,不用舵,动则摇橹。

摇划子　武昌、青山人架的多。此船腰头俱平,中仓、天蓬用木板装,艄上圆木板,蓬板上用篾筹,盖船大小不一,但摇划子艄多,与湖划子艄同。

湖划子　武昌八斤土人架的多。略似车牌子。此船头有二三尺,矮一级，两边无空路走，只捆搭跳板往前后。

鸦艄子　青山人架。多艄，有两叉，似脚船小划子样。船小，只可装一二百石载，亦名双飞燕。

蒲圻艑子　艄尾中间开有口，仓浅，天仓蓬矮，用木板装，只有数尺长，难便客坐。

一家楼　嘉鱼、沔阳人架多。略似湖划子样，妆饰好看。

金牛船　武昌人多架。其船大小不一，略似湖划子、蒲圻艑子样。

兴国艑子船　身平直，艄尖略撬。又一式，名鳖船。

孟葫芦　汉阳等处人架。船小、艄封、平头，似湖划子样。

双飞燕　汉阳人架。即小湖划子。妆饰好看。船小，前加桨橹，划动快捷，亦有似鸦艄子的。

孝感艑子　身长。凡船名艑子，皆仓底浅。

孝感划子　大小不一，身长，艄尖。

黄陂艑子　大小不一，亦有带家眷在船住的。

黄州宋埠艑子　似襄牌子，艄略平，大仓底浅，亦有住家眷的，亦有圆天蓬的。

龙口划子　属黄州。其船艄略似鸦尾子样，亦有略似湖划子的。

襄划子　即襄阳人架多，汉阳人亦架。其船艄高尖，圆木板天蓬，住家眷的多。

襄秋子　即襄阳人架。船身长，两头尖撬卷，似梭嘴样。亦有住家眷的。

襄牌子　即襄艑子。襄阳人多架，亦有河南人架。其船大的，多艄，高撬木板，方天蓬，舵柄出蓬外。亦有住家眷的。

襄五仓　襄阳等处人架。身略长，艄更高尖。

划子渡船　荆州人架多，武昌府属人亦架，河南人亦有架的。其船大小不一，艄尾中开口，中仓似艑子样，只有木板、矮天蓬数尺。

辰条子　辰州人多架，麻阳人亦架。其式似艑子，而身甚长，艄更尖。此船又名一条龙。

巴竿子　湖南人架。比辰条子更大，仓深，载得重。

艴子船　湖南人多架。似划子渡船，而天仓蓬更高，腰身略大。

吊勾子　湖南人架多。似巴斗子样，两边无空路。走的板，只同湖划子样捆跳板走。前后头艄，略似倒划子。

倒划子　湖南人架多。其船身条长，两头略小些，可倒划走得，故名。

红绣鞋　又名内阳秋，俗名吹火筒。湖南人架。其船长，小式，艄更高。

以上各省之舟，江西船天仓蓬用蒗箬的多，风帆用篾的。江南、湖广船天蓬用木板的多，风帆用布的多。婺源、祁门船蓬帆与江西船同。至于船名千百，样式多端，且不时更换，虽老客江湖不能尽识，此于江右河道往来之舟，约录大概，略备查问而已。

商贾便览卷之三

各省疆域、风俗、土产

盛京①

疆域：在京师东千四百七十里，东界大海，西界山海关，南界海边，北界鄂罗斯，东南界锡赫特山②，西南界海，东北界海，西北界蒙古土默特③。四界内，即宁古、吉林、白都讷、三姓④、阿勒楚喀、黑龙江、齐齐哈尔⑤、辽阳等处。

奉天府风俗：民性朴实，雅尚诗书。

土产：珠、玉、人参、松花石、盐、石耳、松蘑菇、榛子⑥、松子、鹿茸、熊胆、貂、腥腿脐、元狐、猞猁狲、火狐、沙狐、雉、青鼠、银鼠、海豹、棉花、

---

① "盛京"，旧政区名。清留都，后金天命十年（1625）自东京辽阳迁都沈阳，天聪八年（1634）尊为盛京。顺治入关，定都京师顺天府（今北京市）后，以此为留都。时，凡山海关以外，内蒙古、外蒙古以东，奉天府尹及奉天、吉林、黑龙江三将军所辖地区，皆属盛京统部。至光绪三十三年（1907）始改设东三省总督及奉天、吉林、黑龙江三巡抚。治今辽宁沈阳市。
② "锡赫特山"，底本作"希喀塔山"，据《清统志》卷六七、《一统志》卷五七改。
③ "土默特"，底本作"士点特"，据《一统志》卷五七改。
④ "三姓"，清初，克宜克勒、努雅勒、祜什哈哩的合称。又称古城屯、和屯噶珊、依兰。辖区在清吉林将军辖区北部。
⑤ "齐齐哈尔"，底本脱"尔"字，据《清统志》卷六三补。
⑥ "榛"，底本作"棒"，据《清统志》卷六三改。

獭、蛎户、鱼、鹿、熊、虎、海参、白咐子、细辛、五味子、香本梨①、桃花米。

锦州府风俗:人性淳实,俗务农桑。

土产:盐、桃、香梨、蟹干、锦荔枝、锦州石、猞猁狲。

北京顺天府

疆域:东界滦州,西界保安州,南界青县,北界边墙,东南界天津县,西南界新城,东北界喜峰口边,西北界延庆州。

风俗:劲勇沉静,礼义声名,朴茂淳良,王化之始。

土产:盐、棉花、豹尾、角弓、鹿胶、栗、枣、梨、苹果、桃煤、芍药、葡萄。

遵化州风俗:民情朴茂,沉贽多才。

土产:角弓、白胶、人参、玉田砂、栗、盐、米。

直隶省

疆域:东界盛京宁远州,西界山西广灵县,南界河南兰阳县,北界边城,东南界海岸,西南界河南彰德府,东北界承德府边界,西北界山西天镇县。

保定府风俗:土无奇货,民务农桑。

土产:绸、铁、黄芽菜、肉苁蓉。

易州风俗:士敦简略,民力农桑。

土产:涞酒、棉花、栗。

承德府新设。即热河。三座人沟、乌兰哈达等处风俗、土产,志上俱未载②。

永平府风俗:士重名节,节俭务农。

---

① "本",疑为"水"字误。
② "志上俱未载",按《清统志》卷四二引《钦定热河志》风俗:"萃神皋之庐井,人服先畴;沃奥壤之耕桑,户敦古处。"《清统志》卷四四土产:"棉绸、鹿、狍、麈、青羊、飞鼠、虎、豹、山羊、貂、谷、夜亮木、金莲花、榆耳、人参。"今录以备考。

土产：盐、玻璃、蘑菇、潦鲫鱼、蔓荆子

河间府风俗：士重经术，民务耕耘。

土产：布、棉花、肃宁桃、香梨、苹果、连鱼、文官果

天津府风俗：人杂五方，繁华奢丽。

土产：盐、鱼、蟹、沧酒、海物

正定府风俗：风物蕃衍，地广人豪。

土产：梨、枣、木耳、茯苓

冀州风俗：质厚少文。

土产：茧绸、绢

赵州风俗：好儒雅，勤耕稼。

土产：丝、布

深州风俗：士乐诗书，民力织存。

土产：饶阳绸、盐、石榴

定州风俗：俗敦淳朴，人务农桑。

土产：眼药、绫

顺德府风俗：人俗淳厚，稼穑维勤。

土产：丝布、瓷器、解玉砂、元精石、南和酒

广平府风俗：人多敦厚，好尚儒学。

土产：绵绸、毡、油衣、孩儿茶、地黄、瓷器、莲子、蓝子、梨

大名府风俗：俗崇礼让，人知务本。

土产：绵绸、绉绸、长垣绸、紫草、胡粉、纸、硝、梨、碱

宣化府风俗：俗敦信义，民皆勤俭。

土产：灰鼠、哈唎明镜、阿敦绸、张家口皮货、熊胆豹、葡萄、蘑菇、绒毡、鹿茸、榛子

江南省

疆域：东界太仓海岸①，西界河南固始，南界江西乐平，北界山东滕县，东南界金山海滨，西南界湖北黄梅②，东北界山东日照，西北界河南商丘。

江宁府风俗：民物浩繁，士林渊薮。

土产：缎、纱、线缎、茅山苍术、雨花台石、鲥鱼、米

苏州府风俗：君子尚礼，庸众敦庞，风俗澄清，道教隆治。

土产：香杭、锦、绫、缎、纱、罗、苎布、盛泽绸、席、药班布、彩笺、太湖石、葛布、芙蓉汗衫、草履、扇、玉器、专③、四腮鱼、鲙残鱼、银鱼、鸡豆、针口鱼、杨梅、梨、菱、橘、樱桃梨、佛手柑、枇杷

太仓州风俗：敦本畏刑，崇文重耻。

土产：苎布、棉花、大红布、崇明大布、凉鞋

松江府风俗：士奋于学，民兴于仁。

土产：绫、三梭布、花毯、盐、谈笺、锦、顾绣、鹤、山茶、鲈鱼、黄雀、天花粉、兰笋、沙钩

常州府风俗：服食度靡，礼义风盛，愿而循理，秀而多文。

土产：绸、绢、紧纱、籼白米、惠泉酒、紫笋、江阴席、麻布巾、紫砂壶、茶

镇江府风俗：土厚风淳，人物综萃。

土产：纹绫、帽纬、百花酒、鲟鱼、线缎、香草、荠苨

淮安府风俗：人多勇悍，士任气节。

土产：盐、红布

海州风俗：俗尚朴质，力农务渔。

---

① "太"，底本作"大"，据江南省形势及《清史稿·地理志》改。
② "界"，底本作"略"，据上下文意改。
③ "专"，疑为"砖"字误。

土产:盐、米、紫菜

扬州府风俗:俗尚繁华,士文民佚。

土产:白绫、盐、芍药、无花果、铜镜、鹤、草葛布、车螯

通州风俗:盗稀讼简,俗尚奢华。

土产:盐、石灰、沙参、银鱼、大戟、蛏干、何首乌

徐州府风俗:俗武民质,慕学尊儒。

土产:铁、何首乌、大麦、阳绢

安徽

安庆府风俗:浮质俭约,人物清华。

土产:布、茶、秋石、葛粉、果子狸、鲟鱼、鲴鱼、獾皮

徽州府风俗:朴实勤俭,四民安业。

土产:墨、砚①、茶木、漆、问政笋、银、铅、柿心、石耳、榧子、玉面狸

宁国府风俗:士广人庶,谷阜民安。

土产:笔、茶、纸、白木、梨、栗、铜、铁

池州府风俗:井邑平旷,民气淳和。

土产:苎麻、棕、茶、纸、漆、姜

太平府风俗:士质而静,民俭且淳。

土产:钢、鲥鱼、铁剪、莼菜、银朱

庐州府风俗:士民朴质,贱商贵农。

土产:白蜡、矾、漆

凤阳府风俗:民俗淳朴,殊敦古谊。

土产:茶、云母石、磬、都梁香、紫艾、石斛、白鱼

颍州府风俗:民淳讼简,物产丰饶。

---

① "砚",底本作"现",徽州出文房四宝中的"砚",据改。

土产:红花、靛

广德州风俗:敦从节俭,务本重农。

土产:茶、漆、丝、桐油

滁州风俗:淳厚而和,习尚勤俭。

土产:黄精、长石

和州风俗:淳质俭约。

土产:苎布、斑竹、元参、淮白鱼

六安州风俗:民俗颇勤。

土产:茶、纸、石斛

泗州风俗:民俗淳厚。

土产:绢、布、鹤、银鱼

江西省

疆域:东界安徽婺源,西界湖南浏阳,南界广东和平,北界湖北黄州,东南福建崇安,西南湖南郴州,东北安徽东流,西北湖北兴国州。

南昌府风俗:士好经学,民勤稼穑。

土产:纸、葛布、鹤、岭茶、苎布

饶州府风俗:物华丰饶,士风儒雅。

土产:瓷器、苎布、茶

广信府风俗:士务节义,民尚朴质。

土产:苎麻、烟、茶、纸、藤、葛粉

南康府风俗:质朴讼稀,土瘠民贫。

土产:庐山茶、石耳、庐笋、石花鱼、石斛

九江府风俗:士习诗书,民性淳朴。

土产:鲈鱼、石耳、云母、鱼苗、石钟乳、石斛

建昌府风俗:士娴经术,民乐耕耘。

土产:麻姑酒、白茶、斑竹、红朱稻、扇、夏布

抚州府风俗：士崇儒术，民乐耕织。

土产：夏布、沙糖、仪竹、草纸

临江府风俗：风淳俗厚，士秀民良。

土产：棉布、银杏、药材、煤炭、柏子仁

瑞州府风俗：士务诗书，民勤稼穑。

土产：茶、石青、黄丹、天宝纸、石绿、紫竹

袁州府风俗：务本力农，志定用约。

土产：地黄、葛布、茶、苎布

吉安府风俗：儒术为盛，俗称淳庞。

土产：棉花、太和鸡、抱石鱼、龙须草、玉板笋、浮笋

赣州府风俗：秀美儒良，劲直尚义。

土产：茶油、沙糖、储茶、斑竹、杉木、龙猪、夏布、桐油、葛、柑、茉莉花、夜来香

宁都州风俗：士习古文，民风好礼。

土产：界茶、夏布、沙糖、茶油、桐油、蜜饯、贡面、藕粉、杉木、墨、白茅笋、烟、金箔、三黄丸

南安府风俗：民气淳古，习俗质朴。

土产：杉木、花生、庾岭仙茅、茶磨石、箭竹

浙江省

疆域：东界大海，西界江南徽州，南界福建建宁，北界江南苏州，东南界福建建宁，西南界江西玉山，东北界江南松江，西北界安徽广德。

杭州府风俗：珍异所聚，商贾并凑，秀美人文，儒术为盛。

土产：绫、罗、绸、缎、纱、丝、线、纸、棉布、龙井茶、锡箔、藕粉、杨梅、笋、莼菜、黄精、铅粉、帽、纬、茯苓、麦冬、于潜白木、西湖鳗鱼、鱼、昌化图书石、杭扇、绵

嘉兴府风俗：土膏沃饶，农桑耕织，风俗淳秀，人物文贤。

土产：绫、绢、丝、绵、张炉、盐、沈锡、檇李、水母、罂粟、石首鱼、白蚬、蟹、蛸、蜂、苔心菜、黄雀、潘园李

湖州府风俗：文物风华，农桑耕织。

土产：丝、绵、纱、绫、绉绸、笔、薛镜、茶、浔酒、鱼、菱武康白术、煤炭、逆鱼

宁波府风俗：人事耕读，利擅鱼盐。

土产：盐、鲈鱼、淡菜、乌贼鱼即墨鱼、土蚨、白鲞、江摇柱、蚌、红木榍、青箱子、鲜蛆、紫菜、薯预、卷柏、鳖鱼

绍兴府风俗：勤俭好学，民不待贾。

土产：绸、绫、纱、罗、丝、棉布、竹纸、剡藤纸、鸡鸡豆、笋茶、竹箭、盐、南枣、蟹、吐绶乌、菱、鲻鱼、玉芝

台州府风俗：民俗俭朴，士秀而文。

土产：绢、茶、盐、铁、金松、白木、柑、甲香、乳香、飞生乌、火鱼、方竹、花乳石

金华府风俗：士敦实行，民勤稼穑。

土产：漆、茶、苎布、酒、火腿、南枣、竹鸡、榧子、纸

衢州府风俗：士风朴实，民俗淳厚。

土产：朱桔、红纸、茶、砚

严州府风俗：士乐诗书，民勤稼穑。

土产：漆、桐油、茶、纸

温州府风俗：民俗勤俭，士任气节。

土产：克丝绸、纸、石、发菜、铁、芽茶

处州府风俗：俭啬朴素。

土产：青瓷、蕨粉、青田图书石、缙云茶、漆

福建省

疆域:东界海,西界江西赣州,南界海,北界浙江衢州府,东南界海,西南界广东潮州,东北界浙江温州,西北界浙江江山。

福州府风俗:内质外文,谨事崇俭。

土产:盐、铁、焦布、荔枝、龙眼、橄榄、茶、鹿角、菜、笋、紫菜、茉莉、羊桃、寿山石、香橼

泉州府风俗:士习诗书,民淳讼简。

土产:苎布、盐、荔枝、龙眼、焦葛、茶、天门冬、柑、橄榄

建宁府风俗:尚气贵信,民乐耕耘。

土产:武夷茶、布、铁、蕙兰、书籍、纸、浦城烟

延平府风俗:民勤耕织,俗颇华赡。

土产:铁、纸、笋、茶、钢、苎布、金橘、卤水石、茴香

汀州府风俗:文士好义,草野朴质。

土产:茶、竹纸、香、蜡、盐、清流枋板、竹丝器皿、锡

兴化府风俗:比屋业儒,民务勤俭。

土产:丝布、绒绢、葛布、紫菜、白蜡、荔枝、子鱼

邵武府风俗:敦尚诗书,重谷力田。

土产:茶、笋、铁丝、苎布、黄蜡、纸

漳州府风俗:务本重节,经术儒林。

土产:盐、漳绒、纱、水晶、甲香、麂皮、白糖、冰糖、龙山茶、獐脑、陈皮、冰片、燕窝、橘饼、蜜罗柑、朱橘、海舶、香药、紫菜

福宁府风俗:俭约朴勤。

土产:盐、茶、铁、靛、谷皮纸

永春州风俗:朴鲁少文。

土产:永春布、铅、糖、白瓷、龙眼

龙岩州风俗:民啬而俭。

土产:苎布、烟、石笋、葛布、铅、铁

台湾府风俗:民俗敦厚,不知蚕织。

土产:盐、糖、鹿茸、茉莉花、槟榔、柳、番薯、波萝蜜

湖北省

疆域:东界江南宿松,西界四川巫山,南界湖南临湘,北界河南罗山,东南界江西瑞昌,西南界四川彭水,东北界江南霍山,西北界陕西山阳。

武昌府风俗:五方杂处,家自为俗。

土产:茶、火纸、獭、鲟鱼、湘竹、竹、铁、麻、水晶

汉阳府风俗:民性劲直,力农业儒。

土产:橙、棉花、榧子、墨石、天鹅、榴、葛、枳壳、獭

安陆府风俗:民俗俭朴,士习淳和。

土产:棉花、野猪、石绿鱼、观音竹、花猫、郢兰、脊令、白蜜、萆解

襄阳府风俗:民性劲直,习文尚侈。

土产:蔗、鮰鱼、山鸡、我师禽、石绿、纸、万年松、淫羊藿、麝、羚羊、石青、炭、羊、纶草

郧阳府风俗:民性朴啬,耕织为业。

土产:锡、石膏、苍术、木耳、羊肚菜、雷丸

德安府风俗:风土淳厚,俗喜儒业。

土产:苎布、银鱼、野鸡根、紫菜、葛、石膏、漆、蜡、沙参、桔梗、苍耳、茴香、覆鱼子

黄州府风俗:俗尚朴质,民多俭约。

土产:苎布、靳竹、罗汉布、鹿毛笔、葛布、连翘、松罗靳艾、白花蛇、绿毛龟

荆州府风俗:五方杂处,俗习各异。

土产:方纹绫、覆鱼子、贳布、通草、橘、百合、茜草、青丝石、丁公藤、

贝母、红花、大黄

宜昌府风俗：民鲜积蓄，礼崇俭约。

土产：茶、椒、漆、芒硝、金星草、玛瑙、皮、五加皮、金锦鸡

施南府风俗：山冈砂石，种植繁杂。

土产：花獐、马茶、羚羊、鹿、椒

湖南省

疆域：东界江西宁州，西界贵州铜仁，南界广东连州，北界湖北监利，东南界广东仁化，西南界广西恭城，东北界湖北通城，西北界四川酉阳。

长沙府风俗：民丰土闲，士儒清慧。

土产：铁、铅、朱砂、水银、安化茶、斑竹、玉面狸、湘潭茶、葛布、海金砂

岳州府风俗：人性质直，俗尚礼义。

土产：铁、茶、方竹、鳡鱼、文鱼、鳖甲

澧州风俗：土腴俗美，畏上乐输。

土产：石耳、石鲫鱼、鲤鱼、石笋、石绿、桐油、铁、绿毛龟、石青、漆

宝庆府风俗：尚气贵信，朴厚不挑。

土产：麻布、铁、麝、黄蜡、茶、煤

衡州府风俗：尚信知礼。

土产：锡、绵纸、矾、长发草、衡烟、万年松、地榆

桂阳州风俗：俗尚淳朴，畏法少讼。

土产：铅、龙须草、蜡、山矾

常德府风俗：风气和柔，民知务本。

土产：包茅、白蜡、鲍鱼、黄精、锦鸡、金

辰州府风俗：寡盗少讼，火种力耕。

土产：水银、桐油、辰沙、土绸

沅州府风俗：颇杂猺俗。

土产：桐油、竹鸡、土绸、丹砂

永州府风俗：教化易孚,人民乐业。

土产：葛布、锡、青绿、克丝、方竹、茶、铁、綕线、石屏、零陵香

靖州风俗：民俗颇淳。

土产：桐油、茶油、白蜡、铁

郴州风俗：瘠贫脆薄。

土产：锡、灵寿杖、茶、铁、葛

永顺府风俗：耕种男女合作。

土产：丹砂、桐油、锦鸡、黄蜡、麝香

河南省

疆域：东界江南砀山,西界陕西潼关,南界湖北黄安,北界直隶成安,东南界江南颖州,西南界湖北襄阳,东北界山东曹县,西北界山西辽州。

开封府风俗：士重经术,民勤耕耘。

土产：汴绫、绢、毡、凤翩席、红花、蓝、石榴、芜青、全蝎、远志、麻黄

陈州府风俗：士重节义,俗屏奢华。

土产：绸、绢、芜青、鲖鱼

许州风俗：士习谨愿,民俗勤劳。

土产：大块山玉、磁器、绢、铁、薏苡仁

归德府风俗：俗习淳良,文儒辈出。

土产：绵绸、枸杞、香附、瓜蒌仁、糖酥

彰德府风俗：风气淳彝,人多英杰。

土产：纸、锡、木绵、红矾、铁、花口葫芦

卫辉府风俗：地饶俗淳,人质柔弱。

土产:绫、绢、宫粉、青瓷、青铁、珉石、锡

怀庆府风俗:士气任侠,民多敦本。

土产:丝、绢、绫、茶、地黄、牛膝、胡巴、刘寄奴、兔丝、桔梗、紫苑、瓷器

河南府风俗:民性安舒,俗尚商贾。

土产:锡、绫、线绸、牡丹、瓷器、酸枣、羌桃、麝、旋覆花、大戟

陕州风俗:刑讼事简,民安生业。

土产:澄砚、锡、瓷器、鹿茸、栢子仁

南阳府风俗:士敦诗书,民勤本业。

土产:绢、石青、飞生急灵皮、杜仲、铁、屏风石、牛蒡子

汝宁府风俗:民性急疾,俗尚俭约。

土产:葛布、绵绸、红花、栀子、茱萸、茶

光州风俗:愿悫好文。

土产:葛布、茶、绵绸、红花、石斛、固始鹅

汝州风俗:士尚端悫,民知勤苦。

土产:锡、铁、棉花

山东省

疆域:东界大海,西界直隶元城,南界江南沛县,北界直隶宁津,东南界江南海州,西南界河南商丘,东北界海,西北界直隶南宫。

济南府风俗:俗多织作,士务功名。

土产:丝、绵、茧绸、阳起石、苍术、绫、泽泻、梨、柿

泰安府风俗:人性朴厚,士尚诗书。

土产:茧绸、阿胶、全蝎、防风、元石

武定府风俗:人性朴实,敦崇礼教。

土产:绢、盐、蒲公英、马兜铃、天仙子

兖州府风俗:人情朴厚,俗有儒风。

土产:纹绫、茯苓、拓沟砚、墨、瓷器、尼山石砚、菁草

济宁州风俗:人情朴厚,俗有儒风。

土产:丝、茧绸

沂州府风俗:风气劲急,俗习朴素。

土产:盐、茧绸、蒙顶茶、淫羊霍

曹州府风俗:民多务本,士尚廉隅。

土产:绵、绢、牡丹、兔丝

东昌府风俗:质直礼义,有古风烈。

土产:绵、临清绸、张秋毡、棉花、枸杞、枣、梨、黄花菜

临清州风俗:质直礼义,有古风烈。

土产:绸

青州府风俗:士崇学业,俗务农奉。

土产:布、绫、盐、铁、朴硝、牛黄、枣、海带、石花、鹿角、柿饼、河鱼皮

登州府风俗:事简俗淳,质多文少。

土产:盐、石膏、茶、牛黄、砚、滑石、白蜡、铁

莱州府风俗:民性刚强,不事文饰。

土产:盐、绵、海藻、文蛤、温石、海蜡

山西省

疆域:东界直隶井泾,西界陕西吴堡,南界河南陕州,北界长城杀虎口,东南界河南辉县,西南界陕西朝邑,东北界直隶怀安,西北界陕西谷县。

太原府风俗:物阜民殷,贫富不耀。

土产:铁、豹、矾、煤、炭、盐、铜、甘草、铁镜、熊皮、马鞍、葡萄酒、龙骨、煎玉粉、屑胰子、五灵脂

平定州风俗:士尚文学,民力耕耘。

土产:瓷器、矾

忻州风俗:物俭地寒,士民自守。

土产:盐、石灰、白雕羽、解玉砂、铁

代州风俗:民淳讼简。

土产:豹尾、铁、蟾酥、天花、地菜

保德州风俗:质朴刚劲。

土产:绢、柴胡

平阳府风俗:民俗刚健,士重功名。

土产:铁、矾、葡萄、紫菜、紫参

霍州风俗:俗尚朴质,民多勤俭。

土产:少①

蒲州府风俗:文学盛典,民性朴质。

土产:绢、酒、梨、枣

解州风俗:民俗刚强,质朴务本。

土产:铁、铜、锡、盐、葡萄、矾

绛州风俗:民性刚勇,淳厚易治。

土产:毡、毯、枣、盐、梨、莞花

隰州风俗:民性质直。

土产:胡女布、麝香

潞安府风俗:民俭务农,士节务学②。

土产:潞绸、不灰木、紫草、潞酒

汾州府风俗:民颇朴淳,士亦礼义。

土产:毡、铁、汾酒、甘草

---

① "土产:少",按《清统志》卷一五三霍州土产:"黑瓷、石炭、蜡嘴、石膏、直棘。"今录以备考。

② "务",底本作"厉",据《清统志》卷一四二改。

沁州风俗：勤俭朴实。

土产：花毯、羊绒

泽州府风俗：民淳好义。

土产：泽绸、石雄黄、禹余粮

辽州风俗：民勤士朴。

土产：辽参、麝、蜡、秦芄

大同府风俗：士风劲直，民俗朴啬。

土产：花斑、石砂、白驰、盐、绿矾、肉苁蓉、神护、羊、马

宁武府风俗：俗尚刚方，寡文厚重。

土产：绢

朔平府风俗：民勤耕作，士耻奔竞。

土产：白雕鱼、豹尾

陕西省

疆域：东界河南闵乡，西界清水，南界四川太平县，北界榆林边墙，东南界河南淅川，西南界四川广元，东北界山西河曲，西北界正宁县①。

西安府风俗：民质厚重，五方杂处。

土产：玉毡、红花、泽泻、铜、铁、地骨皮、合离草

商州风俗：民性质实，士风简朴。

土产：弓、麻布、干枝柏、枳壳、朱砂

同州府风俗：民气刚毅，士亦②

土产：皮革、绢布、白蒺藜、细辛、凝水石、重耳羊

乾州风俗：俗务耕识。

土产：少

---

① "正宁"，底本作"直灵"，据《清统志》卷二二六改。
② "士亦"，底本原文如此，疑有脱文，《清统志》卷二四三作"士十九兼农"。

邠州风俗：民朴易理。

土产：豆、铁

凤翔府风俗：俗尚忠厚，士习儒雅。

土产：铁、马、羊、乌蛇、松子、胡桃、川芎、无心草、骨碎补、龙须席、雉尾、榛子、鹦鹉、九节菖蒲、独活、石鱼

汉中府风俗：俗屏浮华，士风朴厚。

土产：布、漆、鹿茸、锦鸡、红花、乳香、纸、桦皮、山鸡、蜜蜡、羚羊角

兴安府风俗：贼微讼少。

土产：自然铜、石青、龙胆、鹿茸、石绿、纸、白胶香、茶

延安府风俗：俗尚俭朴，不重侈靡。

土产：毛毡、桦皮、牡丹、黄鼠

鄜州风俗：民勤稼穑。

土产：麝香、铁、自然铜、土硫黄、大黄

绥德州风俗：俗尚刚义。

土产：黄蜡、甘遂、远志

榆林府风俗：怀忠畏法，果敢勇往。

土产：盐、骆驼、角弓、乞物鱼

甘肃省

疆域：东界陕西长武，西界河州、暗门番，南界四川平武，北界亦不剌山①，东南界陕西略阳，西南界陕西洮州卫番，东北界陕西保安，西北界镇西府。

兰州府风俗：劲悍质本，尚武务农。

土产：毡、碣、凉帽缨、桦皮、卤砂

---

① "亦不剌山"，《清统志》卷二五一作"伊伯勒山"。

平凉府风俗：民业耕种。

土产：毡、绒毯、肉苁蓉

巩昌府风俗：俗习朴质。

土产：金、褐、盐、玛瑙、漆

阶州风俗：朴鲁少文。

土产：杉木、绒、熊、鹿茸、麂、当归、水银

秦州风俗：朴鲁质实。

土产：马、当归、花石、屏、芎穷、雨缨

庆阳府风俗：民淳土悫。

土产：盐、毡、布、金、丝、麝、午酥

宁夏府风俗：人性善锐，风俗劲道。

土产：果、鱼

西宁府风俗：士业儒，俗崇释。

土产：毾、麸金、犏牛、犏西角、野马、藏毯、厘牛星

凉州府风俗：众杂羌、回，民风好胜。

土产：盐、褐、野马毛、毡、土豹、枸杞

甘州府风俗：椎鲁质朴。

土产：褐、布、枸杞、甘草、蒺藜、沙参、毯、毡、白奈、地骨皮

肃州风俗：务本崇释。

土产：褐、盐、牛毛

镇西府 新设。风俗：人物繁华。

土产：少

安西州 新设。风俗：人物蕃富。

土产：西瓜、野马皮、黄羊、青羊、枸杞、狐、胡桐历、石膏、野蛇、野猪、甘草、大头羊、矾菇、无鳞鱼、野鸡

泾州新设。迪化州新设。风俗、土产:俱未载①。

四川省

疆域:东界湖北巴东,西界毛儿革生番,南界云南元谋,北界陕西宁羌州,东南界贵州毕节,西南界西藏阿里拉丹②,东北界陕西兴安府,西北界陕西文县。

成都府风俗:土地沃饶,人士俊文。

土产:麸金、锦、罗、绫、绢、丝、绵绸、葛、铜、茶、盐、巴绸、拙鱼、旌节花、海棠、薛侍筅竹、郫筒酒、千叶刺榆

资州风俗:民性质实,安于耕读。

土产:盐、铁、绢、席

绵州风俗:人饶地裕,财货蕃茂。

土产:盐、铁、锦、绵、川芎

茂州风俗:勇往相高。

土产:花椒、麝香、狐尾

宁远府风俗:汉蛮杂处。

土产:银、铜、铁、盐、建板、石朽木

保宁府风俗:地暖气清,民淳事简。

土产:巴绸、盐、茶、蜡、红花、金巴戟、附子、当归

顺庆府风俗:淳朴温厚,力田务农。

土产:井盐、五棓子、铁、丹皮、木耳、香菇

叙府风俗:民朴易治,士静有文。

---

① "俱未载",按《清统志》卷二七二泾州风俗:"高上气力,以射猎为先,其人质木,少桑麻之利。布、帛、盐、酪,资于他郡。"卷二七三土产:"羊、马、毡、麻布、龙须布、药。"又,《清统志》卷二八〇迪化州风俗:"与镇西府同。其人勇猛敢战,随畜逐水草,不知田作。"土产:"马、牛、骆驼、羊、青稞麦、黄麻、葱、韭、胡荽、野鸡。"今录以备考。

② "拉",底本作"拱",据《清统志》卷三八三改。

土产:盐、苦参、荔枝、花椒

叙永所风俗:习俗淳厚。

土产:山药、五棓子、宗竹、小川乌

重庆府风俗:习俗半楚,士风敦朴。

土产:盐、铁、茶、葛、绢、绫

酉阳州风俗:杂处溪洞。

土产:水银、丹砂、犀角、布

中州风俗:民朴士文。

土产:盐、茶、绵、甘竹、苏熏席

夔州府风俗:民淳讼简。

土产:椒、茶、盐、山鸡、麸金、元精石、厚朴、黄连、宗药

达州风俗:民俗秀野。

土产:盐、蜡、漆、绵、枫香

龙安府风俗:货植务农。

土产:锡、水银、羚羊角、附子、天南星、茶

潼州府风俗:士通经学,民乐耕耘。

土产:盐、铁、铜、红花、沙糖

眉州风俗:俗近朴质,士通经术。

土产:海棠、水獭、斑竹、寒水石、史君子、青神茶

嘉定府风俗:民良俗茂,人士俊文。

土产:麸金、黑头寅、海棠、月月竹、茶、雪里蛤蟆、冬虫夏草、楔木

邛州风俗:士尚文学,民事桑农。

土产:蒲江砚、火井盐、细葛、斑竹、茶

泸州风俗:俗淳少讼。

土产:楠木、麸金、鲤鱼、石青、石绿、盐、茶

雅州府风俗:民贫地瘠,讼少俗淳。

土产:蒙山茶、石富蒲、黄连、黎椒、邛竹、丙穴鱼、落雁水、婆罗花、鮋鱼、牛黄

广东省

疆域:东界福建诏安,西界广西南宁,南界大海,北界湖南桂阳①,东南界大海②,西南界崖州大海,东北界江西长宁,西北界广西。

广州府风俗:民俗奢华,士风腾茂。

土产:银、锡、铜、盐、纱、缎、锦、簟、香、花梨木、紫檀、五色藤、荔枝、布、龙眼、角灯、石斛、纱灯、焦桂、海参、鳖皮、玻璃、玳瑁、水晶、珊瑚、珍珠、丁香、石发菜、肉豆蔻、君迁树、蚺蛇胆

连州风俗:人物富庶,俗厚风淳。

土产:银、铜、铁、布、丹砂、水银、玳瑁

韶州府风俗:民力勤作,士多愿悫。

土产:银、铜、铁、布、兰桂、由香、水马、英石、石斛、钟乳③、松

南雄府风俗:土性温厚,商贾往来。

土产:绢、布、单竹、嫩石、石墨、钟乳、石斛

惠州府风俗:男逸女劳,崇文尚学。

土产:银、锡、绢、盐、橘、甲香、卢竹、杨梅、簵器、珠母、碧鸡、大鱼晴、五色雀、罗浮梅花

潮州府风俗:士笃文行,俗尚华丽。

土产:银、锡、盐、布、毯、橘、橙、糖、蚺蛇胆、海错、佛手柑、菠萝蜜、荔枝、葛布、鲛鱼皮、马甲枝

嘉应州风俗:质实勤俭,文物冠冕。

土产:茧绸、铁、锡、铜、兴宁扇

---

① "湖",底本作"河",据《清统志》卷四四〇改。
② "东南界大海",底本脱"南"字,据《清统志》卷四四〇补。
③ "钟",底本作"鏳",疑为"钟"字误,据下文改。

肇庆府风俗：士风淳厚，民物伙繁。

土产：金、银、铜、铁、锡、铅、茶、柑、降香、乳香、墨猿、云白鸟、孔雀、盐、越王鸟、优云钵、磁石、多香木、楠木、蒲扇、白糖、古劳茶、何首乌、端溪砚

高州府风俗：务本力农，崇儒重学。

土产：树、银、盐、牛、马、香、高良姜、石屏、珠子、孔雀、化州橘红、蚺蛇胆、鹦鹉、竹鞋、玳瑁、益智仁、珊瑚、籐器、绞席

廉州府风俗：人性俭朴，词讼简稀。

土产：金、银、珍珠、玳瑁、珊瑚、翠羽、甲香、孔雀、速香、沉香、界楣、阁提、爆牛、百部、槟榔、柳、余柑子、浮留籐、大蜈蚣皮

雷州府风俗：俗习颇淳，人多向学。

土产：丝、葛、荔枝、龙眼、孔雀、槟榔、沙鱼

琼州府风俗：习俗古朴。

土产：金、银、珠、柳、瓢、玳瑁、蜜蜡、苏木、乌木、红豆木、花梨木、黄杨木、槟榔、沉香、速香、海漆、琼枝、菠萝蜜果

罗定州风俗：夷獠相杂。

土产：锡、石斛、娑棠果

广西省

疆域：东界广东广宁，西界云南土富州①，南界广东灵山，北界贵州永从，东南界广东石城，西南界安南地方，东北界湖广东安②，西北界贵州贞丰州③。

桂林府风俗：士尚经术，俗屏浮靡。

土产：银、铜、朱砂、冷石、鸡、零陵香、桂心、石燕、何首乌、异鱼

---

① "富"，底本作"福"，据《清统志》卷四六〇改。
② "东安"，底本作"安东"，据《清统志》卷四六〇乙正。
③ "贞"，底本作"永"，据《清统志》卷四六〇改。

柳州府风俗:俗阜物庶,讼少民淳。

土产:金、银、铁、布、降香、猪腰子药、郁金香、不死草、芦甘石

庆远府风俗:士风质直,民性好俭。

土产:银、锡、丹砂、楮皮纸

思恩府风俗:务本重财,颇知礼义。

土产:金、铅、绵、布、金蛇、篾簟、籐器

泗城府风俗:地鲜平畴,人知耕凿。

土产:降香、缩砂、八渡笋、草果、乌药、蜡

平乐府风俗①:民猺杂处,俗并沅、湘。

土产:金、银、铜、铁、锡、蕉布、竹布、千金藤、黎母汁、铅粉、钟乳、千年健

梧州府风俗:民性淳直,士风朴茂。

土产:菠萝蜜、白石英、龙眼、荔枝、籐、桄榔木、嘉鱼、蚺蛇胆、乌蛇

郁州府风俗:知学务本,民风俭朴。

土产:槟榔、柳、缩砂、人面子布、猩猩、葛仙米、句芒米

浔州府风俗:民贫地瘠,人物淳和。

土产:浔桂、铁梨木、金、银、铅、糖牛、扇、布

南宁府风俗:地隘民瘠,俗唯种田。

土产:荔枝、橄榄、象、貊猪、秦吉子、马孔雀、倒挂鸟、锦鸡、蚺蛇胆、苎麻、虫邱、鼓公

太平府风俗:地狭民稀,少事畎亩。

土产:乌、金汁水、马锦地、塞住药、罗方竹

镇安府风俗:梗执务农。

---

① "平乐府",底本脱"乐"字,据《清统志》卷四六八补。

土产:黄蜡、方竹

云南省

疆域:东界广西泗州城,西界神护关野人界,南界交趾,北界四川会理,东南界广西镇安,西南界天马关、缅界,东北界贵州普安,西北界吐番。

云南府风俗:民气和柔,尊礼畏法。

土产:盐、乌帕、太华茶、拐枣、镜面草、牛黄、银朱、毡、巨竹、金线鱼

大理府风俗:士崇气节,俗多豪华。

土产:屏石、工鱼、感通茶

临安府风俗:民专稼穑,畏法不争。

土产:莎罗布、通海缎、纹布、石青、紫石

楚雄府风俗:俗俗畏法,士风驯实。

土产:黑盐、响石、石青

澂江府风俗:士知尚学,民务耕织。

土产:铜、仙茅、靛、石黄、舶鲜鱼

景东厅风俗:民性驯朴。

土产:孔雀、青纸、盐、娑罗布、羊肚布

广南府风俗:习俗俭约。

土产:千张纸、云竹

广西州风俗:民朴家富。

土产:鸡腿竹[①]、白面猿、毡、蜡、茶、麻布、透附鱼

顺宁府风俗:俗朴民俭,守分畏法。

土产:金刚钻、濮竹、垂丝竹、漆

---

① "鸡腿竹",底本脱"腿"字,据《清统志》卷四九一补。

曲靖府风俗:习尚简朴,士风渐兴。

土产:棉花、铁

武定州风俗:士民勤业。

土产:五色石斛、龙脑石、麝香、当归、梭罗木、铁、盐、毡

丽江府风俗:人情朴直。

土产:金、铁、毡、琥珀、青石、花马石、尾羊

元江州风俗:性懦气柔。

土产:槟榔、芦子、蒌叶、蜜多罗、苏木、蛤蚧、土绵、荔枝、鳞蛇、株猛果、孔雀、黄鱼、乌木、黄姜

普洱府风俗:性朴风淳。

土产:茶、石青、神黄豆

蒙化厅风俗:民朴易治。

土产:锦鸡、雄黄、人面竹

永昌府风俗:务农勤织。

土产:金、白铜、玛瑙、琥珀、茶、碁子、猩猩、细布、白毡布、五色锦、孔雀

永北厅风俗:气习朴野。

土产:金、铜、盐、攀枝花、鹿茸、牦牛、乌木

开化府风俗:习俗渐改。

土产:马金囊、槟榔

东川府风俗:民风质直。

土产:铜、铁、菊花参、毡衫、珠参、法落梅、松子、漆

镇沅州风俗:士民性缓。

土产:盐、孔雀、莎罗布

昭通府风俗:民俗刚义。

土产:筇竹、方竹

贵州省

疆域：东界湖南辰州[1]，西界云南曲靖，南界广西南丹，北界四川重庆，东南界广西西隆[2]，西南界云南曲靖，东北界湖南辰州[3]，西北界云南东川。

贵阳府风俗：士秀而文，民知务本。

土产：茶、马、兰花、朱砂、水银、刺竹、葛布

思州府风俗：俗气淳庞，人知畏法。

土产：铅、铁、葛、蜡、竹鸡、金星石

思南府风俗：渐被德化，务本力穑。

土产：茶、铁、朱砂、水银、桐油、茱萸、白雕

镇远府风俗：习俗质野，服用俭约。

土产：鱼、柑子、方竹、绵竹、竹鸡、棉花

石阡府风俗：淳庞朴茂。

土产：水银、朱砂、犀角、木瓜、铁、茶、蜡、银杏、葛粉

铜仁府风俗：习俗各殊，古文立本。

土产：金、铁、蜡、朱砂、水银、楠木、杉木、黄杨木、葛布、箭竹

黎平府风俗：苗蛮杂处，人性朴茂。

土产：铁、葛布、洞被、茯苓、皮布、青皮香、木耳、九肋鳖

安顺府风俗：尚文重信，渐有华风。

土产：葛、皮鞴、菖蒲、威灵仙、紫石英、河参

南笼府风俗[4]：士业诗书，夷性屈强。

土产：水银、朱砂、雄黄、雄晶、降香、麂、蜡

---

① "辰州"，《清统志》卷四九九作"晃州厅"。
② "西隆"，《清统志》卷四九九作"柳州"。
③ "辰州"，《清统志》卷四九九作"永绥厅"。
④ "南笼府"，《清统志》卷四九九："康熙二十五年（1686）改安笼所为南笼厅，雍正五年（1727）升为府，嘉庆二年（1797）改为兴义府。"

都匀府风俗：士知诗书，民重廉耻。

土产：茶、铅、桂实、皮盘、紫草、雄晶、斜文布、益母草

平越府风俗：人士秀雅，民少争讼。

土产：葛布、棕竹、丹桂、竹鸡、橘、麂、锦鸡

大定府风俗：风气刚劲，俗尚勤俭。

土产：铁、铜、漆、马、茶、朱砂、马毡、皮器、锦鸡、木瓜

遵义府风俗：士悦诗书，民崇俭朴。

土产：水银、朱砂、雄黄、楠木、犀牛角、杉木、荔枝、金、斑布

仁怀厅风俗：民风刁悍，士气尚淳。

土产：杉木、荔枝、棕竹、佛手、兰

已上土产皆志中所载，余录其古今。各地所产广而且美者，其所出无多。而不美者，则改产于邻府附近之地，此实可为商贩寻根源、觅道地之谱耳。所录疆域，则知何境近于何地，或特往贸易，或便途买卖，皆可预先设计。且录其风俗，虽未至其地，而其人之刚柔，俗之美恶，无不备悉。如此则行商之趋避，无不当矣。

新增各省土产

北直、产柴胡、秦皮，南皮县产蔓荆子。

江南省、建德产大蒜、菜油，松江紫花布，莼菜。

江西省、武宁产油菜子，新建、吴镇聚杂货，饶郡产早爆豆，又产半夏、烟、鱼，乐平出烧酒、萝卜丝，万年产甘蔗，广信产茶油，广丰产菜油，弋阳米谷，上饶、玉山靛，弋阳、铅山煤，贵溪、铅山炭，玉山莲子，抚州米谷，金溪书籍，宜黄竹器巧样。

浙江、杭州产大戟、白芍药，余姚产棉花，金华香附，温州、永嘉产西施舌。

福建省、产漏卢,潭州产烟,建宁产泽泻、山药,泉州出灯草、席、布手巾、梅酱、青果、泰宁出花帐雪巾。

湖广省、产杜仲、姜黄、蓬术、郁金、无名异、南烛,又召南大烛,吴楚山中出。武昌府出楚石、□□棉花,衡州产煤、莲子、靛花、茶、砒石,郴州出苎麻,湖南零陵产石燕,石门出雄黄,华容出云母石,湖北黄州产麻油、麻茹。

陕西省、汉中产防已,关中产石榴叶,华、代等地产花蕊石。

甘肃省、宁夏产大茴,凉州产甘松香,狄迢出牦牛尾,河州出舍里狲。

四川省、产续断、大黄、姜黄、黄柏、苦练子、蓬术、郁金、蜜蒙花、木槿、无名异、绿葡萄,庆顺产红花、桐油,马湖产五佳皮,富顺产红铜、黑铅、棉布。

河南省、开封、陈州、归德等府产硝,新野产绿毛龟。

山东省、济南府龙山镇出手巾,礼参店出木梳,兖州产蒙山茶,济宁产棉花、胭脂油。

广东省、产石蟹、藿香、铜坑中产空青、砒石锡之苗也,高州、岭南产胡芦巴、诃子、肉豆叩、荜菱,近府产葛巾、黄麻、竹笋、木耳,雷州产斑竹、蜈蚣皮、犎牛、米、豆,廉州产鼍皮,琼州产鸥鹕、孔雀、山鸡、石蟹、蛇皮、杨梅、五色雀、乌猿、知风草、海镜、青藤、茧绸,肇庆产香水荔、鼹鼠翠、潜牛、䳭鹈鸟、山猪、山鸡、鱼鹿、天冬。

广西省、梧州将塘出金。

云南省、产葡萄大如青枣。

外有各省土产未录此者,附在第六卷《天下路程》中,可查。

异国、口外土产①

西番　出蓬砂、阿魏,西域出苏合香,西戎出硇砂。

苏方国　出苏木。

南番_{南舶附近等处}　出苏合香、冰片、阿魏、血竭、乳香、没药、丁香、沉香、檀香、八角茴、大风子、石硫黄、破故纸、珍珠、玻璃。

安息国　出安息香。

波斯国　出青黛、胡黄连、芦荟。

南海　出石蟹、苏木。

小西洋国　出翡翠、兜罗锦。

大西洋国　出雉白裘、紫金、珊瑚、胡椒、洋参。

安南国　出象、象牙、肉桂、红呢、火珠、椰瓢。

高丽国　出水晶、良马,月氏出大尾羊、美果。

日本国　出哆啰呢、青玉、五色水晶、玉、孔雀、风磨铜、翠。

琉球国　出鹤、风烛、羽毛缎。

缅甸国　出缅布、缅锦、孔雀、檀香、象。

暹罗国　出沉香、翠羽。

交趾国　出鸽、鹦、小象、火珠、肉桂。

红毛国　出丹霄镜、琥珀。

扶余国　出锦、裘、空青、玉珠、貂、酸枣。

摩伽陀国　出胡椒。

昆仑　出苏木。

天下之大,人难遍游,志岂能悉,故各处物产诸事,不能多知,况

---

① "异国(含外国)",底本未对"异国"和"外国"加以定义,许多内容与我国少数民族建立的政权混杂在一起,这次整理未加甄别,特此说明。

予管测,焉识万一。但经店伙出水,或自目睹,或由耳闻,约略附录,恐遗误甚多,企望多识君子删误补遗,时加裁增,以便江湖查览,斯为幸也。

外国方向附近者

女真　在边城外,盛京东北上。

日本　居海,近闽、浙。

扶桑、高丽　居东海,近山东、江南。

琉球、红毛　在福建海东南。

南海诸国　多近广东之南,即真腊、三佛齐等国。

安南　在广西之南。

占城、交趾、满剌加、暹罗等国　近云南之东南。

缅甸、西洋　近云南之西南,佛兰西近西洋。

西藏、阿里、拱丹等　近四川之西南。

吐番　近云南之西北。

毛儿革、生西番、西域　俱近四川之西。

閹门、吐鲁番　近甘肃之西。

北狄　亦在边城外、山西之北。契丹亦近于此。

凡东、西、南居海各外国,如暹罗、琉球、红毛、安南等十余国,买卖客飘广东者多,次则飘福建,再次则飘浙江,俱有定例,限飘省分。

各省买卖大马头

奉天府　珠玉、人参、各皮货买卖大。

北京　买卖颇大。市中多用库平,每百大老曹砝二两五钱。兑换用足钱。

买卖用九九。**直隶省上及通州买卖颇大**。**郑州及天津等处**①，口外货来聚广。

江南　南京交易颇大。钱平大曹砝，每百一两五钱。水平大曹平，五钱用九九钱□底。粮食平曹砝，九七五。**苏州聚卖，交易甚大**。极繁华之地，市用曹砝，每百小库平二两五钱。兑换用足钱。买卖各从其例，有用六七、六六之数。近来，平亦有老曹砝、新曹砝，各规不一。**太仓州棉花出多，扬州邵伯粮食聚卖大**②。**安庆府兑换用足钱**③。**瓜州、清江浦等处交易俱大**。**大通镇粮食颇聚**，市用曹平。钱市用五六数。豆、麦曹平九二。

江西省　市平大曹砝五钱，钱市用九六之数。**吴镇杂货聚卖大**。钱平小曹平一两六钱，买卖各从规平，钱亦用九六。**景德镇瓷器好**。钱平小曹砝四两，瓷平小六两不一，市用九九钱。**樟树镇药材颇聚**。兑换平大曹砝一两，药材平小曹平六钱，市用七八钱。**赣州府茶油出多**。钱平大曹平一两五钱七，用足数，九八底。

浙江　杭州钱平小曹砝三两四钱，亦有议曹平交易的。兑换用足钱，扣六底，市用九九钱，亦有各随规用。**宁波洋海货多**。平大曹平一两。**绍兴及兰溪买卖颇大**。兰平大曹平五钱。钱用足数□底。**长安镇粮食颇聚**。

福建省　近海洋货多。钱平大曹砝五钱，杂货平小曹平一两，钱用足数。**漳州、泉州土产俱多**。**永春烟，交易颇大**。**崇安茶，交易大**。**永安贡川镇**④。

湖北省　汉口镇天下货物聚卖第一大马头。钱平同药材平，小曹砝二两。钱公议平小一两。新公议平小三两不一，钱兑换用九九，市用九七数。**襄阳**用足钱。**黄州**用九九钱。**荆州**兑换用库平。买卖小曹平五钱。市用九八钱，九五底。

---

① "郑"，底本作"冒"。郑州，在今河北任丘北，昔郑州地处南方七省进京通道上，交通方便，经济发达，为货物辐凑之区，据改。
② "扬州邵伯"，底本作"杨州绍比"，据《纪要》卷二三改。
③ "府"，底本作"省"，据《纪要》卷一九改。
④ "贡川镇"，疑"镇"下有脱文。

沙市[①]。巴河出棉布。平大曹砝一两四钱。郧阳出木耳。

以上各处买卖俱大。

湖南省　用九九钱。辰州桐油出多。各府粮食广出。芦林潭、楳州等处交易颇大。湘潭县马头。

河南省　市平大曹平一两，用九九钱。朱仙镇及怀庆买卖颇大。各府颇出药材。

山东　平用广码兑换足钱，市用九九。东昌府纸平小曹平五钱。济宁、张秋镇、临青州等处交易颇大。

山西　省上买卖大。平大曹砝二两，钱用足数。代州镇及大同等处关外货聚，交易大。

陕西　省上交易大。布平大曹平五钱，用足钱九七底串。兴安、凤翔等处粮食、杂货、皮货买卖俱大。

甘肃　多用布平大曹平五钱。各属毡货及口外皮货交易俱大。

四川　省上正用库平买卖，各从其规。钱用九九数。重庆府聚卖俱大。各府出米、粮、药材。

广东　用库平，即各镇号称广码平。大老曹砝二两五钱，市用九九、九八平不等。钱用足数，扣底四文。省近海及佛山镇马头聚外洋各货极广。石龙大镇、高州、梅绿镇俱买卖颇大。各府土产多。

广西省　各属出金、银、铜、锡、铅、铁，交易大。浔府肉桂颇多。

云南省　各属出金、铜、铁，交易大。元江州、永昌府等处买卖颇大。马龙州、杨林所大口岸。

贵州　平大曹码二钱，钱用九九数。各属出朱砂、水银、白蜡，交易颇大。

外有各处大小马头、口岸，多附于第六卷《天下路程》中，可查。

[①] "市"，底本作"石"，据《清史稿·地理志》改。

各省关税

盛京地方　无关税。

京城　崇文门税，货物由芦沟桥进。

直隶地方　张家口税宣化府属。山海钞关税永平府属。天津钞关税即天津府。

江南地方　龙江税江宁府属。西新税江宁府属。浒墅关税苏州府属。扬州钞关税即扬州府。瓜、仪闸税常镇道管。淮安钞关税即淮安府。芜湖关税太平府属。户工关税安徽巡道管。凤阳关税即凤阳府。上海关税松江府属。

江西地方　九江关税即九江府。大姑塘税九江府属。赣州关税即赣州府。

浙江地方　北新关税、南新关税俱杭州属。宁波海关税即宁波府。

福建地方　福建省关税即省东南，沿海。

湖北地方　荆州钞关税即荆州府。

湖南地方　无关税。

河南地方　无关税。

山东地方　临清州关税即临清州。

山西地方　杀虎口税朔平府属。

甘肃地方　无关税。

陕西地方　今无关税，从前潼关有税。

四川地方　打箭炉税雅州府属。

广东地方　粤海钞关税即在省。韶州太平桥钞关税即韶州府。

广西地方　无关税。

云南地方　无关税。

贵州地方　无关税。

外有如江南之各闸,福建之光泽、上杭,广东之梅县①、南雄,贵州之贵阳、安顺、普安、普定、白水、交水,云南之赤水鹏等处之税,或税货,或税船,或换脚子税,或讨票税,或抽分及过隘等项,俱录在第六卷《水陆路程》中,可查。但税亦有改投于邻属之处,如南雄改韶州之类也。

各省盐务所出、分销地方

直隶　天津驻长芦盐院衙门,辖山东,河南开、归、彰、卫、怀庆等处地方盐务。

江苏　镇江驻两淮盐院衙门,管江西、江南、湖广、河南汝宁等处地方盐务。又驻扬州。

浙江省会　巡抚兼盐院衙门,管苏、松、常、镇、徽五府,广德州,江西广信等处盐务。

福建省城　驻盐道,管诏下、洪江、汭烈、前漳、祥、福、莆、浯、赤、浔、惠等处盐务。

山东省会　驻盐运司衙门,管全省、河南商丘九州县、江南徐州六州县盐引、各商场灶兼验各关等事。

山西省　巡抚兼盐院衙门,兼河南、河东、陕西汝州、直隶潼关等处盐务。

四川省会　驻通省清军盐茶道。

广东省会　驻盐务运使衙门,辖两广、江西南、赣,福建汀州,湖广衡州等处课引。

云南省会　驻清军盐法道,兼设黑、白盐井提举等司属楚雄等府。

---

① "县",底本作"缘",据《清史稿·地理志》改。

甘肃省　盐法兵备道驻固原州。

茶引

四川、陕西、甘肃等省茶,有课引。

漕运河工省分

　　总漕衙门　驻江苏镇江,管江北、江南、江西、浙江、湖广、山东、河南等省漕粮。淮安、清江浦:漕河二院亦驻。
　　总河衙门　一驻江苏镇江,管江南、河南等处河道。
　　总河衙门　一驻山东济宁,管江南、山东等处河道。

算法便览卷之四

算法[①]

凡算盘，每一行七铢，中隔一梁，上面二铢，每一铢当梁下五铢，梁下五铢，一铢只是一数。其盘放于人位前，以人身配之，分其左右，以位前为左，位后为右，前位为上，后位为下。凡前位一铢，则当后位十铢，故云"逢几进十，退十还几"之说。

大数

一大数之始。十十个一为十。百十个十。千十个百。万十千成万。十万。百万。千万。亿。万万曰亿。十亿。百亿。千亿。万亿。

小数

两十钱。钱十分。分十厘。厘十毫。毫十丝。丝十忽。忽。微。纤。沙。尘。

钱钞名数

钱钞之法谓之文，一文之上有十文，十十为百文，十百为千文，千文为一贯，五贯为一锭。

[①] "算法"，珠算一法，至宋元时趋完善，明清时广泛使用。明贾亨撰《算法全能集》、清李长茂撰《算法说详》是其集大成者。《商贾便览》卷四《算法便览》的诸多内容悉皆本此。因"是书繁多，不能尽录"，只能"或简或全，取繁要大概略备"。两相对照，有些文字不尽相同，可能是编者改动，也可能另有所本。凡属此类，皆出异同校，原文不做改动。以下选取几则案例出校，其他从略。特此说明。

丈尺以分长短

丈十尺。尺十寸。寸十分。分十厘。厘、毫、丝、忽同前。疋四丈为疋,今无定则。端。五丈为端,亦无定则。

粮数以分多少

石十斗。斗十升。合十勺。勺十抄。抄十撮。撮十圭。圭十粟。粒。

黍、稷、糠、粃：斛古以一石为斛,今以五斗为斛,或二斗五升。

斤两以分轻重

斤十六两。两二十四铢。铢十累。累十黍。黍禾方得而为黍。秤原十五斤,今二十斤或三十斤。钧二秤。石四钧。引二百为引。

变算口诀

诀曰：凡上篇大小数,丈、尺、石、斗；凡两各法,止是总数。若总银数,则要先记两、钱、分、厘,位次明白。两加两上,钱加钱上,分、厘、毫、丝,各加于各位次上,则无讹矣。若总米、豆,则记石、斗、升、合位次。若布、帛,要记丈、尺寸位。如稻、花、麻、肉各项,务排列几百几十几斤几十几两位次。两要类多,则进一斤,除去十六两。其退法亦与上法理同,俱要记得位次明白,庶无差。或有算至末位,厘、毫、丝、忽不能尽者,以六收之作十,以四丢之不用。

九上法

一上一,一下五除四,一退九进一十。

二上二,二下五除三,二退八进一十。

三上三,三下五除二,三退七进一十。

四上四,四下五除一,四退六进一十。

五上五,五退五进一十。

六上六,六上一去五进一十,六退四进一十。

七上七,七上二去五进一十,七退三进一十。

八上八,八上三去五进一十,八退二进一十。

九上九,九上四去五进一十,九退一进一十。

九退法

一退一,一退前十下还九,一上去五下还四。

二退二,二退前十下还八,二上去五下还三。

三退三,三退前十下还七,三上去五下还二。

四退四,四退前十下还六,四上去五下还一。

五退五,五退前十下还五。

六退六,六退前十下还四。

七退七,七退前十下还三。

八退八,八退前十下还二。

九退九,九退前十下还一。

九因合数 乘、除、加、减皆呼此数,故呼小数在上,大数在下

一一如一。一二如二,二二如四。一三如三,二三如六,三三如九。一四如四,二四如八,三四一十二,四四一十六。一五如五,二五得一十,三五一十五,四五得二十,五五二十五。一六如六,二六一十二,三六一十八,四六二十四,五六得三十,六六三十六。一七如七,二七一十四,三七二十一,四七二十八,五七三十五,六七四十二,七七四十九。一八如八,二八一十六,三八二十四,四八三十二,五八得四十,六八四十八,七八五十六,八八六十四。一九如九,二九一十八,三九二十七,四九三十六,五九四十五,六九五十四,七九六十三,八九七十二,九九八十一。

右法:遇十挨身过,逢如下位推。谓句内有十字之数,就本身之位上之。若句内有如字之数,下一位上之也。

九归歌法谱

一归　不须归,一者原数,不必归也。其法故不立。

二归　二一添作五,逢二进一十,逢四进二十,逢六进三十,逢八进四十。

三归[①]　三一三十一,三二六十二,逢三进一十,逢六进二十,逢九进三十。

四归　四一二十二,四二添作五,四三七十二,逢四进一十,逢八进二十。

五归　五一倍作二,五二倍作四,五三倍作六,五四倍作八,逢五进一十。

六归　六一下加四,六二三十二,六三添作五,六四六十四,六五八十二,逢六进一十。

七归　七一下加三,七二下加六,七三四十二,七四五十五,七五七十一,七六八十四,逢七进一十。

八归　八一下加二,八二下加四,八三下加六,八四添作五,八五六十二,八六七十四,八七八十六,逢八进一十。

九归　九一下加一,九二下加二,九三下加三,九四下加四,九五下加五,九六下加六,九七下加七,九八下加八,逢九进一十。

---

① "三",底本作"二",据《算法说详》卷一改。

归除法实首末因乘图

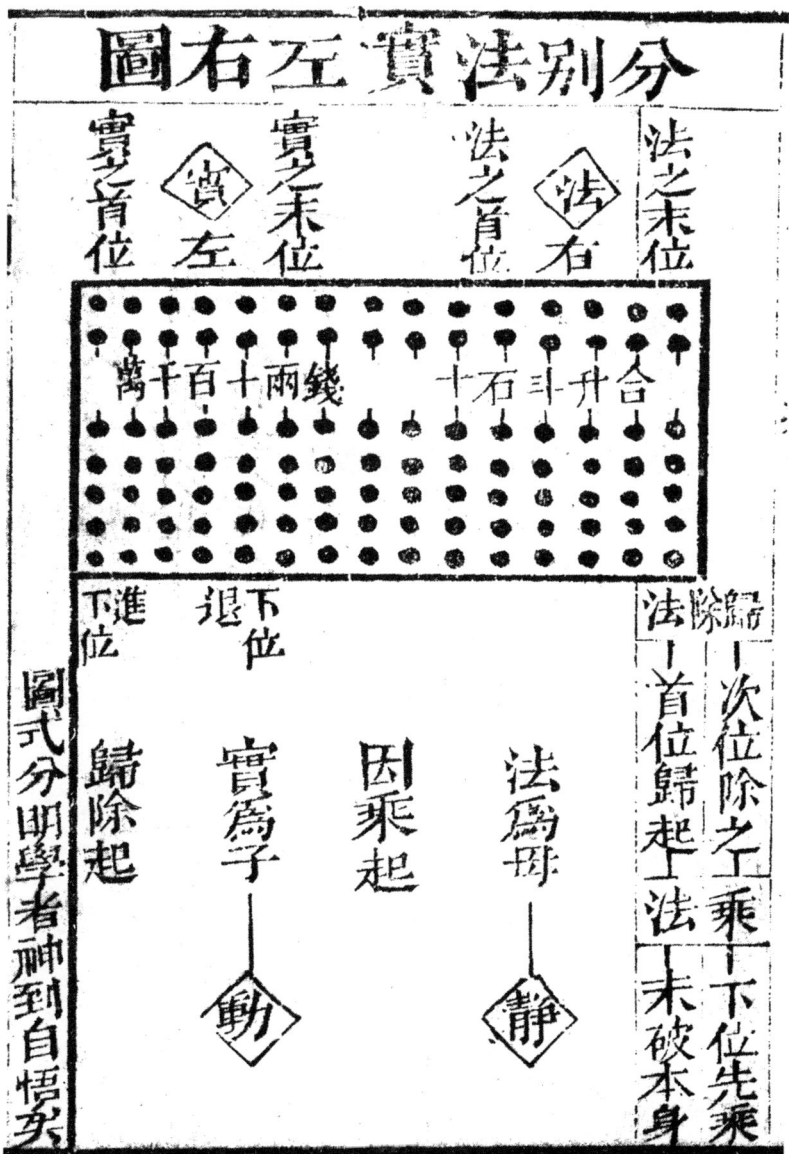

立法总论

凡算各项数物,必要立定该归该乘,得清楚合算,使无差错,故曰归除容易立法难。夫"归除者",将物分散之法;"因乘者",将物合聚之法,皆各得其用。须明此理,务为首要,不可不究也。

九归歌:学者如何算九归,先从实上左头推,逢进起身须进上,下加次位以施为。

九因歌:合数九因须记熟,起数先从末位推,言十就身如隔位,若要还原用九归。

归因总歌:归从头上起,因从足下生,逢如须隔位,言十在本身。

右法并归、因二歌,乃算之祖。但恐九九句法相混,学者必宜熟读记之,惟辨多数在先,少数在次,即九归之句,如"八六七十四"是归,"六八四十八"是因之类。已上句法及后各样歌诀,皆学者所当熟记。

假如今有银一万二千三百四十五两六钱七分八厘九毫,作二人分之,问每人该银若干?答曰:每人该分银六千一百七十二两八钱三分九厘四毫五丝。

法曰:置银为实,以二人为法归之,合问后仿此。

二归 二人分,用二归

九毫:二一添作五,变一为五。逢八进四十,本位去八进四于左。

八厘:逢八进四十,本位除去,进四于左。

七分:二一添作五,变一为五。逢六进三十,本位去六进三于左。

六钱:逢六进三十,本位除去,进三于左。

五两:二一添作五,变一为五。逢四进二十,本位去四,进二于左。

四十:逢四进二十,本位除去,进二于左。

三百:二一添作五,变一为五。逢二进一十,本位去二,进一于左。

二千:逢二进一十,本位除去,进一于左。

一万：起呼。二一添作五,变一为五。

二因还原

五丝：起呼。二五得一十,变五为十。

四毫：二四如八,本位除去,下位加八。

九厘：二九一十八,变九为一,下位加八。

三分：二三如六,本位除去,下位加六。

八钱：二八一十六,变八为一,下位加六。

二两：二二如四,本位除去,下位加四。

七十：二七一十四,变七为一,下位加四。

一百：一二如二,本位除去,下位加二。

六千：二六一十二,变六为一,下位加二。

假如有银,照前作四人分之,问每人该银若干?答曰:每人该分银三千零八十六两四钱一分九厘七毫二丝五忽。

四归

四二添作五,变二为五。

九毫：四一二十二,变一为二,右位加二。逢八进二十,本位去八,进二于左。

八厘：四二添作五,变二为五。逢八进二十,本位去八,进二于左。

七分：四三七十二,变三为七,右位加二。逢四进一十,本位去四,进一于左。

六钱：逢八进二十,本位除去,进二于左。

五两：四一二十二,变一为二,右位加二。逢四进一十,本位去四,进一于左。

四十：四二添作五,变二为五。逢四进一十,本位去四,进一于左。

三百：四三七十二,变三为七,右位加二。

二千：逢四进一十,本位除去,进一于左。

一万：起呼。四一二十二，变一为二，右位加二。

四因还原

五忽：起呼。四五得二十，变五为二。

二丝：二四如八，本位除去，下位加八。八退二进一十。

七毫：四七二十八，变七为二，下位加八。

九厘：四九三十六，变四为三，下位加六。

一分：一四如四，本位除去，下位加四。

四钱：四四一十六，变四为一，下位加六。

六两：四六二十四，变六为二，下位加四。

八十：四八三十二，变八为三，下位加二。

空行①

三千：三四一十二，变三为一，下位加二。

假如有银，照前作六人分之，问每人该银若干？答曰：每人该分银二千零五十七两六钱一分三厘一毫五丝。

六归

九毫：六三添作五，变三为五。逢六进一十，本位去六，进一于左。

八厘：逢二六进二十，本位去尽，进二于左。

七分：六一下加四，本位不动，下位加四。逢六进一十，本位去六，进一于左。

六钱：逢六进一十，本位除去，进一于左。

五两：六三添作五，变三为五。逢六进一十，本位去六，进一于左。

四十：六四六十四，变四为六，下位加四。

三百：六三添作五，变三为五。

二千：逢六进一十，本位除去，进一于左。

---

① "空行"，原文如此，下同。

一万：起呼。六一下加四，本位不动，右位加四。

六因还原

五丝：起呼。五六得三十，变五为三。

一毫：一六如六，本位除去，下位加六。

二厘：三六一十八，变三为一，下位加八。

一分：一六如六，本位除去，下位加六。

六钱：六六三十六，变六为三，下位加六。

七两：七六四十二，变七为四，下位加二。

五十：五六得三十，变五为三十。

空行

二千：二六一十二，变二为一，下位加二。

假如有银，照前作八人分之，问每人该银若干？答曰：每人该分银一千五百四十三两二钱零九厘八毫六丝二忽五微。

八归

八四添作五，变四为五。

八二下加四，本位不动，右位加四。

九毫：八五六十二，变五为六，下位加二。逢八进一十，本位去八，进一于左。

八厘：八六七十四，变六为七，右位加四。逢八进一十，本位去八，进一于左。

七分：八七八十六，变七为八，右位加六。

六钱：逢八进一十，本位除去，进一于左。

五两：八一下加二，本位不动，下位加二。逢八进一十，本位去八，进一于左。

四十：八二下加四，本位不动，下位加四。逢八进一十，本位去八，进一于左。

三百：八三下加六，本位不动，右位加六。

二千：八四添作五，变四为五。

一万：起呼。八一下加二，本位不动，右位加二。

八因还原

五微：起呼。五八得四十，变五为四。

二忽：二八一十六，变二为一，下位加六，六退四进一十。

六丝：六八四十八，变六为四，下位加八，八退二进一十。

八毫：八八六十四，变八为六，下位加四。

九厘：八九七十二，变九为七，下位加二。

空行

二钱：二八一十六，变二为一，下位加六。

三两：三八二十四，变三为二，下位加二。

四十：四八三十二，变四为三，下位加二。

五百：五八得四十，变五为四。

一千：一八如八，本位除去，下位加八，八退二进一十。

以上二、四、六、八归九档全式算法，学者悟熟，则三、五、七、九归皆可各从其归，歌谱按位推算，毋庸立式，自然明矣。

归除法

惟有归除法更奇，归以归法归之，除以四法除之。将身归了次除之。先将本位呼归法归之，其次不拘几位，俱呼九因合数除之。有归若是无除数，若本位上有子，可用归法，次位无子，不能用因法除之也。**起一还将原数施**[①]。如二归无除，本位起一子，下位还二子；如三归无除，本位起一子，下位还三子。除皆仿此。

---

① "起一还将原数施"，《算法全能集》作"起一回将元数施"。

或遇本归归不得①,如二归只二子,三归只三子,因下位无子可除,故不能归之。撞归之法莫教迟。如二归见二无除,本位加七撞作九,次位加二,如三归撞作九,三撞归讫,如除数不足,照前用起一还原之法。若人识得其中意②,如学者晓得归除中间之理深奥也。算学虽深可尽知③。云算者用心学习,可以尽识矣。

撞归法

见一无除,将身作九一〇二归。见二无除,将身作九二〇三归。见三无除,将身作九三〇四归。见四无除,将身作九四〇五归。见五无除,将身作九五〇六归。见六无除,将身作九六〇七归。见七无除,将身作九七〇八归。见八无除,将身作九八〇九归。见九无除,将身作九九。

已有归而无除,用起一还原法即"起一还将原数施"

一归　起一下还一。本位起一,下位还一。或再不足除,又起二下还二。

二归　起一下还二。本位起一,下位还二。

三归　起一下还三。本位起一,下位还三。

四归　起一下还四。本位起一,下位还四。

五归　起一下还五。本位起一,下位还五。

六归　起一下还六。本位起一,下位还六。

七归　起一下还七。本位起一,下位还七。

八归　起一下还八。本位起一,下位还八。

---

① "或遇本归归不得",《算法全能集》作"或值本归归不得"。
② "若人识得其中意",《算法全能集》作"若还识得中间法"。
③ "算学虽深可尽知",《算法全能集》作"算者并无差一厘"。

九归　起一下还九。本位起一,下位还九。

乘法

按乘法:原有"破头乘""掉尾乘""隔位乘",总不如"留头乘"之妙。留头乘者,留其本身于下位,挨身乘起是也。俟第三、四、五行挨乘遍了,方破其本身。破此一位,则又过前一位乘之,但位位俱要照样挨乘,如此乃为乘法也。今设一条子,后学者式样之。

下乘之法此为真,起手先将第二因①。

三四五来乘遍了,却将本位破其身。

假如有米二百五十五石,每石价银四钱五分,问共该银若干? 答曰:共该银一百十四两七钱五分。

法曰:置米为实,以每石价四钱五分为法乘之。合问。

法以价四钱五分为乘

五石　　起1五五二十五②,本位上二,右位加五。2五四得二十③,变五为二。

五十　　3五五二十五④,本位加二,右位加五。4五四得二十⑤,变五为二。

二百　　5二五得一十⑥,本位加一,6二四如八⑦,本位去二,右位加八,退二

---

① "起手",《算法全能集》作"位数"。
② "1",底本作"𝟣",旧时店铺账簿或插标上的计数文字,现已淘汰不用,今改为阿拉伯数字1。
③ "2",底本作"𝟚",旧时店铺账簿或插标上的计数文字,现已淘汰不用,今改为阿拉伯数字2。
④ "3",底本作"𝟛",旧时店铺账簿或插标上的计数文字,现已淘汰不用,今改为阿拉伯数字3。
⑤ "4",底本作"𝟜",旧时店铺账簿或插标上的计数文字,现已淘汰不用,今改为阿拉伯数字4。
⑥ "5",底本作"𝟝",旧时店铺账簿或插标上的计数文字,现已淘汰不用,今改为阿拉伯数字5。
⑦ "6",底本作"𝟞",旧时店铺账簿或插标上的计数文字,现已淘汰不用,今改为阿拉伯数字6。

进一十。

还原用四归五除

五分：

七钱：五五除二十五,本位去二,右位去五,尽。

四两：四二添作五,变二为五。五五除二十五,本位去二,右位去五。

一十：四二添作五,变二为五。二五除一十,本位去一。

一百：起。四一二十二,变一为二,右位加二。

三归二除

假如有银一万二千三百四十五两六钱七分八厘九毫,作三十二人分之,问每人该银若干?答曰:每人该分银三百八十五两八钱零二厘四毫六丝五忽二微。

法曰:三一三十一,三二除六,三二六十二,逢六进二十,二八除一十六,三一三十一,逢六进二十,二五除一十,三二六十二,逢六进二十,二八除一十六,逢六进二十,二二除四,三一三十一,逢三进一十,二四除八,三二六十二,二六除一十二,三一三十一,逢六进二十,二五除一十。

乘法还原

二五得一十,三五一十五,二六一十二,三六一十八,二四如八,三四一十二,二二如四,二三如六,二八一十六,三八二十四,二五得一十,三五一十五,二八一十六,三八二十四,二三如六,三三如九。

五归四除

假如有银,照前作五十四人分之,问每人该银若干?答曰:每人该分银二百二十八两六钱二分三厘六毫八丝三忽。

法曰:五一倍作二,二四除八,五一倍作二,二四除八,

五四倍作八,四八除三十二,五三倍作六,四六除二十四,

五一倍作二,二四除八,五一倍作二,逢五进一十,

三四除一十二,五三倍作六,四六除二十四,五四倍作八,

四八除三十二,五一倍作二,逢五进一十,三四除一十二。余一八未除。

乘法还原

三四一十二,三五一十五,四八三十二,五八得四十,

四六二十四,五六得三十,三四一十二,三五一十五,

二四如八,二五得一十,四六二十四,五六得三十,

四八三十二,五八得四十,二四如八,二五得一十,

二四如八,二五得一十。

七归六除

假如有银,照前作七十六人分之,问每人该银若干? 答曰:每人该分银一百六十二两四钱四分三厘一毫四丝三忽四微。

法曰:七一下加三,一六除六,七四五十五,逢七进一十,

六六除三十六,七一下加三,逢七进一十,二六除一十二,

七三四十二,四六除二十四,七三四十二,四六除二十四,

七二下加六,逢七进一十,三六除一十八,七一下加三,

一六除六,七三四十二,四六除二十四,七二下加六,

逢七进一十,三六除一十八,七三四十二,四六除二十四。余六未除。

乘法还原

四六二十四,四七二十八,三六一十八,三七二十一,

四六二十四,四七二十八,一六如六,一七如七,

三六一十八,三七二十一,四六二十四,四七二十八,

四六二十四,四七二十八,二六一十二,二七一十四,

六六三十六,六七四十二,一六如六,一七如七。

九归八除

假如有银,照前作九十八人分之,问每人该银若干？答曰:每人该分银一百二十五两九钱七分六厘三毫一丝五忽三微。

法曰:九一下加一,一八除八,九二下加二,二八除一十六,

九五下加五,五八除四十,见九无除作九九,八九除七十二,

九七下加七,七八除五十六,九六下加六,六八除四十八,

九三下加三,三八除二十四,九一下加一,一八除八,

九五下加五,五八除四十,九三下加三,三八除二十四。余六未除。

乘法还原

三八二十四,三九二十七,五八得四十,五九四十五,

一八如八,一九如九,三八二十四,三九二十七,

六八四十八,六九五十四,七八五十六,七九六十三,

八九七十二,九九八十一,五八得四十,五九四十五,

二八一十六,二九一十八,一八如八,一九如九。

六归七除、二除、五除

假如有银,照前作六千七百二十五人分之,每人该银若干？答曰:每人该分银一两八钱三分五厘七毫八丝八忽六微八纤四沙。零一。

法曰:六一下加四,一七除七,一二除二,一五除五,

六五八十二,七八除五十六,二八除一十六,五八除四十,

六二三十二,三七除二十一,二三除六,三五除一十五,

六三添作五,五七除三十五,二五除一十,五五除二十五,

六五八十二,无除起一下还五,七七除四十九,二七除一十四,

五七除三十五,六五八十二,七八除五十六,二八除一十六,

五八除四十,六五八十二,七八除五十六,二八除一十六,

五八除四十,六四六十四,六七除四十二,二六除一十二,

五六除三十,六五八十二,七八除五十六,二八除一十六,

五八除四十,六二三十二,逢六进一十,四七除二十八,二四除八,五四除二十。余零一。

乘法还原

四七二十八,二四如八,五四得二十,四六二十四,

七八五十六,二八一十六,五八得四十,六八四十八,

六七四十二,二六一十二,五六得三十,六六三十六,

七八五十六,二八一十六,五八得四十,六八四十八,

七八五十六,二八一十六,五八得四十,六八四十八,

七七四十九,二七一十四,五七三十五,六七四十二,

五七三十五,二五得一十,五五二十五,五六得三十,

三七二十一,二三如六,三五一十五,三六一十八,

七八五十六,二八一十六,五八得四十,六八四十八,

一七如七,一二如二,一五如五,一六如六。

便民法

今有四十六两八钱银,共买米七十二石。问:每石价银若干?答曰:每石该价银六钱五分。

法曰:置银四十六两八钱为实,以米七十二石为法归除之,用七归二除:

七四五十五,逢七进一十,二六除一十二,七三四十二,逢七进一十,二五除一十。合问。

混归法歌诀

混归法者,与归除同。前人用定身减法,惟恐人心难明,遇行数多者,往往差错,故立此法。

逢一进一十,逢二进二十,逢三进三十,逢四进四十,

逢五进五十,逢六进六十,逢七进七十,逢八进八十,

逢九进九十,见一无除作九一,无除起一仍还一。末二句,即归除上云"有归。若是无除数,起一还将原数施",理一同也。此法起一还一,起二还二,余皆仿此。

一归一除

假如有银一万二千三百四十五两六钱七分八厘九毫,作十一人分之,问每人该分银若干?答曰:每人该分银一千一百二十二两三钱三分四厘四毫四丝五忽。

法曰:逢一进一十,一一除一;逢一进一十,一一除一;

逢二进二十,一二除二;逢二进二十,一二除二;

逢三进三十,一三除三;逢三进三十,一三除三;

逢四进四十,一四除四;逢四进四十,一四除四;

逢四进四十,一四除四;逢五进五十,一五除五。余五未除。

乘法还原

一五如五,一五如五;一四如四,一四如四;

一四如四,一四如四;一四如四,一四如四;

一三如三,一三如三;一三如三,一三如三;

一二如二,一二如二;一二如二,一二如二;

一一如一,一一如一;一一如一,一一如一。

一归四除

假如有银,照前作十四人分之,问每人该分银若干?答曰:每人该分银八百八十一两八钱三分四厘二毫。

法曰:见一无除作九一,无除起一下还一,四八除三十二,

见一无除作九一,无除起一下还一,四八除三十二;

逢一进一十,一四除四,见一无除作九一;

无除起一下还一,四八除三十二,逢三进三十,

三四除一十二,逢四进四十,四四除一十六,

逢二进二十,二四除八。余一未除。

乘法还原

二四如八,一二如二,四四一十六,一四如四,

三四一十二,一三如三,四八三十二,一八如八,

一四如四,一一如一,四八三十二,一八如八,

四八三十二,一八如八。

一归八除

假如有银,照前作十八人分之,问每人该分银若干?答曰:每人该分银六百八十五两八钱七分一厘零五丝。

法曰:见一无除作九一,无除起三下还三,六八除四十八,

见一无除作九一,无除起一下还一,八八除六十四,

见一无除作九一,无除起四下还四,五八除四十,

见一无除作九一,无除起一下还一,八八除六十四,

见一无除作九一,无除起二下还二,七八除五十六,

逢一进一十,一八除八,逢五进五十,五八除四十。

乘法还原

五八得四十,一五如五,一八如八,一一如一,

七八五十六,一七如七,八八六十四,一八如八,

五八得四十,一五如五,八八六十四,一八如八,

六八四十八,一六如六。

分别货物价乘除法

假如今有米七百八十六石,每银一两籴米二石四斗,问该银若

干？答曰：该银三百二十七两五钱。

（二归四除）法曰：置米七百八十六石为实，以银每两籴米二石四斗为法除之，得银三百二十七两五钱。合问。

今有苎麻五百九十八斤半，每麻三斤半价银一钱，问该银若干？答曰：该银一十七两一钱。

（三归五除）法曰：置麻五百九十八斤半为实，以每麻三斤半为法除之，得银一十七两一钱。合问。

今有银五十七两四钱，每银一两买谷三石六斗，问该谷若干？答曰：该谷二百零六石六斗四升。

法曰：置银五十七两四钱为实，以每两买谷三石六斗为法乘之，得谷二百零六石六斗四升。合问。

今有布七十九丈五尺九寸，卖银一十八两九钱五分，问每银一钱该布若干？答曰：该布四尺二寸。

（一归八九五除）法曰：置布七十九丈五尺九寸为实，以银一十八两九钱五分为法除之，得每银一钱该布四尺二寸。合问。

今有钱四千五百四十文，买梨一万三千六百二十枚，问每钱一文买梨若干？答曰：该梨三枚。用四归五四除。

法曰：置梨一万三千六百二十枚为实，以钱四千五百四十文为法除之，得每钱一文该梨三枚。合问。

原借人小麦四百五十六石，今将白米照依时价占折还之，其麦每石价四钱五分，白米价每石价七钱五分，问该还白米若干？答曰：该还白米二百七十三石六斗。

法曰：置麦四百五十六石，以价四钱五分乘之，得二百零五两二钱为实，以米价七钱五分为法除之，得米二百七十三石六斗。合问。此用七归五除。

今有银七十四两二钱，每银一两换钱九百五十五文，问该钱若干?答曰:换钱七万零八百六十一文。

法曰:置钱七十四两二钱为实,以每两换钱九百五十五文为法乘之,得钱七万零八百六十一文。合问。

一归零除法

今有银二百五十六两七钱,每钱一千文要换银一两零五分,问该钱若干?答曰:该钱二百四十四千四百七十六文零。

法曰:置银二百五十六两七钱为实,以钱价每千文换银一两零五分,即以一归零五除为法归除之,得钱二百四十四千四百七十六文零。

今有饷银四万六千八百九十五两,有兵一万零六百零五名均分,问每兵一名分银若干?答曰:每名该分银四两四钱二分一厘九毫七丝零。

法曰:置银四万六千八百九十五两为实,以兵一万零六百零五名,即以一归零六除零五除为法归除之,每名得银四两四钱二分一厘九毫七丝零。

已上归除各谱,有若干未立者,因是书繁多,不能尽录,然或简或全,取繁要大概略备,学者既能通其一,则不难明其十也。

斤两法歌

斤如求两身加六,两若求斤截两成,论铢三百八十四。
六十四分为一斤,二十四铢为一两,三十二两一裹名。
一秤斤该一十五,二秤并之为一钧,四钧之数为一石。
又名一驮实为真,二百整斤为一引,两下另有毫厘分。

截两为斤歌

一退六二五,二一二五,三一八七五,四二五。

五三一二五,六三七五,七四三七五,八五。

九五六二五,十六二五,十一六八七五[①],十二七五。

十三八一二五,十四八七五,十五九三七五。

解明法义

一斤之数十六两也,算盘子以十为定,斤下有两,若不变化,何能叠进,所以一斤要作十分算也。法将十分以十六两分派,得每一两该六厘二毫五丝,将此六厘二毫五丝次第加成数目,定为斤秤减六法诀,一退六二五是也。以十六个六二五,合成一斤也。

又截两成斤歌 此谓斤下零两叠称,以求斤数

一退十五,进一斤。成斤以后同。二退十四,进一斤。三退十三,进一斤。

四退十二,进一斤。五退十一,进一斤。六退十,进一斤。

七退九,进一斤。八退八,进一斤。九退七,进一斤。

十退六,进一斤。十一退五,进一斤。十二退四,进一斤。

十三退三,进一斤。十四退二,进一斤。十五退一,进一斤。

每见算者,遇斤下带两,用法各不相同,有将两数用截两为斤法,算者又有将两隔位叠算而除十六加斤者,俱不能合一定之式。今观算盘,梁上二子为十,梁下五子,共有十五两,论一斤该数十六两,只欠一两,故曰一退十五以成一斤之数,此法极敏捷,余皆仿此。但货物用秤者,斤下有两数,切不可隔位,必须挨斤之次设,若五斤十二两,就以十二两在五斤之下位,算盘梁之上二子,梁之下二子,即十二两也。若兼归除为法为实者,必须用减六,留斤法就以十二两本身梁

---

① "六",《算法全能集》作"三"。

之上,除去一子余七子,另以下位加五,即为七五,然后用法乘除之,庶不差矣。如除毕,斤下有零数,必须从右位起,用加六之法,逐位逆上加之,至斤下止,切不可加于斤上,学者慎之。

今有金二十五斤,问该两若干?答曰:四百两。

法曰:此是斤求两法,置金二十五斤为实,以斤求两法加之,先从尾五斤上加起,五六加三作八,又于二十斤上加二六,加一十二,共得四百两。合问。或用十六乘法亦可。

今有银五百六十两,问该斤若干?答曰:三十五斤。

法曰:此是两求斤法,置银五百六十两为实,以截两法通之,先将六十化作三七五,又将五百化作三一二五,得三十五斤。合问。或用一归六除,亦同。

今有朱砂,每斤价四钱四分,问每两价若干?答曰:每两该银二分七厘五毫。

法曰:此是斤问两价,置银四钱四分。以截两为斤法变之,先将四分化作二五,又将四钱亦化作二五,得每两二分七厘五毫。合问。或用十六除之,亦同。

今有水银,每两价二分二厘五毫,问每斤该银若干?答曰:每斤该银三钱六分。

法曰:此是两问斤价,置每斤一十六两。以每两二分二厘五毫,乘之即得。又法置每两价二分二厘五毫,以加六法加之五六,加三十二六,加十二亦同。

今有黄蜡二百四十六两,每斤价银一钱八分四厘,问该银若干?答曰:该银二两八钱二分九厘。

法曰:置黄蜡二百四十六两。用截两歌通之,先将六两化作三七五,又将四十化作二五,又将二百化作一二五,并得十五斤三七五为实,以每斤价一钱八分四厘为法乘之。合问。又法置黄蜡二百四十六两为实不动,以每斤价一钱八分四厘,用截两法截得每两一分一厘五毫为法乘之,亦同。

原有银二钱三分,买白铜一十三两,今欲买五斤二两,问该银若干? 答曰:该银一两四钱五分零七毫七丝。

法曰:置今买铜五斤二两,以斤求两法加之,只加斤,不加两。五六加三十,共得八十二两,以原银二钱三分乘之,得一十八两八钱六分为实,以原铜一十三两为法除之。合问。此异乘同除之法。

今有姜八百八十二斤,每五斤四两换稻一斗二升,问稻若干? 答曰:该稻二十石零一斗六升。

法曰:置姜八百八十二斤。以稻一斗二升乘之,得稻一百零五石八斗四升为实,以每五斤四两,将四两化为二五,共五斤二五为法除之,得二十石零一斗六升。合问。又法:置姜为实,以每五斤二五除之,得一百六十六斤。再以稻一斗二升乘之,亦同。

今有生肉五十八斤半,煮熟每斤折四两,问该熟肉若干? 答曰:该熟肉四十三斤十四两。

法曰:置生肉五十八斤半为实,以每斤折去四两,得十二两,将十二两化作七五为法乘之,得四十三斤八七五。却将八七五加六为十四两。合问。

今有生铜,一经入炉,每十斤得八斤,经三次入炉,得六十九斤一十二两一钱六分,问原生铜若干? 答曰:原生铜一百三十六斤四两。

法曰:置铜六十九斤加六,并入零两钱,共得一千一百一十六两一钱六分为实,另置八斤,自乘得六十四。再以八乘得五百一十二。为法除之,得二千一百八十两。以斤法十六除之,得一百三十六斤二五。却将二五加六为四两。合问。又法置铜变作两数,以八归三次,亦同。

倾煎论色

假如今有八三银三十六两,换九二色银,问该若干?答曰:该九二色银三十二两四钱七分八厘二毫六丝。

法曰:置银三十六两,以八三乘之,得纹银二十九两八钱八分为实,以九二为法除之。合问。

假如今有足纹银六两四钱六分,倾出成色银七两六钱,问色几何?答曰:八五色。

法曰:置纹银为实,以倾出成色银七两六钱为法除之。合问。

假如今有铜一两八钱四分,今煎作七七色银,问该用纹银若干?答曰:该用纹银六两一钱六分。

法曰:置铜为实,以每两用铜二钱三分为法除之,得七七色银八两,内减去原铜一两八钱四分,余六两一钱六分是纹银也。合问。

银谱便览卷之五

平秤市谱

天下惟库平画一[1],又名司马平。从前广东老广码平与库平相仿,近来新广码每百两有小数钱不一。从前苏州老曹砝比库平每百少二两五钱[2],近来新曹砝有多少小数钱不一。而各镇买卖兑换市用曹砝处似多,所以两京各省名镇以库、曹二平宗之为谱。虽各处市镇各有另议,行规之平太小者多,然当以库、曹二平为谱,较其大小会算而定交易可也。

广秤,即广码合成之秤。货物权衡,谱此处者多。近各市镇广秤渐次用入,以作十七两算数,故市以广秤每百斤大十六两秤,六斤之间为谱,而较其各行规,另议大小之秤而定交易也。更有称说老广、新广大小一二斤,全广、半广大小不一,此皆乡市刁巧所为,非若名镇加减一定规则,凡经营者宜留心较察也。

辨银谱总论

学识辨银之法,周围细看分明,成锭先观底面,零星搭脚为凭,边

---

[1] "库平",清康熙时制定的部库征收租税、出纳银两的衡量标准。
[2] "曹砝",清代曹寅家在江南颁行的砝码。

道须知厚薄,还看光累枯神。低银细看软硬,高丝圆曲分明,面分青、黑、红、白,留心厚薄藏形。最难低银之底,沙煤有白,有青,或有熏矾贴箔,当详团宿新镕,再察蜂窠大小,并观灼淡神光,是以种种各别,慢看后为推详。燥煤不看颜色,全凭形状思量,蛮汁、滴珠、煎饼,最宜深究真详。先将大色估定,次察小色高低,是有齐边傍锡,牢看锡底插香,倘遇新奇罕见,须防巧手做银,是以伪端不一,估时慎勿心粗,万一艰难疑惑,说明磨剪何妨。

辨银则例

乌翠铜 即红铜。式像明倾,误用七成、七五、八成。

丝 硬。圆。如铁线丝。**底** 沙底。亮带黄色。**铕** 黑色,最厚。**边** 穿薄,有累珠。**刀光** 青色,带呆。**脚** 紫实,像壁泥色。

点搽头 即青铜无疑。俱小块头,误用九成、九三、九八。

丝 细、硬、圆,像领丝面者多。**底** 凿眼,用银箔贴。**铕** 黑色,最厚,无面,难看。**边** 亦无。**刀光** 沙煤白,带呆色。**脚** 有红松心,中有假竖心,又像蚤虱斑。

附青铜

丝 细、圆,内凿赠丝。**底** 银箔凿。**铕** 黑色。用粉擦青。如无面,亦难看。**边** 亦无。**刀光** 呆白,带青色。**脚** 细。青色,像纸灰泥色。

三接铜 一底面俱像九八夹开,中间青铜。误用九七、九八,边内有镶痕可看,比灌铅又坚硬难辨。如夹开有两样刀光,难看。要细看,分高低银、铜。

又:一名"天盖地",面低用九八银,多用贴箔凿眼;一名"地盖天",面凿丝,交铕底面多,用九七银丝。

以上三项总有镶痕。

三成 细丝、粗脚者是。如若脚像条铜色,底下蜂窠是。少者,即一二成也。

丝 粗、匾、阔,名硬细丝。**底** 白沙有黄色,带尖角蜂窠。**铕** 黑厚,锭心起燥缠闹镕，可沙亮，像杭白炼。**边**最厚，有累珠起层，名白千层。蟥边。**刀光**红色。如白煤，又带呆色。**脚**红实起竹丝。又如煤白，像壁泥色。用闹镕，起红星。

四成 凡脚松铜点小者，四五。脚细实丝阔少者，即三五。

丝硬、粗、圆，名圆嘈。**底**沙白带米黄色，蜂窠细多。**镕**黑厚，名乌龟镕。**边**黑厚，起累珠。**刀光**红色，煤白带呆。**脚**灰红色，起红点者，名瓦灰脚。

五成 凡脚松面平者，有五五。脚细实、丝硬边厚者，即四五。

丝旁点粗、硬。心中平少。**底**沙白色。蜂窠更大。**镕**厚黑色。**边**厚起累珠。**刀光**红色。**脚**粗、松。淡红色，名豆渣脚。

六成 凡丝细、脚实者，高。边厚脚粗者，低。

一名"麻布面"，**丝**边内粗，中间细，像麻布样。**镕**红色。

一名"干磨彩"，**丝**最阔、软、少，面不齐。**镕**灰红色。

一名"平面"最潮。**丝**着边细，名铁细丝，中间平。**镕**黑厚。

丝或三名，或带黑镕。**边**薄。有累珠。**刀光**黄色。无闹。少兼红色。**脚**干镕。有松心。红色。潮镕最实。**底**或沙白，或贴箔，或黑底、六成底不一。**名曰**成锭。面上镕，里细丝脚，像九八。脚内红星，像蚤虱斑。又带黄色，误用作九三，以便用也。夹开刀光，最黄色者，即闹镕，实即六成。

六五 凡丝细脚实者，高。面平脚粗者，微如用闹，与六成闹银相似。

丝粗、硬，像麻皮丝，又像干磨丝。**底**沙白、蜂窠浅大。**镕**黑薄如沙出，带红色。**边**薄穿。亦有累珠。**刀光**黄色。**脚**红、松。

七成 凡七外之银，要看干潮，若干镕，丝细硬，如脚白松者，高。丝细硬，如脚紫实者，低。潮镕丝粗、软，如脚紫实者，高。丝粗、软，如脚白松者，更有身子。

丝着边细硬如铁，线裹在内，中间粗，不能到心。**底**淡。**镕**薄、淡黑色。**边**薄、穿。**刀光**呆白。**脚**紫实，名香灰脚。

七三 凡丝潮脚白者，高。镕黑边糙者，微。

丝干镕丝粗，名明倾。潮镕丝细，名铁线。**底**沙亮。**镕**干淡黑潮、微红。**边**虽光终有细累珠，如潮则穿。**刀光**呆白。**脚**干、松、潮，实俱紫色。

七五 凡边光脚松者，高。丝面不正齐者，微。

丝干镕细，潮镕粗，亦曰"明倾"。底或沙，或贴。铕干薄、沙黑色、潮红色。边光，有细累珠。刀光白呆。脚有松心，干镕白色，潮镕紫色。

七七 亦名"明倾"。

丝潮镕粗铅丝，干镕粗细不齐且曲，名曰"鸡肚肠丝"。底或沙，或贴箔。铕红微色。边光。刀光白亮。脚边实心松，潮紫干白。

八成 "成"字即如后之"程"字，同。

丝纸罩镕，细。冷盖镕，粗。底或沙，或黑，或凿。铕纸罩镕，红。冷盖镕，黑。边光。刀光白亮。脚实白色。中间有小竖心。

八三

纸罩镕即"干罩"。又名"火盖"。高低一体呼之。丝细，软。铕红。边高。薄。

冷盖镕即"摇丝"。丝粗。铕黑。边纸厚，亦光。底真底最焦淡，或沙，或黑，或贴箔不一。刀光有神。白。脚白实，边有蚤虱斑，中间有小竖心。

附京嘈　丝粗。底焦、淡。蜂窠甚少，或有凿眼。铕黑，中间有凹。边厚，有累珠。刀光正色。脚白实，细竖心。

八五

纸罩镕　丝细，软。底或沙，或黑。边绢光。铕红。刀光正色。脚白松。

冷盖镕　丝粗大，名秤勺丝。底或沙，或熏，或凿，或贴箔。铕微青。边光亮。刀光有神。白色。脚白实带青。有蚤虱斑，中有小竖心。

附京嘈　丝细，软。底真底最焦，亦有凿底。铕黑。边糙，最焦淡。刀光正色。脚白、实、细。中间有马牙心。

八八

纸罩镕　丝细、软。底或沙，或熏。铕红。边内光、外淡。最高。刀光有神、白色。脚白松。有蚤虱斑起，有大竖心。

冷盖镕　丝粗，或像假领丝。底或沙，或熏，或贴箔。铕青。边光白，焦淡。刀光神白。脚白实边，有蚤虱斑起。中间菊花竖心。

附京镨　丝细、硬、圆。正中心少。底真底,浅蜂窠,亦有矾白。铆黑。边外最焦。内有累珠、发光。刀光神亮。脚白实。有菊花竖心。

九成

纸罩镕　丝细、软、发亮。底淡白。有镨迹,亦有矾白。铆黑。边绢光。刀光神白。脚白松。有大竖心。

冷盖镕　丝粗、硬、发亮。底淡白。亦有矾白。铆青。边绢光。刀光神白。脚白松。有蚤虱斑。

附建镨　丝细、硬、圆、正。底淡焦,蜂窠浅少。铆青、光亮。边光,内有神色,外焦淡。刀光神白。脚实像牙色样,蚤虱斑最多。

九一

纸罩镕　丝细、软。底淡白。大蜂窠。铆黑。边绢光。刀光神亮。脚松。像牙身。有竖心。

冷盖镕　丝大、软。底淡白。铆青。边神亮。刀光神亮。脚白亮。蚤虱斑多。又有白煤头,竖心起。

附京镨　丝细、软、中平。底白淡,蜂窠浅。铆黑亮。边外焦淡,内有神气。刀光神白。脚松、白、有大竖心。

附建镨　丝不能到心。底淡白。蜂窠浅。铆黑亮。边正色。刀光神白、亮。脚糙米色、蚤虱斑多、有小竖心。

九三

纸罩镕　丝阔、软。底大蜂窠。有神气。铆红。边有神气。刀光神亮。脚白。竖松头最干松。

冷盖镕　丝细、软。名铆礼丝。底白亮,有神。铆黑色,发亮。边白亮。刀光正色。脚糙米色边。蚤虱斑起,中间有小竖心。

业盖镕　丝大、软、少,名"拱丝"。底白亮、有神。铆青色、发亮。边同底。刀光正色。脚糙米色。有蚤虱斑起。

附京镨　丝细、软、圆少。底淡白,蜂窠大。铆黑。边神亮。刀光正色。

脚白煤头起,有大竖心。

附建漕 丝细、硬,又像头丝。**底**淡白。浅蜂窠。**铕**黑亮。**边**有神气。**刀**光有神。**脚**糙米色,起蚕虱斑。

九四 凡九四与九二、九三色银,俱相类,正看脚内有竖心,有小蚕虱斑,少边底,神气足,有即九二、九三,边底淡粗,斑多者,即九二。

名曰凡九外、九内之银须看边道有神竖心。白大者,高。铕黑脚实者,低。

内京漕要底无凿眼,面不曲心者,高。

外京漕要丝软、蜂窠深细者,高。凡九五外京漕,与本地银同看。

建漕、长漕须看边底有神气,无漕迹。蜂窠深细者,高。

九五

丝细、软。名"拱丝""软丝"更高。**底**有神气、大蜂窠、无漕迹、发亮。**铕**青色。蜂窠白色者,低。**边**同底。**刀**光亮。实有青色。**脚**细。实豆青色,干镕有细白竖心。

九六

丝粗、曲如长漕镕。铕重稳细。**底**淡色。有大蜂窠。**铕**起青花。**边**光。实色。**刀**光青宝色。光亮。**脚**豆青色。松。

九七 凡九七、九八,要丝圆铕轻者,高。

丝细圆带曲,不能到心。**底**实色。有小蜂窠。**铕**起青花。**边**同底。又起青化铕。**刀**光光亮。实青带翠。**脚**实豆青色。

九八

丝极细、圆正,高。**底**青带实色,蜂窠极细。**铕**微带青翠花。**边**内起细浪青花。**刀**光翠亮青色。**脚**极细。实豆青色。

九九

丝细。圆。周回密。上到心。**底**白。有神。细蜂窠,筋纹。**铕**微、少。**边**无铕,实色。**刀**光白中间生翠。**脚**白青色。

十足

丝圆、细。周回丝细多密,上到心。**底**细白、起筋纹。**铕**无。**边**细白、生细浪纹。

刀光白亮。脚细白色。如带青色者薄丝,白色好像小粉样者多。

辨银名色

元宝

重五十两为元宝。倘有燥水,元宝出炉时,将铕末二三两渗入银内,细看丝面上匾、屈两。头有铕累,即九七八也。如足色、白面、无铕丝、细白攒心,凿开看脚,如面色倘青、细脚,其银不足也。

书帕

无丝、无蜂窠、鏊开脚蚤虱斑,只有九七八也。倘刀光淡黄色,脚带粉红色,只九成以下也。如刀光白亮、脚细白色,其银九五以下也。倘有一式,刀光黄色,脚如青色,外面四围做旧,只有八成以下也。

鼎银

将水银炼成如元宝、书帕样,刀光呵气上如汗出①,脚细青色,名为"草鼎",只三成。倘脚如杏红色,刀光不黄,又名"官鼎",只有六成也,不可下炉。倘下炉时,白烟起,即爆完也。有一式底下蜂窠有眼,面光乎为行丝,面白无铕,初看时作纹银用也,实系官鼎六成也。

煤倾

面无铕、丝细、蜂窠无黑点、边薄,刀光白亮,脚紫粉红,是足纹也。倘面黑有铕丝曲,底下蜂窠内有黑点,只九七八也。

水丝

水丝:俗语通称。重八至九五,名为"水丝"。古云,"重八两头丝,有丝即高,无丝即低。"其银须看有丝、刀光白亮、脚如桃红色,只高。倘搽脚如猪血红,实刀光黄,只低,不用看高也。

---

① "呵",底本作"叱",据上下文意改。

干丝

面黑、丝粗,看刀光白亮,脚如桃红色,粗松蜂窠眼,要深有神,即九成以上也,倘刀光不白,脚如猪血,实丝少,其银九成以下也,倘面黑无丝,或用錾丝,刀光黄色,脚如猪血红,实底下铅粉烧之,即八成以下也。

篓汁

面黑、无丝,定用錾丝,上下铅粉涂烧,丝上用银箔、京墨,将涂搽入丝上錾开。刀光黄色,纹银挫伪末,渗入刀光内。錾开刀光是白,脚如红杏色,不识者看九成左右也。以杉木上磨,其银红色显出[①],原银只有六成以下,名"花光庙银"也。

麻布花

面上纹路如麻布[②],纹式底下金花起,脚带白竖,搽粗粉白。是纹也,倘有沙底,其银不足也。

吹敲

面白、无铕细丝,蜂窠细深,底无铕点,脚如粉红色,即纹银也。倘丝粗底,面黄潮白,带黑点者,即九五六也。

搽花

面上有白亮色,淡底礑脚,青色带白,红竖搽头,即有九三也。如黑脚青色,九成以下也。

闩银

面绉无丝,用淡底礑脚,细紫色,只有八成也。倘黑带呆色,脚细紫色,八成以下也。如面黑、铕带亮光、刀光白、边厚有神、脚如粉红色、心粗中白、竖搽头,只有八二三也。

---

① "显",底本作"献",据上下文意改。
② "纹",底本作"文",据上下文意改。以下径改。

老铪斑

面上带黄黑点,斑底有白巽起,脚如粗白色,只有九七八也。看煎饼式,假如将银周围錾下,边下其银九八色,又将中间取錾,一方倾出只九五色。其银何故分为高低,因铅潮聚集其中,故尔一并有两色也。

竹叶花

面带竹叶片,底有潮白济,看脚如青色,只有九三也。倘脚带白色,只有九五也。如面白、亮底,无沙铪,面上有芦席花起,其银九五六也。

擦白

面上呆色,无花起,将盐梅擦白,脚有细青色,刀光淡,黄色底,带潮沙,其银八成以下也。

铺铅

面上是银,底下是铅,从上錾下,不知者竟看高用实,系约六成也,二三亦有也。

药煎

面呆色黑,铪无花底,下有沙脚,如青色红搽,刀光淡黄色,只二三也。

头号京磋

两锭为十两。又名"双帮锭"。面白、细丝、无铪,挽式绢边起,是足纹也。

二号京磋

丝粗,面带铪,边厚,錾开脚,带白蚕虬斑,是九七八也。面上、两头、边下,旁有錾空二三钱,将铅铺满,亮锡为丝,须要细看无差也。

三号京磋

三锭约重十两。面带铪丝,细曲呆色,边厚不亮,底下蜂窠,有白济脚,如猪鬃点,兼有粉红色,粗九成左右也。

临清京嘈

面黑。丝带二三根,将锡亮面,上挽边式,錾开脚如桃红色,名曰临清锭嘈,约九二三也。其银高低,如水丝看法。

摇丝

面带黑铅,摇丝边,高挽边式,底蜂窠有铸,脚如淡红色,底带铸沙,即九五六也。

掺铜 凡言准锭,即是整锭

倾出,将铜珠掺入银内,面黑,铸丝边底,还带沙,面上细看,有累块,准锭难看,不知者作九六七也。錾开,其自或每两加铜珠一钱,只九成也,其银板锭式。

画丝

名为"过红",板锭式。周围上下,俱带黑色。擦白,将锡画于面上,为丝边底,俱用锡刷亮。凿开脚,如猪血红,实色只有八成左右也。

渗铸

面黑。摇丝挽边式,底有黑色,出炉时将铸渗入银内,面上将锡亮好。錾开见铸。其银本汁厚,有九六七也,轻重约算成色。

干沙

白面、细丝、无铸、绢边起,蜂窠细深,錾开刀光白,脚带黄色细搽,竖直文头,名曰"干炒文"也。

插锡

不拘式样定,如九五六以上,要防插锡,细看蜂窠内,即见明也。

铅炒细丝

面白、细丝、无铸、蜂窠细发深,刀光青亮,脚如青色,细竖搽头,即真纹铅炒纹银也。

大炉

三两之外,名曰大炉。面白无光,铸丝粗,攒心绢,边起蜂窠细深,脚细白色。其银倾法海宁纹_{海宁州名}。

河锭

边上如画冰纹,铺面带根丝,铺底平式。其银九三色,在浙省墅河倾法也。

瓜纹

面白、细丝、边高,略带青铺,底下蜂窠细深,脚白色,瓜纹银也。

建礶

其银样式,边最高,如银杯式。丝粗圆,带铺九七八也。倘丝细无铺,真纹银也。又名"马蹄定",又名"荷叶定"也。

真纹

面白、无铺、丝细、蜂窠细深,边白亮色,即真纹银也。

凤眼圆丝

穿珠边,丝粗,心中丝细,底如九八宝色,即圆丝九七八也。又细丝曲有铺带,穿珠眼,底下蜂窠细深干倾,九七色。又一式"闸炭",倾法只看蜂窠浅亮,名为"倾潮",九六半也。

白丝

面白、丝曲、蜂窠细、浅、亮,脚细白色,九六色。有一黑面无丝,名为"墨竹面",九五半也。

禀丝

丝细、软,前边有神、无潮,巽底光亮,蜂窠细浅,无竖搭头,脚细青色,即九五色也。若禀丝带硬,边上宝色略呆些,带白,巽有神,脚如青豆色,细竖搭头,只九四。如脚似绿豆色,只九三。色丝粗硬,底有白济,脚如粉红色,竖搭头,只九二。古倾硬,禀丝出炉时,用灌罩,面呆白,前边带潮头,无神,脚如糙米色,满帮竖搭头,只九一。又一式,名"蓝铺",曲丝、面丝软曲,黑铺底,白亮油光。錾开,脚如豆青色,刀光白亮,即重铺倾法,九一银也。

剧盖

又名"右榴心",丝细。錾开,中间有急心,行绣针色,脚实淡红色,七八银也。

高明倾

丝粗、软、边厚,只好成锭用。又一式潮白小锭,面无铕,白呆色,底用沙白荷叶熏,脚如粉细,实其银七七八成间也。

拱丝

今新倾拱丝式。用纸逼淡,底礑双铅丝,倾法取猪鬃点取,脚实,宜錾用也。如古倾法,面有满铅,丝或有松花点,或带竹叶片,贴箔亮,锡脚如羊血色,七成是也。拱丝自五成至九五六俱可倾,但有各宝色不同。又名"盛泽锭",凡四耳朵式者,乃拱丝,盛泽礑倾法也。

画皮腆

又名"拱丝"。将皮硝擦白,錾开,中间有铜心,脚猪鬃点,刀光梅白,四成银,克对冲用也。

马眼郎

亦名"乌翠"。内有乌铅倾出,将皮硝擦白,用鹅毛烧擦,梅白丝面,与八成一样。看神气,呆色,蜂窠黄眼,随錾开随用,脚如青细色,只一成银,浙江海盐人做也。

夹铜

将银挂入锭礑内,或有九五六,或有九七八色,淮锭难看,錾开即知明白。倘将铜挂入内,两旁中开,錾开未见铜色,其难看色。临时用,随时夹也。

白铜

面绉、无丝。用錾丝刀,光带毛路,脚如细青色,上手之时,其银搠手痛,即是铜也。

渗煤

其银丝如纸盖式,底下呆色,錾开时内有黑心,刀光红色,将梅水药渗之,刀光白,有四五成。又名"渗煤"也。

铜钱丝

面如铅丝行样,边厚,蜂窠黄耀,刀光淡黄色,脚粗青,即四五成也。其银小锭最多。

闹银

用神烟锡花在内,面白、丝曲、细红,铺底下蜂窠有钻眼,虎黄刀光,随夹随用,脚细白色,过隔一二日,刀光变黄色,即二三也。纸盖七八起九成。又式倾法纸盖,宜淮锭用取,丝面潮白,其名"纸盖",通称之。须看宝色呆亮,竖搽头或多或少,才知高低也。

油磉

此名须称为"油磉"。假如六成以下,加乌铅入银,梅白无丝,无边底、无蜂窠,刀光耀黄色,脚粉红色。倘有银,高低只看神色为主。如六成以下,用乌铅神烟,本汁最干,其倭浅看法也。倘边将红铜倾下,内搅成为边,用药水煮白方可。遇杉木磨之,即见铜也。

煮白

将红铜倾成为锭。原有丝底,其蜂窠粗浅,横斜夹成块头,用渗药煮白,以骗人为银也。

钱屑

面白俗丝。将铬粉搽面上烧,铺黑色,或用錾丝,蜂窠眼黄色,脚细,粉红色,无猪鬃点,刀光黄色,要将水银炼锡磨之,錾开,刀光是白色,其银随夹随用,即四五成也。

天盖地

面是银子,底是白铜。或纹银面,或九七八面,或九三四面,俱是拔白铜底,倘夹开,刀光是松花色。其银虽巧,细看底下有燥路,其银殻子约二成也。

磁银

面白、丝曲,其式如爆铕铅丝一般,蜂窠斜,刀光黄色,脚如青色,随使随夹,隔一二夕,刀光即变色。其银即二三成也。

灌蜜陀僧

纹银准、细,看潮顺,心中有凹,面白、丝扁,如此样式须防之。此银錾开即见明白。如若连蜜陀僧用,只有五六成也。

烧松

面白、丝细、底用烧沙,其本汁最干,脚有变,满粉红心,毕竖搽脚,即八成银也。有一样将法马银炼做竖搽,脚用渗药煮白,不知者混入烧松用法也。

方银

面丝、细脚,有红色,有猪鬃点,用淡底糟烧沙梅白,实有七二三,夹开不识者,当八成用也。

何来峰

面潮、丝白、软盖式、边光亮,錾开,脚如杏红色,细、实。中间竖搽头,即粉心白,只有八五也。名"何来峰",即倾银手之姓号也。

祝敬峰

面丝软曲,底有沙梅,蜂窠细白,边有神气,刀光白亮,细红实脚,直竖搽脚,即八五六也。其名亦姓氏云也。

顿罐

不用下糟,就在罐内。顿冷,敲碎罐子擦白。无丝、无铕、无边、无蜂窠,夹开刀光是白,脚如细白,色如热铁,银内倾法一二成也。

冷汁

面红绉,无丝边,无蜂窠,像八成式。脚桃红色,猪鬃点,刀光红色,将鲜梅煮之。不知者作八成用也,实系四成银也。

小库锭

约不拘二三钱重,将锡加入八分,面无铕铅,丝用纹银底磉,倾出沙梅白亮,不知者作足纹银用也。

铜毛

将热铁入银内,不用锭磉,存罐内,取出自冷,将来擦白。錾开时,不识者九七八用也,实有二三成也。

烧粉

面黑丝。錾底,沙盐烧白。刀光黄色,将纹银挫末,入刀口。

錾丝

脚如白色,无猪鬃点,即此银色,约有五六成也。

吊铁

将铁打如枣核式,用铁丝挂入磉内,其银倾出,准锭用,不知者作九六七也,錾开即见明也。

石磉

面无铕,曲丝,底如搭花底式,脚白色,只足纹银也。

潮白

面白,无铕丝,如灌铅丝式①,边光白,沙底,呆色,脚如细粉红色,即八成以下也。

铁蜗

将白铜为君,每两加纹银一钱,又加锭子铁云五分,共入炭缸内,扇红,汁如明镜,取出自冷,将来矾白擦亮,如煎饼式,面绉无花。錾开,刀光淡黄色,脚如粗松。黄色脚内,或带铁云点。其形只是铜也,入银内销倾,不知者作八五也。

---

① "灌",底本作"满",据上下文意改。

蛮汁滴珠

面白底,亮九外。面白底,淡八外。面红底,呆七外。面黑底,呆七内。小色须看刀光及脚,程色与锭一样。详之。

辨银增要

足纹第一

银必以足纹为贵,故首重列,一名细丝,又名"十足",言无铜者。面上丝极细而到心底,蜂窠极细极深。有大炉、小炉之辨,大炉最足,面白亮,无硝。小炉次之,面稍青,略带硝气。二两以外者便足,小锭次之,元宝更足也。脚大炉者,雪白极细,小炉略青,亦极细。京礴,一名"临清锭",每锭约四两,有头号、二号、三号之分。头号极细,丝足纹;二号稍青,九九色;三号铅丝,九九色,此古制也。近日有九三京礴九程的,更有低至八程者,皆须细辨。九九丝稍粗,带青,略不到心底,与细丝同。有干钞,面上细丝亦多,脚带青细,亦九九。有板锭,绍兴所出,一名"草鞋底"。扁阔而边高,亦九九八,亦名"铅丝"。一名"凤眼丝",脚青细,面有硝气,丝粗而少,黑中有光,底与细丝同,大炉九八,名"曲丝",脚白细。

铅丝第二

九七,名"铅丝"。丝带曲硝,中有亮丝四五条,脚青色,亦底与细丝同,近边处蜂窝稍大。九六,一名"白丝",又名"铅领丝"。白丝者,面上无硝底,蜂窠少,面上白丝四五条,脚细白,略带红意。铅领丝者,似铅丝而略硬,有领丝四五条之意,脚青,中有细黑心。

领丝第三

九五,白领丝也。领丝者,面有硬丝七八条,直攒到心,但九五白而带软,九四则黑带硬,九三则黑而硬矣。九三以下,不能作领丝,蜂窠则大而浅,与九七八不同,脚作粉青色而有黑点。盛泽锭至高者,亦有九六,脚亦青,蜂窠亦细,其锭重有一两上下,两头高边,中作两曲丝突起。次者九五、九三、九程不等,近日竟有低至六程者,人心诈伪如此。凡盛泽锭,边上必有游铅数厘。九三领丝,古作"烧粉",一名"水丝",其银以面上丝多者为高。若有粗丝五六条而白,及底板白者,九五。三四条而带白者,九三一二条。九程略。见丝者,重八。无丝者,八四五。脚俱红色。高者,红中有白星,九程以下则鲜红,八程上下则面底俱黑而脚红紫。又有"柳条水丝",俗名"血脏头",脚紫粗,只有六程。若九六七,烧粉,丝渐多渐细,脚红中带青,即近于干钞矣。

重硝第四

时真九一银,名"重硝",面作铅丝状,硝中有亮丝而曲,可克九五六用,脚白而光彩,蜂窠浅而大,与铅丝不同。近有凿蜂窠法,将浅凿深,八九程俱凿。

冷盖第五

九程,"冷盖"也,一名"砖盖"。其银潮也,面有粗丝五六条,心中带曲,腹中满竖,脚底有油满,凡九程以下,即看竖脚之大小以定高低。九程竖脚至边,八八则竖脚近边,稍则无矣。八五则心中有竖脚,止一半也,八三则又小,八程则仅如豆大矣。底油气至重。八八则渐小,八五如指大,八三则渐无,八程则全青无油矣。至八程以下,则无看底,但审其丝与脚矣。冷盖一名"祝敬峰",出自杭州祝姓,今遍地有之,样如馄饨,边高而圆,八程即好倾,至九程亦好倾,大约以面上丝多而软者为高,愈高则愈活泛好,愈油脚亦竖,好看。今改为直边,锭状如重硝,看法亦同。九程:南京一种,名"氆银",又名"克头",又名"神仙锭"。其银以淡底铺磲,内底淡。底,即分金炉底,故呼。面有白丝三四条,最潮者也。高者,足九程,亦带青色。至高者白丝多白脚,状如大炉曲丝,但底平脚竖。九三、九五低者,光色带黄,只好八五,此言常也。又有插铅癯银,脚青如铅,以铅多于银也,难定程色,有六程、五程之异。

热盖第六

近日八三银俱倾热盖,名为"火盖"。其银稍干,顾脚不顾面也。面作黑色,有丝一二条,或有竟无丝者,脚有竖,亦以大小分程色之高低。八程即有竖脚,如二米大,八三则如豆大,八五则半腹也。边脚作糙米色,有黑心,名"苍蝇脚",又名"猪鬃脚",愈高则黑心愈多。八程以内,还有"猪鬃脚",至七五则无猪鬃矣。竖脚又名"菊花心",至八程以下则无。七六、七七亦有米粒一点,此名"松心",非"菊花心"也。热盖旧作"铅烧",谓以盐烧底也。面白有丝数条,亦有竖,脚白无猪鬃脚,此银近日不作,大抵八程至九程。热盖、冷盖俱随意倾,热盖干,冷盖潮,热盖面丑而脚好,利于碎剪。冷盖面好而脚丑,利于成锭。九程亦有倾热盖者,八程亦有倾冷盖者,热盖面板而黑,冷盖面活而白,易辨也。

明倾干倾第七

八程以上,旧俱明倾,以成锭好看也。丝极粗而多者,八程渐细渐低,至七五丝渐少矣,然不利于夹,脚作青灰色,近日俱倾干倾。明倾最潮,干倾最干,潮者铅多,干者铅少,前后俱同。干故好夹,但面丝少。八程者有小竖脚,七六、七七略见松心,尚有苍蝇脚。至七五,则松心与苍蝇脚俱无矣。脚作粉红而结实,丝极细,至七程则丝如头发矣。脚红紫实,俗名"猪肝脚"。间有白者,乃梅洗使然,非真白也。成锭七一□二,丝内起螺蛳一两个,名"松竹梅",中央一小孔。七程以下无螺蛳掩也。明倾成锭,多看五色,以其好看也。夹开,少看五色,以其脚紫也。干倾则无成锭者,俱夹。嫌脚紫红,则用乌梅水漂之。数十年前,大作烧酥银,七五色,面白,满竖脚,似古时高烧盐状,夹口略黄,日用闹倾之也。自后渐低至三程四程,闹烧酥,如今绝不行也。七程以下俱用干倾，亦用梅白，但脚渐粗，俗名"豆渣脚"。六七八程俱略粗在心，六五渐粗到边处，六程则腹中满全粗矣。但银到六程，中央有银心如米大，至五五又大，至对冲则大如豆粒矣。又有明倾六程，名曰"铁线丝"，有硬丝两三条，在边如铁线是也。边起疙瘩而黄薄，脚紫黑而粗。六程至对冲，亦俱干倾，脚粗极红，中有铜心而麻皱不堪，俱是乌梅漂白。看银能认真白，此八程九程，则八程略高、八五略低者，自然是八二、八三矣。八五略高、九程略低，自然是八七、八八矣。总用此法而详辨之，辨之至久，心识精明，正有能指其色七九、八一者，指为八四、八六者，指为八九而九一者。开口学问，至此已是精而益妙矣，即七程、六程俱是此类而求精也。

闹银铁砂第八

对冲以下，如闹银、铁砂类也，无良之人往往用之。有良心者，银到七程以下，则不宜用。闹银者，倾银时加入砒也，凡银有闹，则脚细白，夹口则极黄，面上白，亦有丝，一股邪气罩住，此则只有四程。铁砂倾银，加锅铁入内倾成，面上黑气，夹口黄而浅，脚粉红而实，俨如七程。但面上有铁砂气，蜂窝俱割豁，无一圆者，须细辨之，亦只四程。杭州一种铁砂，闹黑面，凿丝四五条，脚白亮，铜心以银箔点之，俨如八程，实只四程，若不细看，为所误矣。

窝翠闹饼第九

一种"窝翠"，面有粗丝三四条，如七四五，脚结实突，亦如七程外，俱用梅水洗之功，识者一见，其丝有邪气，蜂窠无一圆者，只有二程，若不细看，有误收入银包，五日铜骨尽露，亏本多矣。一种"闹饼"，俨如煎饼状，面略有黑瘢，夹口黄色，亦只有一二程。

假银第十

试思，银有八假：一曰攒铅，以成锭纹银挖去其腹，只留空壳，灌铅在内，或上以银箔贴凿，蜂窠在上，极细，最难看，其贴交界之处有细路如头发，细辨方可，大抵一两只有二钱包皮，从前只有足银攒铅，目下九三俱有之。块头银，亦有攒铅，其攒恐在夹口。二曰插香，蜂窠内，将铅插进三四窠者，有插十余窠者，识出将银入火烧之，其铅即出，少者五六分，多者一二钱。三曰挂铅，有挂在边者，有在底者，有插在心者，其色泽与银略异，细辨自明，少者二三分，多者七八分。四曰吊角，将铜一块，倾银时，乘热入银，半边即夹口，如铜在半边也。面有一小孔，如针头可辨，然不多见。五曰掺铜，绍兴板定夹口，往往有铜珠五六枚。六曰鼎银，以水银炼成，面凿丝，但夹口不能清亮，脚内有白星为异，俗云"无六不成鼎"，有六程，但不可见火，见火则飞去矣。七曰天盖，谓以铜锭上面，铺细丝一层，以银末掺夹，俨如九六七，但底呆而不像银也，俗名"细丝铜"，只有一程。八曰攒铜，介如攒铅之假，辨亦如之，铅则凿剪软，铜则凿剪硬为异。

元宝有三假

一曰漂销，倾银时以铅六七钱乘热入内，其铅即化为硝气，于四傍边上多疙瘩硝气，为辨此银，一凿见火，则铅气自去，折耗数钱。二曰夹层，元宝谓一锭两倾，下半截用九七八，先到半边，上半锭用纹银，其银腰截，自有交接，交路不泯可辨。三曰书泡，又名书帕。谓以色银火烧打扁，乘红凿碎，作块头元宝，用其旧夹口晦而不泽，新夹口黄而带闪，不能清亮，脚带红，有黑心为异，只有九程。纯铜名曰"搅边"，以铜作成银，边梅白，如九六七，但蜂窠不圆，色带黄。一名"白犸鸡"，以铜夹碎，药水煮，曰混入碎银，其银无底无面，夹则原身现，可辨也。一曰"缸毛铜"，又名炖罐，以铁屑和铜入药倾之，亦可乱来，如八四五之色，但无底无面，有铁屑斑可辨也。

银有三难看

一曰煎饼，如金华煎饼，为足纹，余俱不足。有"龟背""布心""坐铅""竹叶""倭钱"等名，甚低至一二程，故难看。二曰水丝，如绍兴板锭,水丝高至八九,渐至烧粉、柳茶、血脏头至五六程,亦难看。三曰盛泽锭,其样式俱中心一两,曲高至九六,低至六程者,竟有四程者,系如成板一般,亦难看,非心灵眼快,鲜有不误者。

看银有三要

一要识得路所,何路者老实,江南银花巧则知老实者,色高花巧者低矣。至于各省之银,各有不同,识者先知其某处之银,则有把握于胸中矣。二要看干潮之法,为看银第一要诀,得此法庶不为银所瞒。干者脚好,潮者面好,于脚看八程,面有九程,则曰此伤潮也,当有八五。如脚有八程,面止七程,则曰此过干也,当有七五。都如此类推之。更有成锭不见脚者,尤要识得干潮,庶不为其所误也。三要识名色,铅丝九七,领丝九三,热盖、冷盖则八三、八七,明倾则七程、六程等尔,故识得名色,则复看银拿捉也。法尽于此矣。

各处倾出高低样式名色

江西省城瓜锭,圆边略高,丝颇细,比吴镇瓜低一色,兑换作九九,次则九八,每锭重有二两儿、三两间,样式与樟树、玉山、南丰等处瓜相仿。

吴镇瓜锭,圆边极高,丝细嫩,通省换钱,高的作纹,次作九九、九八,每锭重有二两七八钱。

湖广瓜,又名"楚瓜",又名"汉瓜"。其锭猪腰式边,略有盐课,丝细,兑换作纹,市中买卖货物,瓜丝略粗,作九九、九八、九七不等。若有铀重丝少的,低至九二三,每锭重二两儿、三两间。

京磠,其式身长边,两头尖高,略似马鞍样。白亮、细丝,足者可倾粮饷。略次者,兑换作纹,面有青斑点者,九九。疤心丝涂者,九八、九七。亦有接半京磠,底下半截低,上面半截纹如夹层元宝样。

看法，总有交接、纹路可辨。京镨多有矾白的大锭，有八九两重。二、三号，只有三、四、五两重不等。

元宝乃国家官库所用，因公使通在市，其式与京镨相仿，亦有倾方式的，重总以库平五十两一锭为谱。面上有印记的多，光亮如镜的为足，面带青气及有斑点的为次，面硬疤心的又次，故有低至九七、九六的，此系市中所倾，伪作官宝使用。甚有奸险者，中心包灌有铜，予曾遇之，其截腰接半者市用，常多察识，皆以前录之法参辨。近来官府公项，有倾五两重的镜面足纹使用，其锭方圆俱有。

山东亦倾元宝、京镨用，但纹的少，九七八的更多。

山西、陕西、甘肃等处多倾京镨使用，所出之银颇老实。

广东倾大锭方镨处多，每锭重有八九两间，细丝明亮的兑换作九九、九八，面黑丝粗作九七至九五不等。有倾小锭广镨，以作茶课使用，每锭重只二两几钱，面略白，丝略粗亮的，换钱作九七。次至面黑、丝粗、斜烂，九五、九三、九程不一。亦有吊入铜珠八几色的，近来崇安、新春亦倾小广镨，因合买茶用。

福建多倾方镨，与广镨相仿，因两省连境之故。但概倾大锭，不倾小锭，有种十两大圆锭，饱心白亮，系盐课兑换，作足纹倾粮饷，只折半。色带青色的，折一色。

广西界连云南、贵州，亦产金银。其银矿炼未熟的，带鸭蛋青色，可倾市纹。市中有倾出，一种名"金交剪锭"，其式三，又角面底，略似川镨，丝粗镇重高者有九程，亦有吊入铜珠，低至八程的，每锭重只一两零。两广又出一种，名"煤炉"。其银有铜无铅，面无丝，铸黑脚，实紫色，底下神气足者，有九六七。若底淡、蜂窠浅、脚松者，只九三四。

云南正产银之地，有种足纹如荞子样，面无丝，中心凸起，底光尖，无多孔眼，宝色似鸭蛋青，每锭二、三、四两重不一。又出五两重京镨纹银，又以纹银作饼条用。

贵州倾用"一炷香",其式圆,锭微边面中心有一小微窝,丝如发,嫩的市作纹,次则丝不明,或青斑疤心,只九九、九八、九五六七。若底挂有灰,低至九二、九程不等,每锭重只九钱上下。贵州、四川有种八几银锭,似"一炷香",面底似金交剪,内有掺铅。看面上,有一边包大则铅多,包小则铅少。

四川亦出"一炷香",即名"贵州丝"。又出"镜面",其锭方圆,俱有四两几钱重。高的极纹可作粮饷,近有低的九六七八不等,面带青硬,脚剪开,糙米色。又倾一种名川嘈,又名"川老鼠"。其式身平长,丝粗铕重,高的九二三,次则九程重八。其有边底,孔窝略大,似有缝迹处,乃吊入铜珠在内。有一孔窝迹,则有铜珠数分,有二窝迹、三窝迹,低至八二三不等。又出一种,名"茶花"。其银有铅无铜,底像九三,蜂窠浅大,脚内有横竖心,面青花,铕有神气,九二三之银也。

苏州市倾"圆丝",即"铅丝"。老嘈色润,丝嫩,市作九七、九六。新嘈高的,亦作九六、九五。老、新嘈俱有低至九二三不等,甚有低到九程以下八几的,乃"廪丝""水丝""干丝"之类也。

徽州倾出一种"板锭",面黑、无丝、底光亮,像油嘈,脚松如糙米色,有竖心者,九程上银也。脚松,有白煤头起,无竖心,只八二、八程也。

杭州、绍兴等处亦倾"铅丝",低者更多,辨与苏铅同。有钟"瓜银",用石嘈倾九八、九七色。北新关倾税银,名"羊肚子",又名"碧心",每锭五两间重,足可倾饷,次作市纹。又本府及温州出种"煎饼",十足者面有出色,起三层浪,脚白实,底光亮,次则面起青花铕,一层浪,脚白底亮者也,七八也。共有黑浪,底深有沙滴,须夹开看刀光及脚,察其宝色而辨高低程色也。

河南土倾,亦多"瓜纹""镜面",然省居华夏之中,各处之银使用更多,故土倾少有。

长琦国出洋饼,长五六寸,阔半寸,像铅条。面上有篆文,脚内紫实,有六五七程。若紫松,有松心,只四五、五程。如红松起铜心,只二五、三程。篆文糊涂者,防假伪。

交趾、红毛等国出洋钱,又名"花边"。顶大者重一两,顶小者重五分,近今各处用其库平,每块重七钱二分的更多,间有三钱六分重的及一钱八分重的。其式平薄,极圆,面有篆文,边周圆有花,有一样花篮文的更高些,一样鬼头文的略低些。今惟鬼头的市用广多,脚白、刀光有宝色者高。有九二、九三倾市纹,若脚如糙米色,铁下带铜声响的,只有九程重八。如篆文有顺风旗在上者,足纹。其低的、假的,亦与银同辨宝色,跌下声哑防灌铅,须用火烧软针看。

以上约录各省土倾之银[①],所有巧手倾出多般低色假伪之银,此固难以概赘也。但倾色银巧匠,多属江南、浙、闽等处之人为最。

[①] "以上约录各省土倾之银",按底本将"长琦国洋饼""交趾、红毛等国洋钱",一并列在"各省银钱"内介绍,这次整理未加甄别,特此说明。

尺牍便览卷之六

应酬书信 摘集并增

凡书信中，卑辈奉尊长，须抬高二字，次则抬高一字，或因辞繁，本行接写则空一字，与亲友书亦当如此。惟至戚、尊长写与卑幼，则不必抬头空字。此左各信中，间有空白者，则应抬头，但或有应双抬头者，或有应单抬头者，须斟酌裁之。

祖家寄孙书

祖字示孙男某某知之：自汝离家后，我日夜记挂，念汝髫年远出，异乡风景触目伤情，到店未卜水土服否，寝食得能如家否，伙计待汝好否，举家甚不放心。倘遇鸿便，不时写信以宽予怀，所嘱之言切记遵依。诸事不知，虚心请教前辈，不可懒惰偷安。易曰"满招损，谦受益"，汝宜念之。汝父约于某时到家，汝弟仍在馆中读书，合家大小俱各安泰，毋庸汝虑，并此付知客邸，自宜慎重，余不多嘱。

孙在外奉答祖书

字奉祖父老大人尊前：拜别慈颜登程，赖祖父鸿庇，一路水陆均获平安，于某日抵典店。蒙执事先生暨伙伴看待，俱好。孙谨遵店规，谙练生意，望勿远虑。临行示谕，凛遵在心，刻不敢违。第思祖父年高晚景，不肖远离，不能近侍庭帏，问寝视膳，反使老年人日夜关心，不肖抚衷自问，负惭无地矣。兹值天暑（寒），伏望顺时珍重，以膺天眷。谨此禀安,各各尊长均此请安,嗣容后禀不悉。

祖外寄孙书

祖字示某孙:知汝在家,诸务宜尽心整理,少年作事第要诚实。治家须勤俭为主,况耕读乃四民之首务,不可荒废。切念汝祖年逾花甲,尚不能安逸,暮景之年逐利远方①,岂我所愿,几疑言旋,奈事未完结,且囊橐尚虚,一俟账目清楚,我即回家。汝若放荡,难免外议,切勿以汝祖之言为泛,特此至嘱。

孙家奉祖书

不肖孙某自愧无能,反累迈年祖父仆仆道途,受此风霜,远方觅利,皆为不肖庸劣之罪。昨拜读大人手谕,知金体清宁为快,家中大小幸赖平安,毋致尊虑。但念我祖景入桑榆,岂可长居客地,万祈早整旋鞭,幸勿以觅利哺雏为念,谨此叩禀。

父家寄子书

字付吾儿知之:家中平安,不必挂虑,所寄某人来信某日收到,知汝平安抵店为慰。迩来生意艰难,银钱须算计积蓄,外面各事步步着实,谨慎小心,万勿为人所诱,倘有疏虞,贻误不浅,切嘱切嘱。身体要自保重,家信留心勤寄,余事难悉。此示。

子外奉父书

拜别膝下将及几月,定省从疏,甘肯殊缺,不孝之罪实难追矣。近某人到,得接大人来示,知合家清泰为喜。生意艰难,谨遵严命,战兢自持,勤谨学习,店友皆醇厚至诚,并无引诱事情,可以放心。兹遇鸿便,附禀万安,并寄来银若干,望家查收。余后再禀,不悉。

父外寄子书

予年已老,回视茫茫,一筹莫展,不得已东西游走,风霜劳顿,不

---

① "逐",底本作"遂",据上下文意改。

知尚有儿多岁月。且尔曹尚未婚娶,何以为室。汝今年已长成,当自卓立,时刻猛省,绝无益之事,屏有损之友嬉游、笑谑、斗叶、呼卢,凡世人以为快意陶情者,避之如寇盗、水火之不可近,方不致为人耻笑,古语云"少壮不努力,老大徒伤悲",勉之勉之。至于处家,以勤俭为先,或日用不敷,通信知我,即办银两寄归可也。余后再示。

子家答父书

不肖昏愚,使大人栉风沐雨,奔走道路,备极艰辛,男等清夜静思,不觉涕泪滂沱,无地自容矣,遑暇计及婚娶哉。格言儆省,时刻不谖,望勿过为悬望。近来薪米欠缺,又加追呼之扰,望大人早日寄银为要。客邸风霜,伏乞自时保重,余禀不尽。

子外奉母书

自旧岁拜辞登舟后,光阴迅速,不觉载余,原拟附字禀安,不料到店数日,即有某地之行,今夏方得回来。又无便星,以致迟延迄今,儿心深为恼恨。未知母亲同姊弟俱好否,不肖诸事安分,一切谨慎自持,蒙执事先生推分垂青,视为心腹,近命接任总事,将来余积或可孝敬老母也。孙男在家,望母亲照看,督其进馆读书,切勿以幼小而存姑息之心。某弟婚娶,不肖应寄银帮补,今暂寄来银若干,以应家用,望查收入。余事难悉,伏惟自玉至祷。

母家回子书

儿客他乡,数月未接一音,我心朝夕牵挂,食不下咽,寝不安席,迨某月得接某人带来银信,始知吾儿外面平安,我愁稍释。儿既以兢业自持,得邀司事青目,授以总任,嗣后更须慎重,不可怠惰,账目、银钱务要一一清楚,切勿苟且,庶不负委任也。孙男读书,赖先生严立课程,颇有拘束,我同媳妇亦时加提点,不致纵逸勿虑。汝弟娶亲,择吉来春,吾儿量力帮贴为嘱。足人匆行,草此示知,客外自宜保重不一。

侄孙在家奉伯（叔）祖书

伯（叔）祖老大人：客外经营亦既有年，创立基业几费艰辛，古稀今将届矣，正宜归家安享和平之福，以尽天伦之乐，乃犹恋恋他乡而蹈古人衣锦夜行之讥耶。侄孙碌碌无似自愧无成，安敢以轻言奉劝长者，但有感于世路之崎岖、人情之叵测，不得不以知足不辱之义，为我伯（叔）祖上陈也。家人俱平安，想伯（叔）祖近履亦康健，寸纤切禀，万祈凿原。

伯（叔）祖在外答侄孙书

我前岁归家，料理诸务，拟图弄孙以娱晚景，不意两儿溺情晏晏，宽心自适，竟不以生意为念，几将数十年基业一旦荒废。我若不复去整顿一番，将来势不可解，故不惜衰老，重至异地，实有欲罢不能者也。在贤侄孙少年老成，谆谆苦劝，自是金石之言，愚当铭之于心，俟店业粗定，付托有人，即着归鞭矣。家中一切，可为照看，会晤匪遥，余不多赘。

伯（叔）祖在家寄侄孙书

□年株守，百凡拮据，在贤侄孙客外辛勤，披星戴月，尚且不敷支用，况我老人何以谋生。所幸步履颇健，家中事务犹可代汝照看，无容远虑也。外面倘若得暇，冬时可归来一行，以为汝儿女结姻，勿得再缓。余无他嘱，草此不尽。

侄孙在外答伯（叔）祖书

再侄不才奔驰各地，不意迩年命途多舛，所谋皆不称意，以致风尘羁旅，不能速归，追随几杖，徒多怛怏耳。家中一切仗伯（叔）祖维持，合家倚赖，感荷无既。某伯（叔）闻近年来，幸际丰稔，当毂应家支用，何其仍窘迫也。想因家口浩繁，以致如此，今寄来银若干，聊佐薪水之贽，祈照数捡入。余冀自珍不赘。

伯（叔）在家寄侄书

汝自出门之后，寒暑一周，未接只字，不知外面若何，举家悬切。汝父株守家中，毫无生计，薪米之赀，我处添补。近来事丛用大，恐难常久应付，嗣后银信频寄，免汝父（母）冻馁，则汝之孝矣。草此示知，余不一。

侄在外奉答伯（叔）书

拜别慈颜，未达一音，非懒笔也，总因上年以来东西奔驰，儿未遇一的当熟人，故未有信寄回，致使家中悬望，负罪深矣。父亲在家困苦，仍望伯（叔）父照拂，侄稍顺遂，自当补报，不忘大德。今寄上银若干暂收，俟后有便，再办银寄归。接来手谕，铭刻于心，谨此请安，伏祈顺时自珍，不既。

伯（叔）在外寄侄书

前月寄某足来信，未知收到否，我外平安，可以无虑。某人所该我之项，今经数年，不见掷还，此银系某为中，吾侄可邀彼同往坐索，务要清楚，不可受其朦胧。闻家中雨水调和，田租可得全收否，须详信报我，免我心挂。汝弟犹小，各事仍望汝经管，不可怠惰图安，账目须留心勤记。兹我鸿便，附字难殷，欲言不一。

侄家奉答伯（叔）书

捧读伯（叔）父大人来信，知客外安康，深为喜慰。伯（婶）母孺人及诸兄弟姊妹等在家俱好，无容挂念。某人所该之项，侄不时上门催索，无奈渠家窘迫之至，实难兑出，无可如何，只好从缓再取。本年田租已收得若干，约计扯得八九分之间，伯（叔）母嘱买某物，倘遇便船，足望早寄回。肃此请安，余不赘。

孙外奉祖母书

不肖孙叩违尊颜，倏忽几岁（月）矣，侍奉疏阔，罪莫大焉，惟有望风遥祝而已。祖母金体康宁，则此心宽慰，孙在外兢兢戒守，诸事俭约,托赖履吉,无容挂怀。本欲回家,奈事未楚,账亦难清,故不能回,俟冬来(初春)或可完结,便当速归。兹因人便,肃笔奉禀,并附某物,乞为查入。余禀不尽。

祖母家寄孙书

吾孙远出异域,心中十分悬切,不谓一往转盼如许之久。每见寒暑风雨,未尝不念,汝宜速回,慰我老怀,然后再往可也,切勿久淹客地,使我愁肠莫解也。况汝年壮,当娶一室,以为后计,免致老来自叹。旅次寒温,尤宜调护,毋虑我所嘱也。寄来某物,如数收入,并此附知不一。

伯(叔)母寄侄书

不面贤侄将及几载(月)矣。昔者,汝伯(叔)父在日,延师教子,冀其成立,接绍书香,不料汝伯(叔)父患病满旬,于某日长逝,天夺其算,致使我子无父,何怙寸肠几欲断矣。今汝弟年已渐长,因父早世,不能延师读书,若听其嬉游,恐误其终身,贤侄练达老成,知交必广,烦代汝弟谋一生策,以作鹡鸰之寄,则感荷无既矣。耑此嘱托,不尽欲言。

侄外答伯(叔)母书

捧读来书,知伯(叔)父大人归殂,变出意外,恨不能奋飞灵右,抚棺一恸,实为生意羁縻,弗获尽犹子之情,伤心曷其有极耶。某弟既不能读书上达,侄当觅一托足之处,俟某足回时,托其带出可也,望伯(叔)母无容怅怅。肃此奉覆,并请金安。

弟外寄兄书

自别荆庭,将及几载(月),每念家事,心神如醉,高堂垂白,朝夕承欢,一一惟长兄是赖,弟客游日久,定省旷而音问疏,劬劳之恩罔报万一,歉也何如。外面近来生意颇顺,概有利息,将来又有某处之行,有信寄弟,望附某人带出,托其转寄,最为便顺。二亲奉养,不宜缺乏,今寄来银几两,聊为甘旨之需,祈查入。亲戚往来,未免多费,然人情却不可少,长兄计算,丰俭得宜,诸事加意维持,何庸弟赘。肃此上候,并致二亲尊前禀安不一。

兄家答弟书

同胞手足,南北各分,离别之感,曷可胜言。昨接某人带回银信,知吾弟生意顺遂,为之一喜。仍望小心,不可大意,机变及宜,不可执一也。双亲在堂,幸赖苍天垂佑,俱各安宁。薪米之赀,目前仅足有余。亲戚来往,较前略加,愚量力交接,不敢多费。各务愚自知撑持,吾弟可以放心。千里寸心,惟望加飧自爱,余不尽赘。

兄外寄弟书

愚兄无似逐利江湖,双亲在堂,不能朝夕侍奉,惟贤弟独任其劳,每一念及,黯然神伤。不知迩来起居康健否,媳妇俱承顺否,望详信示我。子侄均未成立,吾弟须时加教训,家务斟酌维持,必使高堂欢娱,子侄不流于不肖,则愚心慰矣。今寄来银若干并某物若干,查收。官粮早完,量入为出,在吾弟相事而行可也。此达。

弟家答兄书

昨持长兄大人寄某足(船)带回银、信并某物,俱已照信收明。询知客外安康,远怀为慰。二亲在堂,弟应竭力奉养,近来幸保平安,毋容多挂。媳妇等虽未克全孝道,然亦无违拗之事。幼侄同我儿均从学某先生,喜不务外,资质虽有不齐,据先生称俱可造将来[①],或可望成,兄当为之一快。官粮已纳,家务弟自照管,且皆禀命二亲而行,谅不贻误。肃此覆上。天暑(寒)伏惟自珍,余不戬。

---

① "称俱",底本作"俱称",据上下文意乙正。

妻家寄夫书

送别后,妾心时刻挂牵,关山远隔,未筮贵体康健否?家中大小清吉,不须过虑。但老亲在堂,虽难言孝道,而柴米油盐逐日不可缺者也。且母亲寿诞,届在某时,备贺乏赀,望夫君银信早寄,源源而来为妙。风便嵩达,余惟自珍。不备。

夫外答妻书

觅利远方,殊非我愿,只缘食指累人,不得不去父母之邦,而为风尘中之劳人耳。接来音,知家中四字缺乏并贺寿需赀,只得暂挪银若干寄归,以应目前之急,庶免肘掣也。老亲赖为奉侍,儿女要为抚恤,我稍得遂,银信自当频寄。便羽附音,善体为要。

夫外寄妻书

家贫亲老,欲托无由,不得不觅利遥征,风尘奔走,然身虽在异地,而心未尝一刻忘家也。二亲在堂,幼子在怀,多赖贤妻维持调护,而米珠薪桂,借贷艰难,家中苦况,自不待言。今寄来银若干查收,暂充家用,余俟某回,再办物归接济。临行言已谆切,无复再赘不一。

妻家答夫书

寄来银信已收,知夫君幸获安康,妾心喜慰,只是银钱艰难,家徒四壁,告贷无门,些微之物实不毂应,伏望设法续寄家用,至于事舅、姑,抚儿女,此妾分内之事,各尽其道,无烦夫君顾虑也。余情缕缕,笔不能尽。

主外寄仆书

字谕某人知之,我自某日离家,前往某处,一路平安,不容尔虑。惟本年租谷及一应房租借项,悉按册尽心催讨,不可再任拖延,钱粮依限完纳,凡事宜勤,毋使怠忽。门户务宜防护,火烛时刻关心,主母呼唤、遣使,不许违拗,劝谏小主勤读诗书,并尔自亦不得贪杯误事。倘若惹是招非,知必重处,尔妻尔子必当教之勤俭,切勿纵其偷懒、执拗。我回格外加赏,尔其遵守毋忽。

仆家禀主书

沐恩小的某某叩禀大恩主台前:禀者自恩主驾临某处,小的兢兢恪守,诸凡敢不殚力料理,所有租谷及诸银利自当依期取讨,不敢怠惰。至于钱粮,已经依限完纳①,门户火烛时刻巡防,日用诸需,主母秉持,不至浩费。小主姿质天然,且喜俱皆纯粹力学,并不思以顽耍,恩主可以放心勿挂。尊怀昨奉札谕,跪读之下,敢不凛遵,小的自当努力,不致自蹈罪戾也。但主驾远游,小的未能执鞭以待,何以安乎,伏望早赐荣旋,则小的可以无忧矣。临禀不胜翘切,须至禀者。

仆外奉主人书

沐恩犬马某叩禀大恩主台下:小的奉命前往某处,托赖洪庇,一路平安,于某日到某处。某人欠项,几时本利,俱兑清收楚。惟某人之项,趋避不前,似难完纳,小的时刻上紧坐索,倘能措办得出,固以如万万不能,只得暂宽。所命买某货物,事毕后自当照数办买。带回仆妇男女,伏望时加恩恤。便鸿肃禀,崇叩万安,并请主母暨列位相公福祉,临禀不胜惶悚之至。

主人在家答仆书

于示某某知悉,自汝动身之后,我心朝夕悬切,及接汝来禀,我怀方慰。某某欠项知已还楚,惟某人之项尚未归结,被惯拖延,务须上紧守候,不可被其所愚。如实设法不出,月利须照票先讨得回为嘱。至于货物,照单据买带回,不可缺一。汝妻及儿女俱平安,不必念虑。各事宜竭肝胆,归来自有赏赐,特此示知不赘。

外孙在外奉外祖书

字奉外祖父老大人尊前:外孙自拜别之后,治装东下,仰藉鸿庇,

---

① "已",底本作"依",据上下文意改。

一路平安,于某日到典(店),幸喜地方风俗淳厚,食物便宜,生意颇觉好做,可以放心。承谕金石之言,当书于绅,刻不敢忘。至于本典(店)同事,俱有乡情,不吝指南,叨其教益,看来栖身得所,不负外祖属望殷也。邮便肃此以报,余惟珍玉不备。

外祖在家答外孙书

接来字,知汝平安抵典(店),人地合宜,伙计相安,深为喜慰。但汝在外,身体务须保重,家书不时频寄,一切虚费尤宜节省,间时勤习书算,勿以得地而生惰心,异日生意发达,俾老朽犹见家成业就,不与有荣施乎。宅中长幼俱安,不须顾虑。鸿便草覆,余不多及。

母舅外寄甥书

别贤甥有年矣,渭阳情切,何日忘之。所冀贤甥立定脚根,撑接门户,昏定晨省,色笑无违,则我心慰矣。别家许久,未得归觇,以表姊弟之情,可为致意并道。

甥家答母舅书

鹿鹿家居,毫无善状,意欲侍从左右以供鞭策,奈二弟俱幼,甘旨之奉,门户之撑,无人可靠,甥固有愿未遂耳。顷接瑶翰,知母舅老大人客外生意颇顺,动履康嘉,曷胜欣跃,慈亲亦托庇无虞,嘱笔道意薰函敬伏,并请万安不既。

母旧家寄甥书

自甥别后,久未接音,不知客邸平安否,汝父母时刻系念,贵宅费用浩繁,非甥竭力帮助,难以支撑。外面须卓立发愤,交朋宜和气勤谨,学习庶可望上,得为前人接肩也。倘有人便,音信频寄,俾汝父母宽心,足征甥之老成。只此示知,余不多嘱。

甥外答母旧书

觅利遥征,经年累月,无奈迩来生意增淡,利途艰难,所以闷然而不报者,希免二亲增烦恼耳,非故意懒笔也。舍间费小日繁,所入不敷所出,扯东补西,殊非长策,甥遵来谕,竭力做去,自愧力绵无能,报劬劳于万一也。倘会晤家严,望为善词安顿,俾怀抱稍宽,则感戚谊于无既矣。肃此申覆,并请万安不一。

内侄在家奉姑丈书

不觌芝颜,倏逾几月,缘道阻且长,未获时讯,尊姑丈台禧,抱歉良深。迩因登庭请家姑福祉,得悉客邸佳胜,鸿业日新,无任欣跃,视侄株守家园,鹿鹿无似,奚啻天渊。遇便肃请金安,余惟珍玉不宣。

姑丈在外答内侄书

流光似箭,日月如梭,忆别光仪,不觉一周,未审会晤何期,曷胜饥渴之思。接瑶缄,知贤内侄动履亨嘉,维持家政有条有理,少年老成,令人钦仰。尊翁近年生意若何,愚相隔迢遥,故未修候,望代附音,道意风便,裁复难罄欲言。

姑家寄侄书

吾侄外贾倏忽几载,愚姑与汝父同胞,至戚犹子,岂能置之度外而漠不关心乎。前某归家,询知贤侄生意得心应手,但汝弱冠(少壮)之年,当早图归,以谋婚娶,免汝母自操共日,则汝之孝心见矣,幸勿以吾言为琐琐也。便邮附字,莫尽欲言。

侄外答姑书

几载未叩慈帏,向慕之私,胸怀久积。昨接来谕,知福履绥安,曷胜欣慰,且侄到店未久,兼之才短,辛赀有限,何能有余,计及婚娶哉。承尊姑爱侄如子,敢以实告,祈为原情是荷。诸表兄自必随时增福,未另具候,均此致意。便羽南翔,肃请万安。

岳家寄婿书

睽违日久,心旌悬悬,一日三秋,时怀采葛之思,老人景逼桑榆,惟思相对亲朋谈笑竟日而已。但不知吾婿近年生意若何,可以拨冗言旋否,尊堂倚门望切,亦当体贴亲心,早着归鞭也。外甥赋性聪明,他日定能继志,令人欣羡。草此以闻,统祈鉴照。

婿外答岳父书

心迩入遐,徒切南方之想,回首故乡,时增切怛耳。正在抑郁无聊之际,而瑶章适至,垂爱殷殷,俾婿感愧无地。老母倚门,本欲归省,无奈店务繁剧,殊难摆脱,未获从心。令媛凤娴姆训,克承菽水之欢,婿怀稍慰。小儿愚顽,未卜听教训否,便中祈谆切指示。俟诸事稍能就绪,婿即趋侍左右,安敢淹留异地,俾岳翁朝夕悬悬。即此覆并请万安不一。

婿外奉岳父书

自别慈颜转盼几月(岁余),而瞻念之私无间寒暑,惟愿素随时转福,自天申此,婿之厚望也。婿谬劣庸人,屡承严念,谨戒浪游,几度思归,不能如愿,未识何日得亲颜色,追陪几杖耳。兹具某物,少伴荒函,并请万安,临颖无任翘企。

岳家答婿书

天各一方,时增离别之感,缩地无缘,驰情徒切。正怀想间,忽接翰至,不觉喜溢眉宇,锡我百朋,不足过也。尊翁悬眸日切,纵利路纤微,亦当早归,以尽人子爱日之道。况闻迩来经营颇顺,更宜速趋膝下,亲承甘旨,何乃淹留远地,以客为家也。临书耿耿,愿言不悉。

岳外寄婿书

愚碌碌问津,徒事风尘,无怪故园花鸟笑我不敏也。如贤婿坐卧泉林,观山玩水,享此安闲之福,能不令劳人愈增感愧乎。但念小女妇道未娴,内政必乖,全仗贤婿倡之使随,教之使顺,则愚慰之深而望之切矣。此达。

婿家答岳父书

忆别颜范,瞬尔斗换星移,仰望白云,未尝不心旌摇注也。若婿之困守林泉,无志远图,花鸟耻笑汗颜,奚似如岳父经营客地,觅利远方,不但囊库充足,而且傲游山水之娱,频见他乡风景,心旷神怡,令人欣羡也。但年及老,所戒在得,奚能久稽异地,惟冀速整回旌,俾婿得瞻,依教函永沐造就之恩,勿谓半子而挥之门外也。令媛德纯贤淑,治内有方,深有可嘉,不待岳翁之过虑也。处修笺禀,谨请金安。

姊（妹）夫外寄妻舅书

睽违教命,茅塞顿生,春树暮云,如亲颜范,遥想贤舅故园优游安乐何极,视弟之风尘劳顿、刻无宁息者,奚啻天渊也。不识花朝月夕之下,亦曾念及鄙人否。岳父大人前未另札禀安,烦为道意所有某事云云。肃此栽笺,奉渎莫声积悃。

妻舅家答姊（妹）夫书

人居两地,倏忽经年,溯洄之感,曷其有极。尊姊丈（贤妹夫）挟赀江浒,锐意贸迁,览山川之胜,既可娱目骋怀而利途源源,亦复囊充橐厚,如弟自甘株守,虚度韶光,殊觉抱惭无地矣。奉读瑶函,承严命搁管申意,片语布覆,不尽缱绻。

妻舅外寄姊（妹）夫书

忆自某时分袂,南北各天,未由把晤,每一念及,曷胜惆怅,尊姊丈（贤妹夫）谅亦同情耳。弟处生意清淡,不能为敝东生色,视姊（妹）丈之鸿业日嘉猷茂著,不啻霄壤耳。近闻我邑秋成丰稔,稍惬鄙衷。片纸附候,神与书驰。

姊（妹）夫家答妻舅书

山河修阻,久疏问候,悠悠我思,与秋水共深长也。弟迩年生意徒博虚名,实无蓄积,终岁劳劳,仅应家用而已,来函谬为赞羡,何相笑之深耶。忝在至戚,诸务未周,祈明以教我,毋为虚誉。我郡年岁幸获丰稔,彼此均慰。便中草此申覆,并候起居不戬。

寄连襟

前请泰岳之安,得亲雅范,足慰渴怀,但判袂太速,至今犹怏怏耳。每欲修候兴居,缘俗冗纷纭,未获如愿,忝在至戚,谅为原宥。不知再晤何期,得声鄙衷耳。荒函肃候,不尽神依。

答

咫尺台光,尚疏晋候,歉也何如。弟以兼葭之末,得依玉树之光,言论之间,有如金石,弟何幸而聆此雅教也。顷接瑶函,知近祺佳胜,愚怀差慰。虽后会有期,然不若朝夕相亲之为快也。芜词布覆,不胜瞻依之至。

兄家寄妹书

最亲戚谊,莫若同胞,聚首庭帏,忽然离别,一在天南,一在地北,云山绵邈,怀望殊殷。惟愿贤妹客居膺福,孝事尊人,外甥辈须严督读书,不可放荡。二亲及各大小俱获安泰,无烦远念,所有某事云云。郁郁予怀,笔难尽述。不宣。

妹答兄书

荆庭拜别,瞬息几载,遥知二亲暨长兄随时增福,曷胜欣慰。妹亦托天平安,无庸锦挂。接来札,海语谆切,足征雅爱,敢不惟命是从而贻父母忧哉。姆婶嫂妹均望为我申候,鸿便衷上不既。

姊寄弟书

同怀手足,南北各分,缩地无能,徒增眷念。二亲在堂,不能报劬劳于万一,负罪深矣。惟望吾兄及弟朝夕承欢,俾老亲多膺福祉,则孝道全矣。弟妇素娴内,则闺政自然整肃,毋庸赘颂鸿便。敬候近履,余不声。

弟答姊书

衡阳雁断,音问久疏,同气情殷,时深翘企,未卜聚首何期,各抒积愫。正愁怅间,忽接来书,知吾姊茂膺多福,远怀为慰。二亲俱幸康宁,菽水之供,自当竭力承欢,不须眷念所有某事云云。邮便藉复,并候近安不一。

寄表弟书
久未修候,时切驰依,缘以山河迢递,未获频通音问。昨承惠及瑶缄,愈见关切之谊。近接家报,知贤表弟生意日新月盛,足慰鄙人远念。但未卜把晤何期,时兴云树之思耳。邮便具候,望惠德音,余惟珍玉不宣。

答表兄书
顷接华函,恍如面晤,向因雁杳鱼沉,致疏修候,逮某时某兄道经贵处,特附寸楮,托其转致,得接手书,庆幸多矣。弟拟几时返棹未知,尊表兄亦可拨冗同行,共抒积悃否耶。寸函布覆,兼候不一。

寄表兄书
思慕情殷,有怀如渴,遥想表兄兴居,定多佳胜,欣贺忆昔,总角周旋,义同手足,嗣后南北分途,表兄经营远地,弟仍株守寒窗,会晤未卜何日也。今欲弃儒就商,又未识生意经络,兄其明以教我乎。寸茧申候,不尽依依。

答表弟书
别来春秋两易,而瞻念之思,无日不神驰左右也。弟叨雁序之亲,未遂凫趋之愿,自因生意羁縻,致疏教益,适承华翰,知贤表弟家居安好,欣慰奚似。愚年来资生之策,徒博虚名,何足挂齿,贤表弟积学有年,鹏搏有日,自可翘首以听好音矣。鸿便藉复,并候近祺不备。

姻启
恭惟老姻伯(叔)台:才华冠世,中外传芳,德既彰于海表,名遂达乎枫宸。弟同厦燕,叨庇万间,欣为预贺。缘以关山阻隔,不获时亲丰仪,以聆雅教,觉俗气满腔,有不能自解者,奈何。倘得再坐春风,大赐指南,则茅塞顿开,何幸如之。肃颖奉候,曷胜悃诚。

姻答

恭惟尊姻伯(叔)台：汪洋千倾，洪波皎皎，一轮明月，雅度烝人。弟素功蔽依，但天各一方，不获如愿，怅也殊深。然烝附戚末，长邀鸿庇，承爱正未有艾也。会晤之期，匪遥可待，复求明以指示，谅不靳言而虚负望切耳。托羽咐候不既。

未会瞻仰

夙慕高风，无缘一接芝宇，伊人宛在，徒令时深溯洄耳。兹欲登庭亲承教益，第恐伏枥庸才，不堪步骐骥之后尘也。倘赐瞻韩，曷任光荣。

答

素仰斗山，无为介绍，忽接华翰，如睹光仪，不知何日可能御李君之二，聆乐王之诲，谨扫蓬径，倒履为欢，熏函勒覆，无往神驰。

乍会欣喜

弟以庸流邂逅，间承颜接辞，即沐垂青，鄙衷怳然披豁，何厚而叨此荣施也。所恨相见之晚，更望台翁时加提撕，则不胜幸甚。

答

仰慕高风，倾注久矣，今幸亲炙耿光，更辱朵云之赠，一时倾盖言欢，遂结百年知己，良深忻怀。肃函申覆，不尽瞻依。

春月候友

梅梢馥郁，兰畹芬芳，西陌东郊，无穷春色。台翁先生学海储才，文坛博誉，际此芳辰，怡情玩景，当无负春光矣。如弟鹿鹿依人，其敢效邯郸步乎。便候崇禧，一芜将意，诸凡承情关注，感荷不宜。

答

花开庭院，春意阑珊，一刻千金，古诗良不谬也。昨于柳巷中，闻黄鹂调舌，正动我以求友之思，适接尊札，知兄台先得我心，不觉喜溢眉宇，肃函裁覆，临楮曷胜瞻切。

夏月候友

青草池塘,绿树庭院,节序文届清和矣。每思良友,时厪寤寐,未知何日得接颜范,快聆提命,悠悠我思,曷其有极。兄台腰缠十万,得意江湖,曾亦念及鄙人潦倒否。数行附候,莫声牢愁。

答

十里红榴,一堤烟柳,对此炎景方新之日,正切伊人溯洄之思,瞻望兄台如同天际,恨无长房异术,瞬息千里也。弟迩年生意欠顺,不能摆脱归来,诸务多蒙关照,尚容面谢。邮便裁覆,临颖驰依。

秋月候友

玉露含珠,银河泻影,两地怀人想亦平分秋思矣。每询来者,知起居清胜,鄙衷顿慰。弟未卜何时得亲色笑,一抒积悃,渺渺予怀,笔难悉声,聊托双鱼,用写素心,幸毋金玉尔音。是嘱。

答

水天一色,风月双清,际此中秋,愈增眷慕。辱承音问,笔下情殷,纸间意密,慰客旅之凄,其感良朋之关注。捧读数遍,珍若琼瑶。兹藉里邮之便,裁此布覆,并候近祺。

冬月候友

踏雪寻梅,敲冰煮茗①,抚景怀人,时深梁月之思。况弟之与兄情投意契,异于寻常,能不朝夕悬悬乎。兄之起居,近来何似,山川间隔,殊难遥度,鸿邮有便,恭裁数行,聊附问候。

答

千山积玉,遍地堆银,三冬景色自佳,但弟异地羁栖,倍增忉怛,聿怀良友,难禁一日三秋之感。忽承翰及,喜慰无极,展函庄诵,宛如面谈。更羡兄台福与时新,合门清胜,益加忻忭。附笺藉覆,莫声积思。

---

① "茗",底本作"名",据上下文意改。

候远别

不觐芝颜寒暑,几更梦想丰仪,心迩人遐,向缘道阻且长,罕逢鱼雁,致疏音问。昨承惠及,瑶函如从天坠,展读知近履清佳,数载饥渴之怀,于焉顿慰。但未知何时得抱眉宇,一声积怀也。兹因邮便,特修寸楮,询候兴居,曷胜虔依之至。

答

云山间隔,良友各天,所赖笔墨遥通,可慰饥渴。尤幸台翁先生古道照人,自是到处阳春,一经晋接,令人钦服。弟自某年来,经营欠顺,百凡拮据,非复从前光景,意欲返棹,为故乡农圃之计,台翁毋亦有胡卢笑我否。兹接手函,如聆面教,风便载复,莫声渴悰。

候暂别

数日不面,中心如焚,顷刻两地,时增眷恋,虽暂违光范,而此心无刻不在左右也。顾影萧然,问花不语,似此寂寥,吾兄其何以教我而慰我彷徨耶。公余速即回旌,毋使三秋兴感。专此颛候。

答

别未旬日,宛似九秋之隔,澜衣如缕,恍然若失,仰观明月,羞见颜色。正思忆间,忽辱瑶笺飞至,捧读之下,喜溢眉宇,言辞谆质,不啻千金之赐。但言旋在即,晤对不远,望兄勿为怀人过伤则幸甚矣。耑此谨复。

候近别

辱在知交,不敢以寒暄俗套冒渎情目而企慕之私,无日不神驰左右也。前某至知兄嘉祉日增,鸿猷益茂,曷胜忻跃归期,预订雪上梅枝。谨修数行,肃候近履,余不戬。

答

咫尺台光,竟疏趋候,歉也何如。昨拜尊函,知近履佳胜,更叨眷顾之深,恍与故人相对也。梅枝之订,果不食言,则亲承色笑,亦目不恨不得即时会晤①,快所欲言耳。鸿便修候,怅何如之。

造谒不遇

昨登龙门,值兄台公出,未得一把芝眉,徒深饥渴,然向往之私拳拳在念,不识承颜接辞又在何日也。临楮曷胜瞻切。

答

辱承枉顾,衡门生色,而弟因琐务他出,遑瞻紫气东来,天乎,何遭际之□隅乎,尚肯再顾草庐,当扫□以待。

道经不及晋谒

日前道经贵里,意欲趋候,少叙阔衷,但恐惊扰起居,且风雨载途,故未敢以姓名上渎,徒切登龙之想,获罪良多,希为原宥。

答

前德皇游某处,敝庐咫尺,竟不相闻而过,门树皆枯,或者得罪殊深,故见外耳。弟虽贫寒,然床有布衾,厨有脱粟,亦可待客,何乃拒人太甚。

承顾失迎

昨承左顾,蓬筚生辉,适以俗冗他出,未获倒履相迎,致兄题凤而去,趋避之罪,百喙难辞矣。尚容肉袒。

答

时闻莺声,弥切求友之思,何尘劫无缘而驾已公出,岂阍人诈辞之耶,抑君方杜门谢客耶,主宾去来如避,不可解也。肃此代面,不尽驰依。

造府谢扰

昨拜尊庭,荷兄投辖之雅,满筵仙蔬,不乏青州从事,醉酒饱德,迄今犹觉腹果,兄之爱弟,何殷殷乃尔也。但醉后失仪,祈知己原而宥之。

---

① "亦目不恨不得即时会晤",疑衍"目不"二字。

答

华裾贲临,殊深简亵,荒山冷石,得辱康乐之展,至今空谷,犹有余光矣。容日登庭,快聆提命,并请简亵之罪。

荐蒙馆师

闻兄台欲延西席,字义疏浅,坐性教法有乘者,不敢从中饶舌,兹有师范某,敦重端方,循循善诱,故特荐于门下,为文郎启蒙有道之始,若能日就月将,自然学业富有也。耑此达上。

答

豚儿质性愚鲁,急欲延师课读,虽未能日知其所亡,亦庶几月无志其所能耳。兹承雅意荐师,实属我爱,膳俸淡薄,不无简亵,望为预达,倘蒙不弃,扫榻以待。

荐伙计

别来春秋几度,延竚为劳,每一神驰,情深云树。客冬某某来,询及起居、佳胜、营谋,遂意为慰寤思,兹有舍亲(敝友)某向在某处生理,因东君歇业,托弟代谋一枝,念其为人老诚稳妥,且练习□事(走水)有年,意欲荐至尊处效劳,倘蒙任用,决不有负驱策也。肃此预达,并候近祺。

答

物换星移,契阔良久,髫年好友,不获时相,把袂悬想,奚似兹承手教,备悉近履,兄当联床共话。蒙荐某上既是老诚,自当遵命,但店业(生理)甚微,薪资菲薄①,恐屈长才,惟冀鼎言,预达寸笺,藉覆无任驰依。

---

① "薪",底本作"辛",据上下文意改。

于人举荐

不覯光仪,数更裘葛,向欲修函奉候,恨无鸿便,属在爱下,诛为原宥。弟年来束手无策,憔悴之况,实不堪为,知己道也。近者羁留某处,守候生理,不期萍踪无著,缅惟台翁先生素叨雅爱,不知肯为鄙人设一鹪鹩之寄否。肃此奉恳,并候近祺,临颖无任驰依。

答

许久未聆清诲,觉渴尘万斛矣,遥想尊社体加健羡①。台翁才猷杰异,弟素钦仰,来代谕图机,缘知所如不偶,弟虽不能概尔应承,敢不逢人说项,使台翁一展经营乎。倘有机会,即当驰报。草此敬覆,神□俱往。

托探外地生意

虚度半世,徒守穷年,近地生意实难问利。倘仁台不弃鄙陋,代为图觅生计,得以追随道左,惠获远方之利,务祈留心一访,邮付一音。弟倘得前往有获,必不负提携之德矣②。肃函奉恳,临楮瞻切。

答可行

久阔兄颜,时深渴想,路远山遥,不遑时候起居,怅也何如。昨承来翰,始知兄欲外地经营,长安觅利,此亦大丈夫当行之事。古云"人无生活计,终尽斗量金",际此熙朝盛世,不图基业,徒老林间何益。至外地谋生者,成败由天,造化由命,觅利短长,原非一定。驾果到此,岂无着足之地也。肃泐布复。

答不济

经商问利,如老僧撞钟,响与不响,听其自然。若探某事可图不可图,皆虚语也,如弟之客外数载,所获不过为儿孙衣食计,若欲大展,总由乎命,弟岂敢妄言祸福。近年来,求利今非昔比,仁兄既乐业

---

① "遥想尊社体加健羡",底本作"遥想尊社休加健羡健羡",据上下文意删改。
② "携",底本作"撕",据上下文意改。

安居,何必舍近求远,承谕委探,据实情而申致,惟兄自裁。肃此泐复。

欲往先探

弟数载鹿鹿无成,一枝谁托,兹闻兄台令名显著,鸿业日新,窃希趋侍左右,以供鞭策,虽驽驾之材,不堪任用,然欲向知己而鸣,非兄台其谁属望耶。伏冀金诺,曷胜荣幸。

答允往

兄台经济才也,当为大用,弟处淡薄,正如枳棘之林,岂堪栖鸾凤哉。然知己相依,藉益宏多,倘蒙不弃,或即命驾随来,当于西窗,剪烛以待。足人就道,未另嵩函,望乞原恕。谨此布复,不尽欲言。

答不允往

历来奔波,一无就绪,虽负虚名,何曾粒精。兄台才猷素著,正如韩夫子,岂长贫者。惟兹弹丸之区,宁容照乘之珠耶。望且停骖,尚俟另图报命,勿罪是荷。

于人助会

乍来坎坷备尝,迍遭已甚,束手无策,惟望有力者,悯其穷而转运之耳。兹承舍亲某某劝弟图一几十金之会,营运资生,彼已慨许几投,但弟知交无几,惟台翁素叨爱下,交孚四内,话重千金,伏乞力为吹嘘,得藉玉成,则将来之活计,皆台翁之再造也。虔此切恳不戬。

答允

弟生平寡合,拙性疏懒,知交虽有,从未通融①,恐言之未必相信也。兄台窘迫,弟所深知,每欲代为筹画,而总不能稍补于万一,承来谕欲图几十金之会,资人益己,义利相孚,无过于斯。弟此时虽当空乏,而义不容辞,余股俟代邀允再报。

---

① "未",底本作"来",据上下文意改。

答不允

别来修候久疏,苦况不堪为知己道也。今接手教,谕及会事,本不当辞,无奈迩年萍踪靡定,正所谓"泥佛难渡水,金佛难渡火"也,方命之咎,嗣容负荆。

师生酧答

睽违函丈,倏逾几月,想老夫子起居安吉,德业日新,曷胜仰羡。门下在某处学习生理,亦颇相安,幸蒙夫子多方造就,粗通文义。每一念及,感荷靡涯。邮便肃修寸楮,止候近安,临颖神驰,无在依切。

答

谊属师生,情殷亲友,今诸同门虽各离函丈,而我之眷眷于砚弟,意更深也。适接手札,知贤弟与同事相安为慰。一笺藉覆,俨若面谈。宅中无恙,余望加珍。

托带外信

会晤未几,寒暄下赘,近闻台旌有某处之行[①],未审何日发驾,不及祖饯,兹有小札一函,祈代顺带某处交某某手收。荣旋时,仍望便带回音。谨此奉托,容谢不戬。

答

行色匆匆,未来登庭拜别,属在爱下,谅不见谴耳。承飞翰委送尊函至某处,谨领台命,决不敢浮沉石头城也。此覆。

托带家信

昨闻长兄先生归心似箭,弟欲附骥尾,奈经手之物尚未清晰,不能随行,徒深怅怏耳。兹有家报一封,烦便带舍下,交家严(小儿)收入。外具某物几种,聊申鄙意,望为莞纳。客途风霜,伏惟珍重。谨此奉托,并候近祺。

[①] "闻",底本作"门",据上下文意改。

答

思乡念切，人所同情，弟束装言旋，理当趋前告别，但恐有扰心神，故趑趄不前耳。承来翰委赉宅报，当为珍藏囊箧，到即交收，决无沉滞。蒙惠厚仪，赧颜拜登，嗣容面谢，兼候金安。

托经纪探行市

经商之道，全在熟探市价，逆料行情。弟性迂拙，渺难测度，惟兄台知行识市，孰长孰跌，胸中必有定见，祈明以教我，俾弟知所适从。是祷。

答

市价行情朝更夕改，弟何如人，而能预知起落耶。然承札下询，敢不直陈愚见，刻下某货迟钝，将来当有起色。贵处价目若得轻松，不妨多置。谨此奉复，惟高明裁之。

托经纪取账

小本经营，全在转运爽快，庶几有算。前所发之货，延期太久，迟误已极，见字望速催楚，便弟转手，无失宾主信义，嗣后又好交易也。率此拜托不赘。

答

所发某店之货，迄今未归，诚为拖延失信之罪，固不容辞。但弟未接尊谕之先，几为催索，只因某人未到，某货未脱，故不能措还，实出于不得已，非敢负欠也，求宽几时，即当完报。此复。

托外买货

兄台持筹素著，亿则屡中，弟欲仰藉福庇，托置某货，不识可合置买否，兹特寄上银若干，祈为斟酌购办，觅捷足（卯）带来。倘得稍沾蝇头，则感德无既矣。肃此拜托。

答

接来瑶函并银,均已收矣。承委代置某货,适此际行市正钝,随拣顶色者购买,寄某足(船)星夜装运前来,祈照单查收。倘贵处行消,再为效劳可也。匆此布复不戬。

托家买货

近会某人,知家中某货相宜,某处缺市,恐闻风者迅速赶来,又复迟钝,适某足早途归里,特寄来银若干,望兄台拨冗照单代置,随付捷足(船)载出,庶可乘时取利耳。耑此切恳。

答

适承飞翰并银若干,悉已收到。所谕置货,随照单星夜买就①,俱拣选精好,各依字号装封,今交某足(船)赶速运来,祈逐项验明收入。其脚(水)力已付若干,交清货物该找若干。肃此奉复。

寄货回家托卖

迩年来,所谋无一遂意,舍间支给日繁,所入不敷所出,奈何。兹闻吾乡某货价目颇好,今特买若干,附某友(足)带回,到日祈查明,代为售脱,出之赀仍烦代置某货,交妥足(船)运来。倘得稍沾微利,帮补家用,则感德不独弟一人已也。琐渎清神,容归面谢。耑此奉恳,并候不一。

答

株守故园,买卖固非所长,承委恐负所托,谨照数查收,待价售脱。幸于某时卖出,每担计银若干。遵命即买某货,未知有当否。斤两价目另开清单,货交某足(船)赍上,祈查验收入。此复。

---

① "夜",底本作"衣",据上下文意改。

寄货出外托卖

别来春秋几度，未获问候为歉。弟今置有某货若干，意欲自前来发卖，无奈事冗，不能抽身，兹附某船装来，敢烦照数查收代售。倘彼地有相应货物，即尽此银随买寄回，若沾蝇头则感德多矣。肃此奉托。

答

寄迹廛市，日为锱铢劳劳，不能返舍与兄握手言欢，积思莫慰，何怅怅也。所寄来某货委脱，幸遇价昂，一盘售出，过后此货复滞不消。今将此银置某货，寄原舟装上，祈照数收入。但买来之货，未知可合尊意否。匆此布复，不尽驰依。

借银

阮郎羞涩，十卯九空，徒深束手之叹。惟台翁先生夙敦古道，素念旧交，谅不忍坐视，故敢以实情相告。祈暂假若干，以苏涸难，俟凑手时，自当以子母奉赵，决不爽信也。耑此恳上，并候近安。不备。

答有

有无相通，亲友常事，况属知爱有年，敢不竭绵力以从命乎。兹具若干，藉伻呈上，伏乞查收。余情缕缕，笔不尽宜。

答无

适接云翰，谕有急需，理应遵命，但值囊空，实无措可假，望兄台另商他处。弟素非吝阿堵中物者，特此布覆，勿罪是幸。

托人代借银钱

屡承云谊，时切葭思，而慕伊人者，虽寤寐弗能忘也。恳者弟今有要，一时无措，稔知台翁先生与某翁极相友善，故敢具字奉托，向某处代挪白金若干，以充要项，约某时如数奉赵，决不负累。临颖无任翘企。

答有

连日蝟务丛扰,未遑修候为歉。适承翰谕,刻下急需朱提若干,心腹之交,何敢推委,随向某兄处代为通融,幸蒙照字兑上,冀依时归赵,使弟不致食言。幸甚。此复并候不一。

答无

顷接瑶章,嘱为假贷,即向某老处切恳,不料彼托词饰有为无,转恳他友,亦以不允见拒。有方台命,希为原宥。此覆。

讨银

久疏音问,缺略之罪,谅为原恕。兄台向以急需,与弟暂假若干,原订某时付还,不料经今几时未见掷上,岂兄台竟忘之耶。刻下弟有要用,特着某人前来面申,鄙意望即如数归楚。是祷。

答

鳞冯未便,不反时讯,兴居疏阔甚矣。向贷假货若干,应早归赵,奈年来生意不顺,以致迁延日久,不能如约,即不齿及,弟亦抱愧。今接来函,当凑足原数,并子金若干,交某人赍上,祈明白查收。迟滞之罪,惟冀汪函。

伐相代讨

缓急相远,人所时有,而久假不归,殊不近情。弟所代通融之项,至今不见掷还,何某爽信乃尔。某频向弟处坐索,实无词以对①,望即措归楚,毋使弟作难人也。是恕。

托求宽限

前承代假之项,极感高情,日久不归,殊为失言。但负欠累累,无从弥补,实出无奈,非敢故延也。兹蒙札及愈增愧怍,仍求代恳宽限几时,俟某时某人归来,将某业变偿,子母一并奉赵,不复爽约。幸为转致。

---

① "对",底本作"封",据上下文意改。

托人讨银

某友前因拮据，向弟挪去朱提若干，约某时寄还，及期未见掷下，付信取讨，竟置之度外，久假不归，莫解何意。烦兄台大力代弟取讨，务令早日寄还，以应燃眉，免弟亲来，又多一番跋涉也。此托，并候近安。

答

承命代催某人欠项，随往彼处坐索，并将贵札付览，彼亦无词可对，惟求宽限几时。观其窘迫之况，弟亦无法速其归偿耳。今限几时子母奉赵，弟为肩承，谅不敢再有愆期也。匆此率复，不罄。

托友照顾家事

行时叩府，未遑面罄，匆匆就道，未能安家，深为念虑。想仁翁忝在知好，敢以实告，倘家下日用薪米缺少，万祈照应，庶家下得免桂肤之虞。至于儿辈，并祈加意督责而济急之。仁弟归，一一清赵不爽。至交之情，时铭五内不朽。肃泐申恳，仰惟丙照。不宣。

答

朋友亦列于五伦之内，交好何殊同胞，故管、鲍有断金之义，雷、陈有胶漆之交，千古佳话，良不诬也。仁兄既经就道，奋发前程，何以家事为虑，弟忝契末，府中倘有缺乏，自当代为照应，望兄勿虑也。但凡做客，宜黾勉从事，奋创宏业，则弟亦增光多矣。特此敬复。

托觅良医

卧病匝旬，遂至骨立，造化小儿真若人哉。刻欲求请良医一治，不知谁是折肱家，幸为举之，而更生之恩，皆赖仁台之德也。

答

闻兄抱恙日久，尚未隆安，时深耿切。顷奉台谕，委觅医者，弟不敢妄举。惟某先生，人称"曾饮上池水，得有龙宫方"，皆曰名医，可否邀之脉治，投以金丹，使病魔立退。须厚礼而方至。此复。

托友买物

弟欲购买某物,固不知价值,且不明好歹,而台翁识鉴多能,恳烦代为购买,则价值与物不致受欺于贾竖辈也。此达。

答

自愧才疏,识见甚浅,并不谙市鬻,既承命委,敢不代为购置。但恐货物与时价有拂尊意,弟虑托非其人,加罪不浅。奈何。

托家买物

吴鱼楚笋,南枣北梨,皆地产之佳也。吾乡其物,弟久思未得,祈仁兄代为择其美者,可买若干寄我,以慰渴怀耳。此恳。

答

故园风景就不思及,仁兄惟以土物为恋,恋之私耳。弟逐选置某物,去价若干,已交某人驰上①,希照收入。嵩此预达。

托外买物

不面台颜,春复秋矣。极目云天,怅也何如。弟闻彼处某物甚佳,必欲求之,倘早晚驾归,务祈买置带回,该价自当奉上,勿藉匆忙而忘却也。

答

久别溪山,依然青绿,惟兄福祉高且长矣。昨接来翰,委买某物,已经置就,容俟弟回奉上,岂敢藉烦以忘耳。

春日问候并预贺其子四月完婚

春光明媚,淑气融和,遥稔台翁养高珂里,佳祐随时,曷胜预贺。目前某兄抵店,接阅芳函,得悉召示,比经荩人往镇,大约月底方可旋省。第闻彼处近况,更不如前,多系空函致复,恐未能如尊札云云也。清和之月,值令郎荣婚大喜,弟因远问河山,弗获登堂揖贺,惟冀百年

---

① "上",底本作"土",据上下文意改。

伉俪,同海燕之双栖,午夜衾裯,协梦熊之佳兆,鸾锵遥听,雀跃殊深,附具宫纥二端,朝冠极品,毫毛千里,藉表寸忱,便邮布贺,顺询近禧,伏希登鉴,不尽欣依。

（此信录自《饮香尺牍》,以为题头排写样式。凡书信题头、放矮、空字,当照此式。或有问候称扬人之父母,尤当高抬一字,要与题高三字,如此方为合式。）

贺人喜事通用

德门祥集,喜气时增,本欲造庭恭贺,奈因冗莫,遂希为原宥。谨具菲仪,奉申贺敬,伏乞哂存为荷。

答

蓬门微喜,辱承齿及,并蒙厚贶,拜豆几色,余珍附璧。谢谢。

贺开行铺通用

凤钦兄台才猷卓异,识见高明,今宏开大业,欣瞻一番新气象矣。其联仪以表微敬,兼候台祉。

答

弟以奔涉江湖,乘风破浪为长,故托身行铺以为坐贾之计,亦惟欲图蝇头以糊口而已,岂望发达哉。承贶佳联厚礼,拜领几色余珍,璧谢。藉候近禧。

贺开肆通用

宝肆宏开,财源不涸,陶朱、猗顿,指日可期。聊将贺仪,预为台庆。

答

弟开小肆,浪逐蝇头,只倚市门,贻讥垄断,过蒙褒贺,拜惠汗颜。

贺开铺通用

鱼、盐胶鬲肆,车、马洛阳街。利人利己,一举两得,陶朱、猗顿准拟媲美耳。聊奉贺仪,预为赞喜。

又

闻兄开铺于某处万人丛集之所,诚兴家美策。数年之后,兄当获利万倍。预贺,预贺。

又

长兄新开宝铺,上以济人,下以获利,诚名实两全之计也。将见"万倍利从此得,四方名从此振"矣。敬贺。

答

谋生无伎俩,故开小肆,日中为市,用以窥窬分毫耳。足下不鄙为市井中人,足见雅谊,而反以为贺,有愧多矣。

贺新岁

岁华乍转,万事方新,大块文章最堪怡赏矣。恭惟台翁先生怀致富之奇谋,握持筹之胜算,宜其无往不利也。羡羡弟每欲效颦而万不逮一,所以依然故我,两袖清风耳。兹际阳春,肃贺新祉,无从依依。

答

春色盈阶,灯光烛汉,升平景象,无非快意当前也。台翁先生动罔不臧,谋无不遂,总缘妙用鸿猷高人万万。弟久承关照,未获时炙光仪,春树暮云,往往神驰左右。兹捧瑶笺,肃函申覆,并候新祺不既。

贺新岁

椒花献瑞,柏酒浮馨。恭惟台翁先生入春以来,福与时新,德随春茂,曷胜欣羡。弟以远隔某处,不获恭贺新禧,歉仄奚似客冬。承寄春雷及某物,俱已拜领。兹适鸿便,肃此鸣谢,并候不戬。

答

花开锦绣,鸟弄笙簧,正欲虔具一函,奉贺新祉。忽承华札先颁,知台翁先生福履时增,鸿猷日茂,良可羡也。客腊附上微物,何足道谢。风便藉复不既。

贺新岁

春光灿烂,淑气融和,天时人事,焕然新景象矣。恭惟台翁先生家居迪吉,老幼咸宁,遥想雅怀,定多畅遂。弟客外经营,虽沾微利,但生齿日繁,恐应赡不敷耳。舍下诸务,多蒙照拂,统此鸣谢,并贺新禧。

答

春融丽日,花灿东风,万象尽更新矣。台翁先生对景情怡,谅增几番快意也。弟株守家园,勉强支持,尊庭诸务,自当代理,无容内顾。便羽附答,临楮依依。

贺新岁

旭日方新,光烂北院南楼。年华始更,人歌舜日尧天。恭惟台翁先生挟非常之才,居可为之地,业崇财裕,天眷自殷①,又何烦某赘颂也。忆自客岁分袂后,兄南地北,燕雁各天,未知会晤何期,徒深寤寐之怀耳。便鸿泐贺新禧,诸惟珍玉不宜。

答

杨柳如烟,桃花似锦,值此春色宜人,正台翁先生高怀舒畅时也。健羡弟自开岁以来,盘清账目,未暇具柬奉贺新禧,正想念间,忽接手教,知新福日隆,喜慰奚极。晤别以来,大雅风规依依,如在目前,惟是南北分途,风马牛不相及,未知何日得聆清诲耳。邮便裁复,莫罄渴悰。

慰丧通用

骨肉长离,闻者皆伤,况属在亲友,得不肝肠共裂乎。然大数难逃,纵哀莫返,希望爱身顺变,以任重务,是所切祷,即问之九泉,人亦莫不以为然也。耑函布唁,曷临哀忱。

---

① "殷",底本作"殁",据上下文意改。

答

家门不幸,祸延先严(先兄),一旦长别,茫茫天道,恨何极哉。兹承垂爱,殷拳赐书致唁,开缄叩诵,感激涕零,含泪申谢,无任惨切。

又

尊某(令某)忽厌然人世,鄙人怆然,悲伤不自知,涕之淫淫下也。矧足下至性,何堪此耶。然而顺忍节哀①,留此身以有为,此尤幽明所均赖者。愿足下闻斯言而自慰。

答

辱赐慰言,非不强自排遣,但蕉叶号风,鹃声泣月,凄凄呖呖,都来助我悲鸣,虽欲节哀,无能也。敬谢。

又

忍闻令某病终,方食失箸,非独割君心肉,抑且虚我热肠,伤何如之。但生死有命,则又不必过恸耳,兄可少自珍重耳。

答

门衰祚薄,惟某是赖,彼苍降罚,而夺之速想,谓愚不足顾矣。骨肉长离,寸中惨裂,敬谢宽慰,拭泪报书。

慰遇灾通用

灾及德门,闻者惊怖,当此之时,尤宜宽怀处变,以凭天公怜察,或者否去泰来,亦未可知。况孟氏云:行拂乱其所为,所以动心忍性,增益其所不能。则天之所以困之者,不即所以厚之也哉。鄙言为慰。切嘱。

答

风云不测,祸起旦夕,人坠涂炭,命且难保,敢望天之厚我,有将来之泰乎。荷蒙存问,覆谢无既。

---

① "忍",底本作"恋",据上下文意改。

又

《易》曰：行人得牛，邑人灾也。观此则知无妄之灾，人所常有。足下虽遭不测之变，而尺雾障天无碍于大，寸云点日何损于明，或者天欲以福降而先以祸试之耶。逆来顺受，此处变之良法也。鄙言为慰，是祷。

答

仆素守本分，从无刻薄之行，忽遭灾患，何天道之难谌也。因此日夜焦心，计无从出，所幸高明宽慰，而示以"逆来顺受"之法，诚感荷无既矣。肃此覆谢。

慰友不遇

兄台才猷迈众，胜算超群，宜其无往不利，何乃才着安排，旋遭磨挫，遇而不遇，竟如此不偶耶。虽然小屈小伸，大屈大伸，由困而亨，自古皆然，仍祈安于义命，一切付之无心，幸无以此挫志耳。

答

承慰教言，敢不自宽，但年来困厄已极，壮志如灰，得失荣枯，尽付流水矣。独是破甑生尘，难免范生之叹，不识兄台乐颜子之乐，其亦能忧颜子之忧否。

慰友病

顷闻吾翁近日贵体违和①，想由勤劳过瘁，致二竖相侵耳。弟缘俗务交蝟，未得趋候为怅，惟望仁翁省烦恼、节饮食，清心调摄，万勿用以伤之，此剂病即霍然去之而愈矣。

答

偶尔肢节痛烦不解，饮食日减，睡卧难宁，想是病魔攻我，心甚镰糟。台翁教言，胜如药石，若服灵丹，何啻枚乘《七发》也。倘蒙不弃，

---

① "违"，底本作"遗"，据上下文意改。

请君早晚过谈,得以舒怀,何必饮上池水哉。

慰友买卖不遂

近闻兄台会计偶尔失利,遂至拊膺浩叹,何惑之甚乎。夫利钝商家之常,东隅虽失,桑榆犹可收也。幸勿因此而寒心,祈为宽怀以待。

答

时兮不利,屡遭蹶跌,况马齿日长,不知将来作何生计也。承兄台种种佳言相慰,弟非不自宽,但虑落魄已甚,妻孥对泣牛衣,此时更难为情耳。庋此覆谢,并候不宣。

慰友覆舟

日来计程应抵某处,孰料某日风波陡作,致宝舟倾覆,货遂浪空,冯夷诚不仁哉。既而思之,财虽失而吉人则天相也,安知寒彻之后不有一番扑鼻香乎。幸宽怀以待。

答

弟被波神所苦,几葬于鱼腹矣。幸托庆云之庇,得保无虞,而货尽失,养命之源安在乎。承兄台存问,憪怀顿慰,容俟迟迟,晤谢不一。

慰友回禄

兄家德厚义高,曷为而有祝融之虐,顿令闻者惊怖,见者悲伤,反风噀酒,何竟无异人异术来相救也。然既堕之甑,顾之无益,惟宜益培德泽,广开义路,顺受回天,此其时耳。伏望撤去愁肠①,加珍自爱。切嘱。

答

祝融不仁,草庐一炬,愧无曲突徙薪之明,徒焦头烂额为无益也,此天实为之,夫复何言。独是鹪鹩失巢,一校谁托不识,兄台亦为弟□之否。承锡慰言,感谢无既。

---

① "去",底本作"云",据上下文意改。

慰贫友

大丈夫宁为天所困厄之人,弗为天所置而弗论之人,彼酣歌醉饱,碌碌无短长者,足下肯以此易彼否。

答

弟近况亦复无收,已将世事付之流水,家事付之清风矣。辱教念及,不胜感激。但此道久矣,饱间终不能改此甑尘之苦。肃此覆谢。

慰被盗

《易》曰:慢藏诲盗,言不谨也。足下素称谨密,何物穿窬,敢肆觊觎乎。但敝篚败絮,所失者微,腹笥锦绣,岂盗儿所能窃哉。幸毋介怀。是祷。

答

萧然环堵,一无长物,窃见肆虐,实大不仁。捡视囊箧仓储,一丝一粟尽为所掠,所幸青毡故物依然无恙,非藉台庇,不几尽遭毒手耶。

邀友经商

久困家乡,营生乏术,闻兄台经纶素具,今有远行壮志,弟欲治装以俟执鞭,庶几弧矢四方,少展男儿之愿。发驾的于何时,幸祈明示。

答

丈夫志在四方,宁肯郁郁久居此乎,但行踪踽踽,未免寥落之嗟。今联鏕喜,有良伴矣。谨约某时执鞭,以从吾兄,幸有同志订期偕往。

求友代为办事

器之利者,常与相共而知其锐也。马之劣者,平原颠蹶而防其险也。想仁翁纬武经文,足智且仁,弟素钦仰,饱德醉心,已非一日。兹弟今有某事,自觉心意如麻,古云当局者迷,不能支持。特叩恳仁翁代弟善施一策,得以解纷,而高厚之恩铭感五内。耑此托颖,曷胜恳切。

答

顷接台谕,云有某事剖之不明,嘱弟追随商之,但弟不谙世务,筹之何益于君也。既荷见召,敢不趋庭一晤,叨仁兄大教,行之苟可完美,谅亦预十耳。弟则趋随以俟。

邀友共事

学至朋来不亦乐乎,事贤友仁不亦善乎。仰慕台翁英伟过人,宜远图机会,当知日月易逝,错过则难谋也,忝在交好,敢不直达。弟处虽非大张,事颇冗杂,非贤能知己虑难轻信,而台翁与弟颇足商谋,倘不弃卑狭,祈整装速行,勿虚我望。

允赴

守拙待时每深不遇之感,抱膝长吟又惭疏陋之愆,拟欲托足,未能遽进。昨承翰降,仰见高清,荷兄召用,不独爱我之深,而虑我勉我者情更深矣。但弟驽骀下乘,恐不堪为长者录耳,今荷仁兄提挈,谨拟某时就道。耑此预达,余情面晤不赘。

答不赴

世事如某心已久灰,败鼓之皮岂堪药用。承仁台远颁翰召,可见知爱已极,拟即趋赴以领台命,奈舍务乏人照料,急难就道,方命之罪,尚祈原恕。谨复。

邀友远行

闻兄台仗剑远行,弟正欲附骥,未卜何日准挂云帆,伏望预定行期,谨当束装以附舟末。

答

才承飞翰,询及行期,弟即选吉奉闻,携手同行,连沐风雨[①],长途多聆教益,亦一乐也,敢不步后尘乎。藉便布覆,不戬。

---

① "雨",底本作"南",据上下文意改。

邀友和讼

其与其两相水火,已成雀角之嫌,凡我亲友岂宜袖手旁观。敬邀兄台为之排难解纷,免致鹬蚌苦相持也。如肯为宋硎,先生请鼓辰以佐可耳。

答

兄台目击锋争,欲射辕门之戟,解纷之任,当一人主之而裕如也,何俟弟之饶舌哉。如必偕行,愿从旁赞。

邀友同回家

久羁逆旅,远别家乡,不无越鸟南枝之想,未卜兄台旋车的于何期,乞示一音,以便束装附骥。特此上达,恭候裁覆。

答

客地淹留,时光催迈,杜鹃偏向客边啼,归心甚难过矣。恰承飞书招约,喜何如之。愿卜其日,弟当治任徐行,无为犹豫,端此裁覆。

饯友出外经营

仁兄湖海硕彦,凡在巨贾,皆羡计然之策。乃闻台驾将束装就道,二三同气虑无以为情,薄具一杯,郊外奉酌,阳关之曲为兄唱之。

答

浪迹江山,只为糊口计,视仁兄辈吟风啸月、诂衷朝夕者,相去奚啻迳庭过。荷诸公宠饯,益增别苦,亦当更尽杯酒,乘醉中分,夫不过悲耳。

邀同饯别

某友将有远行(欲返棹),不日就道,凡我同人,当备一樽祖饯,庶阳关三叠,不致寂寞耳。故特字相邀,望即早临是幸。

答

谓城朝雨偕作送人,启行时固不能寡情者,况某君平素尤为至契,饯祖之会,弟当与焉。

赆饯行

闻兄台膏车远行,程期在即,弟欲治一蔬酌,共写离愁。但兄行色匆匆,恐稽迟公务,心更觉不安。兹贡薄赆少,犒仆夫一饭,希为笑纳是荣。

答

知己之交,何忍遽别,无奈为贫所驱,觅利江湖,回首故人,薜萝泪湿,心旌不胜摇摇矣。蒙惠厚赆,感谢无既。

客中饯行

兄台荣旋在即,行色匆匆,未及趋前晤教。薄具蔬酌,屈扳驾临,聊借青州从事,为兄台壮行色耳。恭候光临,勿外是幸。

答

久羁客邸,归心如箭,不得与知已时相晤叙也。仗剑长途,此心已成结矣,辱承祖饯,敢不跃从。

客中接风

不奉芝颜,倏逾几月(载),颙望之思,曷尝暂已于怀。今承枉顾,草字增辉,特具一樽,为兄台洗尘,兼叙渴衷。倘肯垂爱,请速命驾。

答

昨诣贵寓,因公务冗忙,未获少叙渴悰,离愁万端,种种莫诉。今承见招,即当领命,兼聆清诲也。

规友离亲远游

丈夫志在四方,原不安于家食,况兄台素抱不羁之才,甘困守乡隅以终老乎。然白发在堂,承欢日短,为子者而复任意遨游,羁留远地,使垂暮之人虑归计之无期,叹音书之难达,倚门倚闾,忧形瘃瘵,即使经营得志,能不念及于此而怦怦心动乎。望兄早着归鞭,以慰亲为急,余情缕缕,笔难悉罄。

答

膝下瞻依，天伦乐事，固所愿也。奈亲老家贫，甘旨常缺，故奋志经营，冀觅微利，以养堂上余年耳。乃命不从心，东西淹滞，致定省久疏，使白发有倚门倚闾之悲，游子有陟岵陟屺之叹，清夜自思，未尝不黯然神伤也。今接瑶函，顿使归心似箭，虽有千金之获，亦不敢再留远地矣。行装已治，不日登堂面谢。不宣。

规友好酒色

凡钟情适意之事，多足伤身害性，况所称为毒药、刚刀者乎。兄达士也，慕前人之高风，尝以五斗解酲矣。而复迷恋于温柔之乡，一时非不称快焉，窃恐毒药日熏、刚刀日割，能保千金之躯不渐暗消磨乎。忝在知己，敢进药言，为兄针砭，幸勿视为不入耳之语也。

答

仆，鄙人也。性又疏狂，尝谓人生行乐耳，须富贵奚为故，遂耽于曲蘖，迷于花柳，终日昏昏，如在梦幻，几不知有清凉世界矣。今读华翰，令人顿破迷团，真不啻如祖师之棒、顶门之针。兄之爱，弟实深能不拜受昌言乎。谨此奉覆，嗣容面谢不戬。

劝友择交

友列五伦，人生所重，游必择交，品行攸关。古人云"不知其人视其友"，诚确论也。今弟观兄所与游，若某某者俱非端士，久为正人之所鄙弃者也。而兄竟与之终日盘桓，弟恐视为金兰之契者，将必渐入于鲍鱼之肆矣，又何以解同人之物议乎。愿兄台谨之慎之。

答

孤立无助，每兴寥落之嗟，况弟性好交游，朋侪往来惟以燕集为乐，竟未及熟察其人之邪正非，兄指示几罹比匪之害，今后当慎于择交，凡浮浪不根，及一切便佞之徒，皆疏斥摈绝，不复与游矣。数行奉覆，敬谢诲言。

劝友息争

违颜一月,如隔三秋。顷者偶会某兄,知台翁与某忽以小嫌介意,致启衅端,其中曲直弟未深悉,岂敢漫为置喙。但素称知己,而一旦互相为难,殊觉有乖雅道,故邀一二同人居中调息,惟冀降心相从,以全凤好,幸勿过执己见也。余容面罄不宣。

答

聚首无由,驰情瞻切,奈迩日俗务纷纷,未遑趋谒,歉也何如。弟与某人素无嫌隙,因其事曲直未分,旁人唆使,陡起风波。弟赋性刚直,气不能平,以致两不相让,辱赐瑶函,极承高谊,荷蒙理论,无不从命,相与有年,弟敢存畛域哉。肃此布覆,统容面谢不一。

谢处事

弟与某因各持己见,以致两不相下,今仗台翁先生鼎言排解,委曲调停,争端息矣。嗣后彼此相忘,不存形迹,皆藉台翁之赐也。菲仪代席,伏冀莞存。

答

台翁先生与某忿忿不平,各立旗鼓,恐滋讼端,以此少参末议,冀了葛藤,非敢仰媲季诺。兹幸两相见谅,释嫌修好,深惬鄙衷,承赐谢仪,藉璧勿罪。

规友好讼

讼者,不得已而后兴也。抱不得已之情,处无可解之地,然后质之公庭,以伸冤抑耳。若徒恃健利之遇,睚眦小衅便启讼端,藉此以角胜争雄,希图得意,非特伤财废事,窃恐官情难测,倘一失足,虽悔何及矣。《易》云:"讼有孚窒,惕中吉;终凶。"愿兄台细玩斯言。

答

弟处寒微,为强项之所败凌者屡矣,而性又多暴,不能忍耐,所以尝结讼公庭,然究之亦不过一时之忿耳。迨事过气平,未尝不自追悔,今蒙兄台责以利健,好与人角胜,实非弟之本心也,至若伤财废事,讼多仇多,诚如尊言矣。既蒙大教,嗣后当自容忍,宁敢再蹈前辙乎。敬谢敬谢。

规友不务正

人必谨饬自持,正业是务,而后可克自树立。故《书》云:"不作无益害有益,功乃成。"夫无益之事,古人尚不可为,何况有累于身名、事业者乎。弟观兄台近况,所行皆任情快意之事,非有益身家之图,倘不早悔悟,恐后渐入于邪,必至家事日颓,人品日坏。弟忝属知交,规戒分所当然,故敢直言以尽忠告之道。兄固明达之士,祈鉴愚表,谅不以苦口为饶舌也。临楮神驰,谨此代面。

答

久违台范,未聆诲音,不觅本来,面目俱失矣。迩者偶因闲居,未获正务,故暂借嬉戏以消遣,讵知一入其局,心性渐放,几致迷而不悟。兹接琅函,训诲殷殷,捧读间不觉面热汗下,非蒙至爱关切,肯进如此金石之言乎。弟当奉如钺铭,不敢有负盛心。谨此用谢不戬。

劝友惜物命

语云:人人怕死,物物贪生。闻兄纵口腹之欲,而恣杀生灵,在兄以为物命不足惜,岂知彼受金刀之惨,欲求救而不能,欲逃命而不得,惟默含其痛苦已耳。兄犹大嚼快意,忍乎不忍,弟虽非茹素之僧,实不忍轻伤一命,所以望兄台修德行仁,不但灾难不侵,飞殃不至,而且彼苍已将兄台注名于禄籍矣。翘切翘切。

答

昨因久恙初愈,惑听家人借物滋补之言,以致偶尔抱杀生之罪。若非捧读金石之言,弟终迷而不悟矣。而今而后,凛遵教语,改恶从善,惟求免祸而已,敢望名注禄籍哉。敬修肃覆,不胜战兢之至。

谢推荐

弟以灶下余材,无足比数,徒以叨附枌榆,获见知于元礼,遂令朽株发绝,盈骨丰肌。仁兄之德,不啻天高地厚,则自此立基兴址,皆兄所赐。而教我之曷,敢忘此造就哉。虔修尺素,九顿申谢。

答

骅骝骐骥定逢伯乐之知,青萍结绿长价辟卜之门,有其才必有其用。而仁兄乃熙时豪俊,自为当世羽仪,而晋绅先生孰不器重,何待弟之表扬哉。过荷奖誉,益增愧歉,然兄为陈孺子,弟为魏无知,附之以显荣施多矣。何以谢为。

谢恩德

急逼之时,惟求甘露一滴足矣。润之幸得甘霖大沛,而生我旱苗乎。深荷高谊,不啻戴德华嵩,承恩江汉矣。惜有怀伊,迩报谢无由,虽仁台未尝望报,而疏慢之愆擢发难数也。惟此鸣谢。

答

缓急人所不免,同舟遇风,犹尔济救,何况尔我素好,敢不尽力。但涓滴之私,不能常继为愧,奚堪置之齿颊也。想吾兄亭亭玉立,岳岳怀方,决不久困池中也,惟努力自爱为幸。

谢功德

扶危正颠,谊属至交,解纷排难,必得经济。若非仁翁施此妙用,鼎力玉成,省许多饶舌,功劳实出仲年之上矣。虔具牺仪,聊表微忱。

答

大圣畏匡,非此不能释,周公被谤,非此不能申,乃处事之难而不易也。然仁兄长才远驭,值错节盘根,无不迎刃而解,弟不过因人成事,何敢言功哉。承惠嘉贶,惟汗颜领谢。

谢代买货物

寻常之物，一经波斯巨眼，便价增十倍，其识鉴精也。如弟之朴拙无能，毫未练之。承仁兄指教，得见良楛贵贱，始知有利今之所获，悉皆兄赐。敬以菲仪，希纳之。勿哂。

答

窥使躬利，贾家之常，不过争先着后耳。弟于斯道匪敢云精，惟审时辩价，不致有寸尺之失，然亦仁台福运，弟有何功哉。承惠隆仪，汗颜谨领。谢谢。

尺牍便览卷之七

时令佳句

正月
壶斟苏酒盘荐椒觞　火生花树月照笙歌
二月
穿帘燕语出谷莺歌　杏匀笑脸柳舞织腰
三月
莺喉细啭柳眼长舒　弥天风雨满地胭脂
四月
秋波云拂麦浪风翻　竹笋参云杨花舞雪
五月
蝉琴噪柳蒲剑挥风　时当永日节届天中
六月
暑谢锦屏风生纨扇　酒吸荷筒扇裁蕉叶
七月
金风解箨玉井飘梧　鹊桥已驾蟾魄初辉
八月
蟾开玉镜露满铜盘　桐阴满径桂魄澄空

九月
暮烟凝紫秋树飘红　菊铸金钱枫摊锦帐
十月
水落山高橙黄橘绿　时逢阳月节届小春
十一月
黄钟律转宫添彩线　一阳来复万象昭回
十二月
梅传春意雪兆丰年　梅影横窗雪花铺径

月令别名

正月
孟春、陬月、端月、孟阳、孟娵
二月
仲春、愚月、仲阳、如月、令月、花月
三月
季春、窈月、蚕月、嘉月、柳月
四月
孟夏、余月、首夏、维夏、麦秋
五月
仲夏、皋月、仲暑、姤月、端阳、蒲月
六月
季夏、且月、徂暑、积阳
七月
孟秋、相月、兰月、肇秋、上秋、瓜月

八月

仲秋、壮月、桂月、仲商

九月

季秋、玄月、霜月、菊月、暮秋

十月

孟冬、阳月、正阴、上冬、小春

十一月

仲冬、辜月、畅月、子月、葭月

十二月

季冬、除月、暮冬、杪冬、腊月、穷纪

书信称呼

家长付卑幼

祖父（母）字付孙男某知之

伯祖字付贤侄孙某知之，叔祖付侄孙，亦如之

老父（母）字付几男某知之

伯父（母）字付几侄某知之，或贤侄某知之

叔父（母）字付几侄某知之，或贤侄某知之

愚兄其名字达某弟览，或贤几弟某见

拙夫某名字达贤妻某氏妆次

卑幼称家长

祖父（母）老大（孺）人尊前　不肖孙男某百拜书禀

父（母）亲老大（孺）人膝下　不肖男某百拜书禀

伯（叔）祖老大人台下　愚侄孙某顿首禀

伯（叔）祖母老孺人懿座　愚侄孙某顿首禀

伯(叔)父老大人尊前　愚侄某顿首禀

伯(叔)母老孺人懿座　愚侄某顿首禀

长兄大人侍右　愚弟某顿首禀

尊嫂孺人妆次　夫弟某顿首禀

夫君良人足下　贱妾某氏敛衽拜禀,或自称箕帚妇

外戚尊长称卑幼

贤外孙某姓名亲览　愚外祖某姓名字达,或自称愚老

贤甥某姓名相公览　愚母舅某姓名字申,或称彼贤外侄

贤婿某姓名相公览　劣岳某姓名拜手书,或自称愚外舅

贤内侄某姓名相公见　辱姑夫某姓名拜手书

贤襟侄某姓名相公见　辱姨夫某姓名拜手书

外戚卑幼称尊长

外祖某姓老大人台下　愚外孙某姓名百拜书禀

外祖母老孺人尊前　愚外孙某姓名百拜书禀

尊母舅某姓老大人前　愚外侄某姓名顿首拜禀

尊妗母老孺人尊前　愚外侄某姓名顿首拜禀

岳父老大人台下　愚子婿某姓名百拜书禀

岳母老孺人尊前　愚子婿某姓名百拜书禀

伯(叔)岳老大人尊前　愚侄婿某姓名顿首拜书

尊姑丈老大人前　愚内侄某姓名顿首拜书

尊姑娘老孺人前　愚侄某名顿首拜禀

尊姨丈老大人前　愚襟侄某姓名顿首拜禀

尊母姨老孺人前　愚襟侄某姓名顿首拜禀

尊表伯(叔)老大人前　愚表侄某姓名顿首拜禀

尊表伯(叔)母老孺人前　愚表侄某姓名顿首拜禀

尊姻翁某姓老大人台下　姻教侄某姓名顿首拜禀

外戚平辈称呼

尊姨丈某姓名大人电　愚内弟某姓名顿首拜书
贤妹夫某姓名相公览　愚内兄某姓名顿首拜书
尊舅某姓名大人电　愚妹夫某姓名顿首拜书
尊舅某姓名相公览　愚姊夫某姓名顿首拜书
尊表兄某姓名大人电　愚表弟某姓名顿首拜书
贤表弟某姓名相公览　愚表兄某姓名顿首拜书
尊襟兄某姓名大人电　襟教弟某姓名顿首拜书
尊姊某姓老孺人妆次　愚弟某名顿首拜书
贤妹某姓老孺人妆次　愚兄某名拜书，兄称妹，或只称孺人，不用老字

父族五服之外

尊长通信与卑辈，其名亦须题起，写自己之名则写在次行下节。如称彼某贤重侄，则自称愚伯（叔）祖、或愚重叔、或愚再叔。如称彼某贤侄，则自称愚伯（叔）。如称彼某贤弟，则自称愚兄。

卑辈通信与尊长，其名当题顶头高三字写。如称彼尊伯（叔）祖某翁老大人，则自称愚侄孙。如称彼尊重叔某翁老大人，则自称愚重侄。如称彼尊再叔某翁老大人，则自称愚再侄。如称彼尊伯（叔）某翁老大人，则自称愚侄。如称彼某尊（老）兄，则自称愚弟。

母族略疏之属

通信与伯（叔）外祖，则自称外侄孙。通信与堂母舅，则自称眷外侄。通信与堂表兄弟，则自称眷表兄、眷表弟。通信与母之母舅则称彼尊外舅祖，自称则眷外侄孙，或愚外侄孙。附：父之母舅亦称尊外舅祖，自称则愚外侄孙，不宜用眷字。其余姨亲及姑亲之堂者，俱照朋友长幼称之。

妻族亲疏之属

妻之祖则称侍翁,自称则愚孙婿。妻之伯(叔)祖则称伯(叔)侍翁,自称则愚侄孙婿。妻之伯(叔)则称伯(叔)岳,或称伯(叔)翁,自称则愚侄婿。妻之堂伯(叔)祖亦伯(叔)侍翁,自称则眷愚侄孙婿。妻之堂伯(叔)亦称伯(叔)翁,自称则眷愚侄婿。妻之堂兄弟则称尊舅,自称则眷愚内弟。妻之外祖则称外侍翁,自称则愚外孙婿。妻之母舅则称外舅翁,自称则外侄婿。妻之姑夫则称姑翁,自称则愚内侄婿。妻之表母舅则称表舅翁,自称则表甥婿。妻之表兄弟则称表大(小)舅,自称则愚表姊(妹)夫或愚表内弟。妻之姊、妹夫皆称襟兄,自称则襟教弟。

姻属相称

婿之祖父母、媳之祖父母,称太姻翁、太姻母。婿之父母、媳之父母,称姻翁、姻母。婿之伯、叔,媳之伯、叔,称姻伯翁、姻叔翁。婿之兄弟,称大伯、小叔。媳之兄弟,称大舅、小舅。婿之兄弟见媳之祖父母,媳之兄弟见婿之祖父母,俱自称姻再侄。婿之兄弟见媳之父母,媳之兄弟见婿之父母,俱自称姻侄。婿之兄弟见媳之伯、叔,媳之兄弟见婿之伯、叔,俱自称姻属侄,称其堂伯、叔为姻伯、姻叔。男女大姻翁写与次一辈,则自称姻世弟或姻侍弟,写与次二辈则自称姻侍生。男女两姻翁写与次辈,其自称与太姻翁自称同。两姻家除嫡亲,若到堂字及从字上,皆宜称姻属,再疏则称姻眷。至于婿之姊、妹、夫家及其余各亲,则均称眷教弟。此通行之称也,不可妄以亲戚称之。

儒士师弟相称

夫子大人函丈　受业门人姓名百拜禀,夫子上加姓名者失礼

某字贤弟文几　友生姓名手书,或称彼老弟、契弟、贤弟

窗友相称

尊砚兄某字先生文几　同学教弟姓名顿首拜书

工贾师徒相称

老师某翁大人前　受业徒姓名顿首拜禀,或自称眷教侄

某字贤弟览　眷侍弟姓名手书

眷属尊卑相称

某翁老先生台下　眷晚生姓名顿首拜书,或眷晚侄、晚弟

某翁先生台下　眷教弟姓名顿首拜书,或乡教弟

某字某姓相公足下　眷侍教弟姓名拜书

祖、父、孙三代相交,则称通家,切友亦称通家,如通家眷教弟、通家眷教侄。同社称彼尊社兄,自称社弟。同盟称彼尊盟兄,自称盟弟。同年称彼尊庚兄,自称庚弟。父子二代相交,则称眷世教弟、眷世教侄。

字义四则

起语第一

起语者,前此无文而以虚字起之也,亦有前文已毕而以虚字另起者,皆起语也。

夫　起语而有所指之辞,如"夫颛臾""夫明堂"者。此类甚多,指上一二句为例,后俱同此。又另起之辞,如"夫滕壤地褊小""夫物之不齐"。凡助语,皆音"扶"。凡称夫子、丈夫、大夫,则音"孚"。

盖　起语而有所原之辞,将欲推原之也,如"盖有不知而作之者"。又另起之辞,如"盖有之矣"。

且　宽起之辞,如"且尔言过矣""且古之君子"。又另起之辞,如"且许子何不为陶冶""且君之欲见之也"。又又也、此也、将也,又姑且、苟且。

且夫　宽起而有所指之辞,如"且夫枉尺而直寻者"。

今　近事而宽起之辞,如"今王发政施仁""今王鼓乐于此"。又

是时也,对古之称。

今夫　就近事而指言之,如"今夫天""今夫颛臾"。

今之　就近事而另起之辞,如"之欲三者,今之诸侯"。

今有　指其事而切言之辞,"今有璞玉于此""今有场师"。

彼　他有所指之辞,如"彼夺其民时"。

尝　口味也、甘也、试也。尝闻有所称述之辞、尝观借事发论之辞、尝谓有所申说之辞。

接语第二

凡承接上文,虚用一二虚字粘连之①,然后可以顺势讲下其字,虽各有所宜,皆谓之接语。

此　指上文而言之辞,如"此率兽而食人也""此物奚宜至哉"。

此以　指上文而申明之辞,如"此以没世不忘也"。

此则　紧接上文而指言之之辞,如"此则距心之罪也"。

此亦　指上文而虚断之辞,如"此亦妄人也已矣"。

此为　指上文而实断之辞,如"此为大人而已矣"。

此惟　指上文而顺断之辞,如"此惟救死而恐不赡"。

此非　指上文而反断之辞,如"此非君子之言"。

此岂　指上文而反折之辞,如"此岂山之性也哉"。

此谓　实解上文所言之辞,如"此谓知本"。

此之谓　跌醒上文之辞,如"此之谓不知务"。

此所谓　引别说以申明上文之辞,如"此所谓率土地而食人肉"。

兹　此也,较"此"字略婉。"兹以""兹岂"等,义同"此"字。

斯　亦此也,"此"字显而直,"斯"字文而轻,如"斯天下之民至焉"。又"析"也,又"即"也。

---

① "虚用一二虚字粘连之",底本"虚用"上衍"虚"字,据上下文意删。

斯亦　义同此,亦如"斯亦不足畏也已"。

斯可　指上意而设问之辞,如"斯可受御与"。

斯可以　顺答所问之辞,如"斯可以从政矣"。

斯不亦　反答所问之辞,如"斯不亦威而不猛乎"。

斯谓之　指上文而疑问之辞,如"斯谓之仁矣乎"。

是　犹此也。有顺上文作断之意,与"此"字微别,如"是人之所欲也"。又正也、直也、则也、非之反也。

是犹　跟上文而设譬之辞,如"是犹恶湿而居下也"。

是乃　跟上文而引申之辞,如"是乃仁术也"。

是诚　紧足上文之辞,如"是诚不能也""是诚在我"。

是皆　包括上文之辞,如"是皆已甚""是皆穿窬之类也"。

是何　跟上文而设问之辞,如"是何异于刺人而杀之""是何濡滞也"。

是奚　反折上文之辞,如"是奚足哉"。

是其　跟上文而指点之辞,如"是其日夜之所息"。

是知　原上文而有所解悟之辞,如"是知其不可而为之者与"。

是以　义同"此以",如"是以后世无传焉""是以君子不为也"。

是则　义同"此则",如"是则可忧也""是则章子已矣"。

是亦　义同"此亦",如"是亦为政""是亦不屑去已"。

是为　义同"此为",如"是为得之""是为王者师也"。

是非　义同"此非",如"是非君子之道"。

是岂　义同"此岂",如"是岂水之性哉"。

是谓　义同"此谓",如"是谓拂人之性""是谓过矣"。

是之谓　义同"此之谓",如"是之谓以其所不爱及其所爱也"。

是焉得　不足上文之辞,如"是焉得为丈夫乎"。

则　承上递下之辞,凡上文已明,紧接下文,或总结,或生发者,皆用之。如"则财恒足矣""则民莫敢不敬"。又顺上文而分析之辞，如"亲亲则诸父、昆弟不怨其君用之，则安富尊荣"。又"即"也，如"不可则止，得之则生，操则存"。

则以　就前事以申言后事之辞，如"则以学文"。

则其　跟上文而指言其效之辞，如"则其生物不测""则其小者不能夺也"。

则将　跟上文而设问之辞，如"则将焉用彼相矣""则将紾之乎"。

则是　就前事以作断之辞，如"则是可为也""则是干泽也"。

则亦　虚断上文之辞，如"则亦已矣""则亦无有乎尔"。

则为　实断上文之辞，如"则为贱场师焉""则为容悦者也"。

则必　就前事而直决后事之辞，如"则必命有司所之""则必使工师求大木""则必反予"。

则有　因前事而及后事之辞，如"则有馈其兄生鹅者"。

则凡　跟上文而推广之辞，如"则凡夫下之物""则凡可以得生者"。

则诚　跟上文而姑为许可之辞，如"则诚贤君也"。

则何　跟上文而切言之之辞，如"则何亡国败家之有"。

则何以　跟上文而反诘之辞，如"则何以异于教玉人雕琢玉哉"。

则何为　跟上文而顺诘之辞，如"则何为不行"。

则可谓　跟上文而明其所说之辞，如"则可谓云尔已矣"。

则可以　跟上文而明其当然之辞，如"则可以赞天地之化育""则可以祀上帝"。

则足以　跟上文而明其必然之辞，如"则足以杀其躯而已矣"。

则岂徒　跟上文而极言其效之辞，如"则岂徒齐民安"。

则犹可　跟上文而究言其事之辞，如"则犹可及止也"。

则亦将　跟上文而驳难其说之辞，如"则亦将戕贼人以为仁义与"。

则以为　跟上文而推言其意之辞,如"则以为属已也"。

盖　推原上文之辞,与起语"盖"字不同。盖起语,乃空指。此则实领上文也,如"盖阙如也""盖不敢不饱也"。

盖以　原上文而顺推其说之辞,如"盖以申明首章,道不可离之意也"。

盖曰　同上。如"盖曰天之所以为天也""盖谓以谓义"。俱同上。

以为　自揣如是之辞,如"以为贤乎"。

诚以　确然推断之辞,诚者,无伪也、实也、信也。

所以　顺上文而推原之辞,如"所以行之者三""所以别野人也"。

所谓　顺解上文所言之辞,如"所谓西伯善养老者"。

所为　原其事而进断之辞。

将以　实明其事之将然之辞,如"将以衅钟""将以复"。

将为　虚论其事之将然之辞,如"将为君子焉"。

将谓　虚拟其说之辞。

由是　跟上文而引申之辞,如"由是以乐尧、舜之道焉""由是观之"。"由此""由兹""由斯""自是""自兹""从此""从兹",义俱同上。

迨至　由此及彼之辞。

至于　跟上文而推引之辞,如"至于用力之久""至于治国家"。

及其　推引而有所指之辞,如"及其知之一也""及其使人也器之"。

甚至　极言所至之辞。

如此　直指上文,将有后说之辞,如"如此然后可以为民父母""如此则无敌于天下"。"如是"之义,同此。

若此　直指上文将为问难之辞,如"若此者、何如也"。

若是　义同上。如"若是则弟子之惑滋甚"。"若然",义同上。

  于此 犹言即此、在此也,但较"即"字、"在"字略虚婉,如"于此有人焉"。

  于斯 义同上。如"于斯为盛""于斯三者何先"。

  于是 有渐之辞,如"于是始兴发补不足""于是杀羿"。"是"字在他处与"此"字、"斯"字略同,于此处却有别,不可不辨。

  何则 顿住上文,假作一问,将欲答之之辞。

  何也 顺上文作问之辞,如"君子之难仕何也""一者何也"。

  何者 顺上文而假问之之辞。

  何哉 就上文而反问之之辞,如"何哉,君所谓逾者"。

  何以 实指上文而问之之辞,如"何以报德""何以待之",又反折之辞、如"何以伐为""何以为孔子"。

  何为 虚指上文而问之之辞,如"何为其然也""何为不祀"。

  何谓 举上文所言而问之之辞,如"何谓五美""何谓知言""何谓尚志"。

  何如 审量上文所言而问之之辞,如"何如斯可为服矣""何如斯可以嚣嚣矣"。

  似乎 想象之辞,一似单拈,一说摩拟之辞。

  恍若 仿佛形容之辞。"恍"与"怳"同。"怳",忽不明之貌。

  以上诸字是跟上文而顺用之,宜押"也""矣""焉""耳"等字。其余"乎""哉""耶""欤"等字,须斟酌文势用之,不可轻押。

  岂 反诘之辞,如"岂无仁义之心哉"。又反跌之辞,如"岂爱身不若桐梓哉"。又断断不然之辞,如"岂予所欲哉"。

  岂以 反决其不然之辞,如"岂以仁义为不美也"。

  岂谓 反折上文所言之辞,如"岂谓是与"。又反跌上文所言之辞,如"岂谓一钩金与一羽之谓哉"。

  岂其 反折而有所指之辞,如"岂其然乎"。

岂非　反决其是之辞也,又岂可禁止之辞。

岂得　反言不得也,如"岂得不见""岂得暴彼民哉"。

岂若　反言不若也,如"岂若匹夫、匹妇之为谅也"。

岂有　反言不有也,如"岂有他哉"。

岂能　反言不能也,如"岂能独乐哉"。

岂必　反言不必如此也。

岂惟　反言其不仅如是之辞,如"岂惟民哉"。

岂徒　义同上,如"岂徒顺之"。

岂不　折辨之辞,如"岂不绰绰然有余裕哉"。

讵　义与"岂"字同,俱较"岂"字略婉,又未知之辞。

讵不、讵可、讵必　义近前"岂不""岂可""岂必"。

宁　义在"安"字、"岂"字之间,而其文甚婉,又愿辞也。如"宁俭""宁固",又"安宁""归宁"。

宁必　较"岂必"略婉,有商量之意。

宁非、宁得、宁有、宁不、宁谓　义近"岂非""岂得""岂有""岂不""岂谓"。

安　何也,又除也、止也、平定也、心无愧也。又与"焉"同。

安得　有所望而未遂之辞,又折抑人之辞。

安足　反言不足,如"此也何足",义同上,如"何足以臧"。

何　问之之辞,如"何器也""何取于水也"。又曷也、奚也、孰也,又孰何问之也。与"谁何"义同,又未多时曰"无何"。

何其　反诘而有所指之辞,如"何其声之似我君也""何其多能也"。

何必　反折之辞,如"何必改作""何必公山氏之之也"。

何不　反问之辞,如"何不使彼为可几及"。

何敢　反言不敢也,如"何敢与君友也"。

何意　言未尝意料至此也。

何能　反言不能也。

奚　何也。较"何"字更婉。

奚必、奚其、奚能　义近"何必""何其""何能"。

奚可　义近"岂可",如"奚可以与我友""奚可哉"。

奚有　折抑人之辞,如"奚有于是"。

焉　义在"何"字、"岂"字之间,有疑而未定之辞。

焉得　折抑人之辞,如"焉得俭焉,得人人而济之"。

焉能　义近"何能",如"焉能系而不食""焉能使予不遇哉"。

焉有　义近"岂有",如"焉有君子而可以货取乎"。

焉可　义近"岂可",如"焉可诬也"。焉敢、焉足,义近"何敢""何足"。

恶得　"恶"音"乌",反折之辞,如"恶得有其一""恶得贤"。"乌得",义同。

孰得　孰,谁也,犹言谁得如此也。"谁得",义同上。

孰能　犹言谁人能之也,如"孰能为之大""孰能御之"。

孰谓　犹言谁说也,如"孰谓郰人之子知礼乎""孰谓微生高直"。

孰意　犹言谁人意料到此也。"谁意",义同上。

孰不　人有同然之辞,犹言谁不云云也。

谁能　义同"孰能",如"谁能出不由户""谁能执热"。

得不　犹言岂得不、安得不,此省上一字,句法"得无"同上。

无乃　疑而审量之辞,如"无乃为佞乎""无乃尔是过与,毋无通"。

非　不是也,如"非吾徒也""非由之所知也"。

不亦　跟上文而指点其事之辞,如"不亦宜乎""不亦善乎"。

不几　反言其即至于此也,如"不几乎一言而兴邦乎"。"不"字,又与"无""毋""勿""莫""未""没""微""靡"等字义通。

以上诸字是跟上文而逆用之,下与"乎""哉""耶""欤"等字相为照应,至"也""矣""焉""耳"等字是顺落文法,断不可轻押。

转语第三

凡文字从无直行者,要在于转传相生,而后能成一篇之局,其间或反转,或正转,或深一步转,皆须用一二虚字领之。

然　反前文而另发之辞,或前反后正,或前正后反,凡文之大转处皆用之,如"然终于此而已矣"。又"否"之反也,又"果"也,又如"是""若此"之辞。

然则　然如此也,犹言如此则云云也。承上意而急转之辞,凡决断上文及反难上文处皆用之。决断上文,如"然则王之所大欲可知矣""然则子非食志也";反难上文,如"然则废衅钟与""然则舜怨乎""然则彼皆非与"。

然后　承上接下之辞,如"然后为学""然后快于心与""然后大行"。

或　设问之辞,凡疑义未决则为无定之辞以商之;又不定之辞,如"或去""或不去"。

或谓　不知谁何之辞,言或有一人说也,如"或谓寡人勿取"。

或曰　义同上,如"或曰管仲俭乎""或曰放焉"。

或者　虚虚拟度之辞,如"或者不可乎"。

或且　拟而甚言之辞。

倘　或也。倏忽不可期之辞,凡反语多用之。

设　假设言之辞,未然而为或然之,想者则用之。

但　前有一说,又别有一说者,用此转之,"但以",义同上。

特　但也、又独也。第,亦但也。"第以",义同上,俗作"弟",误。"弟"音"题",草名。

虽　不足上文,将有后说之辞,如"虽违众""虽与之俱学",又不定之辞。

虽曰　假设其言而断之之辞,如"虽曰未学""虽曰不要君"。

虽有　设言其有而论之之辞,如"虽有周亲""虽有智慧"。

虽然　顿住前文、另转下文之辞,言虽是如此,更有云云也。如"虽然未闻道也""虽然今日之事君事也"。

乃　继事之辞,前已谕明,将发后意则用之,如"乃所愿则学孔子也""乃若所忧则有之"。又因上起下语也。

及　就前说转入后说之辞,如"及寡人之身及陷乎罪"。又急言之之辞,如"及是时又至也"。又兼与之辞。

而　小转之辞,凡顺上文讲下者用之,又结语,又发端辞。

而况　借上文跌醒正意之辞,如"而况可名与""而况于亲炙之者乎"。

况　更进之辞,正已已足,而意外尚有可言则用之,如"况居天下之广居者乎""况无君子乎"。又譬"拟"也、"且"也。

况乎　紧跟上文、逼进一层之辞,有"已甚"之意,如"况乎以不贤人之招招贤人乎"。又"矧"字,义与"况乎"同。

如　设言其事而进断之辞,如"如不可求""如欲平治天下"。又似"也",如"如日月之代明""如追放豚"。

如以　拟而有所原之辞,如"如以辞而已矣"。

如其　拟而有所断之辞,如"如其自视欿然"。

如有　实拟其事之辞,如"如有复我者""如有不嗜杀人者"。

有如　虚拟其事之辞,如"有如时雨之化者"。

若　不定之辞,如"若如齐""若药不瞑眩"。又如"也",如"若时雨降"。

若夫　拟而有所指之辞,如"若夫成功则天也""若夫豪杰之士"。

抑　亦然之辞,凡深一层、开一步、反讲一说,皆用之。深一层,如"抑而强与";开一步,如"抑为之不厌";反讲一说,如"抑末也"。又按:"也""遏""抑"。

抑亦　虚转而有所审量之辞,如"抑亦可以为次矣""抑亦先觉者"。

抑何　转一层反诘之辞。

独　推开别说、单讲一说之辞,如"独孤臣孽子"。"独是",义同上。

惟　亦独也,如"惟我在""惟此时为然""惟孔距心"。又是为之辞,又切指之之辞,如"惟于理有未穷""惟不役志于享"。

维　义同上,如"维石岩岩""维天之命"。又终也、系也、方隅也。

唯　义同上,如"唯天为大""唯谨尔"。又唯诺应允之辞。

彼　借别说以伸此说之辞,彼夫别有所指之辞。

夫　深一步语亦用之,与起语"夫"字不同,如"夫志至焉""夫环而攻之"。

夫谓　转论上文所言之辞,如"夫谓非其有而取之者,盗也"。

夫何　指其事而设问之辞,如"夫何远之有""夫何使我至于此极也"。

夫岂　指所说而反跌之也,如"夫岂不义,而曾子言之"。

夫然后　指上文而言其效之辞,如"夫然后行"。

且　深一步语,盖前有一说,此后又有一说也,如"且王者之不作"。

且以　义同上,但"且"字是虚论其理,"且以"是实指其事,微有不同,如"且以文王之德"。

且谓　就彼说而宽一步以诘之之辞,如"且谓长者义乎"。

今也　因往事以及近事之辞,如"今也纯""今也制民之产""今也不然"。

今既　就近事而言其已然之辞,如"今既数月矣"。

今将　就近事而言其将然之辞,如"今将行王政"。

今而后　就近事而有所悟之辞,如"今而后知君之犬马畜伋"。

必也　决言其当然之辞,如"必也使无讼乎""必也亲丧乎"。

必以　决言其实然之辞,如"必以告新令尹""必以规矩"。

必有　决言其有之辞,如"必有我师焉""必有近忧"。

不有　反言其有之辞,如"不有祝鮀之佞""不有博弈者乎"。

不然　反掉前文,将为论断之辞,犹言"若不如此则有云云也"。此乃起句所用,文虚而意婉,与他处直断者不同。

不知　前说未当转作之谕之辞,犹云"只知其一,未知其二也"。又疑问之辞,又实指之辞,如"不知所以裁之""不知其人可乎"。

不识　疑问之辞,如"不识有诸""不识可常继乎"。又实指之辞,如"不识王之不可以为汤、武"。

不如　实指之之辞,如"不如丘之好学也""不如乘势"。又进一步之辞,如"不如乡人之善者好之""不如善教之得民也"。

不得　亦实指之之辞,如"不得尽其辞""不得与之言"。

不能　义同上,如"不能专对""不能正其身"。

不敢　义同上,如"不敢不勉""不敢不告也"。

不曰　设言之辞,犹云"人若不说也",如"不曰如之何"。又援引他说之辞,犹云"岂不尝说也",如"不曰坚乎"。

不以　反言其事而断之之辞,如"不以礼节之""不以其道得之"。又实指之之辞,如"不以兵车""不以君命将之"。

不为　反决其事之辞,如"不为不多矣""不为小矣"。

不足　直断上文之辞,如"不足以当大事""不足以有为也"。

未足　较"不足"文轻而婉,盖"未"字与"不"字不同,"不"字是紧煞之辞,"未"字在然与不然之间也。

未闻　决言其无也,如"未闻以千里畏人者也""未闻以割烹也"。

未见　义同上,但"未闻"是论已往事,"未见"是论未来事,微有分别耳。如"未见其止也""未见蹈仁而死者也"。

未有　决言其无也,如"未有小人而仁者也""未有能生者"。

未尝　义同上,如"未尝饱也""未尝与之言行事也"。

未知　犹不知也,如"未知生""未知其孰贤"。

未能　犹不能也,如"未能事人""未能或之先也"。

未可　犹不可也,如"未可与立""未可以言与"。

未若　犹不若也,较"不若"义略婉,有商量之意,如"未若贫而乐"。

亦可　设言其可之辞,如"亦可宗也""亦可以为成人矣"。

亦不可　设言其不可之辞,如"亦不可行也""亦不可得矣"。

亦以　设言其效之辞,如"亦以新子之国"。

更有　进一步转之辞,又"再也""复也""尤有""犹有",义俱同上。

无如　犹言无奈也。

否则　否,不然也。犹言"不如此,则云云也"。

意者　拟度之辞。意者,心所向也。

奈　无可如何之辞。

又何　进一步设诘之辞①。

则何以　怪而问难之辞,如"则何以哉"。

非然者　前说已是,特作一反,以伸前说之辞,犹言"若不如此"。

不宁惟是　跟上文而引伸之辞,犹言"不独如此"。"不但此

---

① "诘",底本作"喆",据上下文意改。

也""诚如是也",义俱同上。

以上皆文中转折处必用之字,若能明其意义,则临文时可以纵笔所之,百转不穷矣,安得复有艰涩之患乎。

衬语第四

衬语者,谓文字每句中,必用虚字衬贴以成文。凡所宜用之字,皆谓之衬语,或用于句首,或用于句中,或用于句末,虽有不同,其为衬语则一也。

之　此字取用甚多,其义不一,学者不可不辨。或作"的"字解,如"大学之道""天命之谓""性禹之声"。或作"于"字解,如"之其所亲爱往送之门"。或作"往"字解,如"子之武城""自楚之滕牛何之""有司未知所之"。或指人而言,如"富之教之"指卫民、"知而使之"指管叔、"门人欲厚葬之"指颜子、"不授者杀之"指亳众。或指理而言,如"智者过之""博学之""知之者为之""难予一以贯之"。或指事而言,如"左丘明耻之"指巧言令色足□、"禆谌草创之"指为命、"为之犹贤乎已"指博弈、"四方来观之"指葬事。或指物而言,如"王曰舍之"指半、"匠人斫而小之"指大木、"杀而夺之"指酒食、"又从而招之"指放豚、"馆人求之弗得"。

以　有所依据之辞,如"一则以喜"谓以父母之年喜也、"子服景伯以告子贡"谓以公伯寮之言告也。又,"能左右之曰以"。又因也。又作"用"字解,如"为政以德""以不教民战""虽不吾以"。又作"为"字解,如"视其所以"。又与"已"同,如"无以则主乎,不以急乎,不以泰乎"。

以为　就上事而言,其用力之辞,如"素以为绚兮""仁以为己任""以为衣服",与接语"以为"不同。又有与接语辞之"以为"同者,如"以为贤乎""民以为大也"。

以其　承上文而切言下事之辞,如"以其子妻之管仲""以其君霸"。

以及　因此及彼之辞,如"以及其亲"。

是以　与接语辞"是以"之义同,如"君是以不果来也"。

所以　与接语辞"所以"之义同,如"天之所以为天也""三代之所以直道而行也"。

将以　与接语辞"将以"之义同,如"天将以夫子为木铎""予将以斯道觉斯民也"。

何以　与接语辞"何以"之义同,如"吾何以识其不才而舍之""子何以其志为哉"。

可以　明其当然之辞,如"吾今则可以见矣""人皆可以为尧舜"。

必以　明其决然之辞,如"吾必以仲子为巨擘焉"。

足以　明其能然之辞,如"亦足以发""吾力足以举百钧"。

不以　明其非然之辞,如"君子不以言举人""域民不以封疆之界"。

皆以　明其同然之辞,如"一是皆以修身为本""百姓皆以王为爱也"。

於　自此及彼之辞,凡一句中承接处多用之,如"各於其党""吾之於人也""固而近於费""放於琅琊"。又有用之於句首者,如"於我如浮云""於人何所不容""於心终不忘"。

于　义与"於"通,如"定于一""于汤有光""惟不役志于享"。"五经"俱用"于"字。

所　事物有因之辞,原上意而言则用之,如"所损益可知也""所欲与之聚之""所性不存焉"。有用之于句中者,如"昔者所进""敢问所安""脍炙所同也"。又指物之辞,又方所也,如"居其所""雅颂各得其所"。

其　有所指之辞,凡指人、指事、指理、指物,皆用之。指人,如"其行已也恭"指学、"其生也荣"指夫子、"其兄自外至"指陈仲子、"比其反也"指王之臣、"识其不可"指齐王。指事,如"食而不知其味"指饮食、"馁在其中矣"指耕、"如知其非义"指重敛厚征、"其有不合者"指四事。指理,如"其至矣乎"指中庸、"立则见其参于前也"指忠信笃敬、"及其至也"指道、"其生色也"指仁义礼智。指物,如"其何以行之哉"指车、"称其德也"指骥、"抑亦立而视其死与"指牛羊、"其涸也"指雨、"去其金"指矢、"其势则然也"指水、"人见其濯濯也"指牛山。

乎 本歇语辞,用之句中,则与"於"字同义而略带虚活,如"吾无隐乎尔""浴乎沂""不明乎善""立乎人之本朝"。

诸 亦歇语辞,可用于句中者,与"之"字同义,如"本诸身""取诸其宫中而用之""予私淑诸人也""有诸内"。又众也,如"举直错诸枉""王之诸臣"。

不 言绝不也,如"□□□□""犯而不校""不谋其政""孔子不见"。

未 有且然、未然之。与"不"字不同,如"未入于室也""未坠于地""未同而言""夫子未出于正也""吾未之闻也"。

非 与接语"非"字义同,如"何事非君""此非君子之道""殆非也"。

犹 与"如"字、"似"字义同,如"犹运之掌也""犹白之谓白与""犹水胜火"。又有作"还"字、"尚"字解者,如"犹有存焉""犹可以为善国""猎较犹可"。

由 从也、自也,如"由百世之后""由周而来""由邹之任"。又率循之谓,如"由仁义行""君子不由也"。又与"犹"同,如"由反手也""王由足用为善""由水之就下"。

尤 更也、甚也、又多也、又罪也,如"言寡尤""君无尤焉"。

甚 太过之辞,如"甚矣吾衰也""心为甚""未有甚于此时者也"。

亦 与"也"字义同,如"亦悖而入""亦足以发""亦飨舜""吾见亦罕矣"。又与"又"同,如"亦长吾之长""熊掌亦我所欲也"。又旁及之辞。

又　更也。推进一层之辞,如"而又害之""今又弃寡人而归""又从而为之辞""树之时又同"。

更　再也、复也。音去声,又音耕改也。

既　已然已生之辞,如"既庶矣""夫既或治之""经界既正""既入其苙"。

必　决然之辞,如"必闻其政""则吾必在汶上矣""必表而出之"。

莫　禁止之辞,义与"勿"通,又与"无"通,如"莫不尊亲""则民莫敢不敬""莫能相尚""莫之或欺""君仁莫不仁""宜莫如舜""莫甚于生"。又义与"不"通,如"天下莫能载焉""何为其莫知子也""而民莫之死也""莫如为仁""莫知其乡""谓夫莫之禁而弗为者也"。

殆　近也、几也,约略评论之辞,如"殆有甚焉""殆不可复""殆非也"。又危也,如"思而不学则殆""今之从政者,殆而又将也"。

姑　聊且如此之意,如"姑舍女所学而从我""子谓之姑徐徐云尔"。

殊　甚之之辞,又别也、异也,如"天之降才尔殊也""其性与人殊"。

凡　指大概而言,如"凡事豫则立""凡有血气者""凡有四端于我者"。

皆　同然之辞,如"皆不及门也""物皆然""皆失声"。

俱　亦皆也,如"俱不得其死然"。又偕也,"虽与之俱学"。

仍　因也,如"仍旧贯"。又"就也"、"重也"。

相　彼此交合之辞,如"道并行而不相悖""相与辅""相之出入""相友"。

即　就也,如"亦可以即戎矣"。又"今"也,如"即凡天下之物"。

又"只"也,如"即不忍其觳觫"。

方　将然之辞。又"才"也,如"血气方刚""天之方蹶"。又四方,如"方六七十方""千里者,九为方百里也"。

使　令也、役也,如"使民以时""民可使由之"。又音"试",如"遣人聘问曰使""蘧伯玉使人于孔子"。

假　真之反也,又借也,如"久假而不归"。又音"嘉",美也,如"假乐君子"。

径　小路也,如"行不由径""山径之蹊间又直也"。

迳　与"径"同,又"迳庭",又至也、过也、近也。

敬　恭也、肃也、谨也。"在貌为恭,在心为敬"。又主一无适之谓敬,如"敬事而信"。

路程便览卷之八

天下水陆路程 水程陆程总略并附土产

江南省城由漕河进京水路程

江宁府龙江关二十观音山、三十瓜埠巡司、矶山、龙潭驿、青山，共六十里至仪真县东关①。新城朴树湾、东西石人头、冻青铺、扬子桥，共七十至扬州府②广陵关。凡船、货投税。过关。换船。湾头、高庙、东西湾、邵伯驿巡司、三沟闸、腰铺、露筋庙、南北车路，共百一十里至高邮州盂城驿③。清水潭、张家沟、六安闸、界首驿、江桥、范水南闸、平沟、怀阙楼巡司，共百十里至宝应县安平驿。黄铺口、泾河、平河驿巡司、头铺、二铺、杨家庙，共八十至淮安府淮阴驿。板闸、清江浦、兴福闸有户工二部在此、新庄闸此有诸神庙，往来船至此祭之。出口南，有百余里风逆，不可渡，共七十里至清河县清口驿。西湖城、罗家营、三汊巡司、新河口、黄家嘴，共六十至桃源县桃源驿。浦家湾、崔镇、古城驿、白洋河、陆家村、小河口，共百二十里至宿迁县钟吾驿。有税关。落马湖、九龙庙、牛头湾、二郎庙、夹沟驿入闸之始，水大则开，水浅则闭，共二十二闸，上水、梁王城闸、台儿庄、侯仙闸、顿家庄闸、十家庙、驿闸、万年店闸、梁桥闸、新闸、韩庄闸有小港，与大湖相

---

① "真"，底本作"兴"，据《清史稿·地理志》、《路程图记》卷七之一改。
② "扬"，底本作"杨"，据《清史稿·地理志》、《路程图记》卷七之一改。
③ "盂"，底本作"孟"，据《清会典》卷六五五、卷六八八改。以下径改。

通,共三百里至夏镇闸有户部主事在此管闸。有一水通徐州、宿迁县,起至夏镇,沿途经邳州、徐州,乃古水路,不同并记之,以俟考正。自宿迁县落马湖、董家沟、毛儿庄、直河驿、沙坊、张陵铺、锄头湾,共百一十里至邳州下邳驿。君石、新安驿、拷拷湾、吕梁、嵬家店,共百四十里徐州彭城驿。秦梁洪、流城驿、玉皇庙、李家口,共百二十里至夏镇。又从直河驿,走沙访、邳州。若从驿右进口,走田家口、马庄集、徐塘桥、二郎庙、王城闸、台儿庄、邓家闸、韩庄闸,共二百五十里至夏镇。夏镇十里杨庄闸、大王庙、珠梅闸、徐家口、孟家口、邢家庄闸、利建闸,共百里至南阳公署闸此为山河坝口。有新河。杂鱼贱。枣林闸、鲁桥闸有分司、师家庄闸、新闸、新店闸、石佛闸、赵村闸,共七十里至济宁州南城驿。在城闸,此闸开一日,闭一日,因三合水要害。出胭脂、油,可买。天井闸、安居店出棉花、河头湾闸、长沟有会鄢绫、寺前闸、柳林闸,共八十里至南旺土闸有分水龙王庙。自此南北两分,顺至临清。北闸、开河驿、袁家口闸、靳家闸、安山驿闸、梁山泊、戴家庙有兵营,共百三十至张秋镇荆门驿。东鲁名镇。有工部郎中在此管河。出毡货。阿城闸出阿胶、聊东闸、七级二闸、周家口闸、李海务闸,共九十里至东昌府崇武驿。永通闸、梁家闸、上桥闸、魏家湾巡司、清阳驿闸、戴家湾闸,共百十里至临清州清源驿。客货俱赴户部缠税,货物皆聚镇市发卖,粮船经过工部领帖,一票赴张家湾文纳。船过新闸,出卫河。观音嘴此处可买竹物、上下闸、油坊有巡司。出梨、渡口驿,共百三十里至武城县夹马营驿。郑家口、坊前,共百四十至故城县。故城驿在左,景州驿在右。四柳树、龙王庙,共六十里至德州德安驿。老君堂、良店驿、安陵巡司、连窝驿此处人,烟大贵,共百八十至东光县。德州岸路东行,至东光县只一百里。油坊、下口、泊头驿管粮运判在此、砖河驿,共百三十里至沧州长芦盐运司。东光县岸路,至沧州百一十里。四十里至兴济县乾宁驿。有一河,通定县诸处。周官儿屯,共四十里至青县[1]。二汉

---

[1] "青",底本作"清",据《清会典》卷六八八、《清史稿·地理志》改。

河通真定、保定滹沱河①,此处河冻时,可起岸走路,只要三日可至京。**流河驿**此处盐贱,南来可买。牙硝亦贱,可买。**官儿屯、谭官屯**沧州旱路,至谭官屯一百廿里、**双塘**,共百里至**静海县**奉新驿。**大黄庄、新口、杨青驿、曹家庄**,共八十里至**天津卫**。谭官屯旱路,至此一百三十里。有文、武、盐、漕诸官。此处多绢、绸、海货,俱贱,可买入京。**丁字沽**三汊河通涿州、**车营**若汊河在此起岸,雇车雇驴。如无行李货物,可短雇。由河西路,二日半可至京、**桃花口、蒲儿湾、杨村驿**巡司、**柴厂**巡司、**砖厂**,共百四十里**河西务**河西驿。有户部主事。上京货物,在此起红单。**王家摆渡口、红庙、扳罾口、和合驿**河西务旱路,至此六十里。水路九十里、**漷县、虚头、火烧屯、沙孤堆、张家湾**和合驿旱路至此三十里、水路七十里。此处船多,当起车旱行。或大小车辆任载,大车装三千斤,小车一千斤。大车恐小巷挤不进,小车为便,一日可至京,十五里至**通州**潞河驿。各省粮船至此换小船,运至大通桥起车,二十里天王庙,十里食米店,十里大通桥。进京行李,只可随身,不宜多带。从东便门进。有税。十里**京城崇文门**。南之东曰崇文门,北之东曰东便门。京都九门,多数甚多②,凡货物行李俱要税。天津旱路至京都二百三十里。

福建省城进京由浙江杭州府水陆路程

福建省**三山驿**七十至**竹崎所**:凤山桥共廿里至**洪塘**。此旱路,昔年在此写船至浦城。今沙壅,要从东水路,值湖满,方得出桥。凡雇船出南门,十里至南台上船,水路湾至凤山桥,不须到此。凡船至浦城,三次神福:开头、延平、吉水。**芋原驿**共廿里至**怀安旧县**,**甘蔗洲**共卅里至**竹崎所**有巡司。在此验船,货物要报税。竹崎所八十里至**小箬公馆**:叶洋、白沙驿、元峰阁、大麦溪、汤院、梅埔闸、清渡口、瓜园塘、小箬公馆。小箬公馆八十里至**黄田驿**:大箬、安陵溪口、谢湾、牛头塘、大盈濑、小盈濑、水口驿有运司在此搜盐、盘诘。上水从此雇夫,起旱。至浦城,路远山高。上水路,多滩。湾口、鹅洋、谷口、黄田驿水路四十里,旱路五十里,由秀岭铺、豫阳公馆。黄田驿七十里至**茶阳驿**:双坑、

---

① "真定、保定滹沱河",底本作"真、保定滹花河",据《纪要》卷一〇改正。
② "多数甚多",底本原文如此,疑有脱误。

沧里洋、张湖坂、允溪口、九里潭内有析纸等滩，出磨金石、白沙铺上有箭孔礁，水急，有小石柱，扯官船、岳溪桥、茶阳驿。以上各处滩多、水大、急。旱路亦七十里，由沧峡、武步、清风岭、龙源。茶阳驿六十里至延平府剑浦驿：葫芦山、金沙铺有滩、吉溪铺出淡豉、安济铺、七里亭、倪坑铺内大小湘滩及犯客滩、十里庵八仙椁滩、延平府东一水往建宁浦城，西一水往顺昌邵武，分一水往沙县、漳州。延平府八十里至南雅口：黯淡滩此滩下水，极险。上下又有小滩、湖尾、鳌头桥守桥人要米，船家与之。有二滩、金沟滩、高桐铺有滩、大横驿、房村口、大蒙洲有滩、吕口、小瓦可泊舟、八仙铺、南雅口。南雅口五十里至建宁府城西驿：太平驿滩多、谢坑五马滩、报恩铺滩急有石、刻坑、临江门东西二水。出香腐乳、香袋、安息香、白纸扇。建宁府四十里至叶坊驿：万石滩滩多、便梁、桃李村有滩、叶坊驿滩多。叶坊八十里至水吉驿：双溪口滩多。东一水往浦城，西一水往崇安、清州有水碓。可住舟、水米滩滩多、九昌滩滩多、小湖滩滩多、七里滩、桑村有滩、水吉有店可住，有夫可雇。起旱往浦城，在此开头。水吉七十里至南岸：宝历铺、西瓯铺、梁墩可泊舟、许洲铺、大罗出斜文布、平洲、荷岭铺有滩、塔岭铺有滩、南岸人家少。南岸六十里至观前：莲花石可住舟。有滩、新仓前大小秤滩、樵溪、水北渡有塘兵、张头有滩、老鼠滩四围皆石森列、观前对岸，名小武当。观前四十里至浦城县：太平桥、大石溪有滩、洪渡口水碓滩、将军滩、浦城县西关下。内有滩。自福州府至浦城[①]，水路计七百八十里。在此雇夫，起旱，过山。行家店家俱有行李货物秤重，每百斤价四五钱，至清湖交卸。上水船，每日只行四五十里。下水，只四五日可到福州府。浦城县四十里至渔梁：五里亭、十三里店、十八里塘、二十里亭、楫仙桥有驿。有住店。周家塘卖点心，精、洁。又四里卷出梨、新岭头、画墙头、渔梁有守备官。渔梁六十里至下念八都：渔梁、岑亭、杉坊店、吴墩有千总官、九牧有店可住。有令公庙、五显岭有神庙、黎

---
① "府"，底本作"省"，据《纪要》卷九六、《清史稿·地理志》改。以下径改。

山店有塘兵，二日至清湖、**柳家墩**、**枫岭营**有把总官、**大竿头亭**闽浙分疆、**溪口**、**三里亭**、**下念八都**人烟大。下念八都五十里至峡口：**小竿头**有把总官、**龙溪**、**茶岭亭**有庙、**龙井**有店、**仙霞岭**上有关，设把总防守、**保安桥**有店可住、**硾岭亭**、**三卿口**、**峡口**千总防守。峡口五十里至清湖镇：**苏岭**、**枫树冈**、**江郎街**有店、**长山头**有三片石高插、**界牌**有点心卖、**石门街**有店、**昭明桥**、**花园冈**、**观音堂**卖□员汤、**清湖镇**把总防守。自浦城至清湖计二百零五里，在此写船。至杭州江口六天，俱是下水。行家：周、金、毛三家。如遇水浅，则雇小船，剥至衢州府换船。清湖、江口二处写船时，须议请神福三次：衢州、兰溪、富阳。每次六分或八分。北来，上水，水浅，多要一二日到清湖。清湖一百十里至衢州府：**狮石山**有滩、**江山县**有滩、**乌墨滩**、**双塔山**、**西湖口**、**大溪滩**有塘兵。可住舟、**渡船头**、**塔溪**、**鸡头山**、**唐村**、**三圣庙**、**百灵街**可住舟、**湖头塘**、**相公坟**、**坑西**、**隅云尖**有店。大船水浅泊此开驳，小船上清湖、**双溪口**有一水上常山县，过山，下水，由广信山河口，走崇安、**衢州府**旱路至此，只八十里。衢州府九十里至**龙游停步驿**：**苏木滩**、**池洋滩**、**鸡鸣山**有滩、**樟树潭**有县丞、**平湖滩**、**章台港**有塘①、**阳村**、**安仁铺**有滩、**汪家村**、**北方**、**罗汉松**有塘，可住舟、**史家埠**、**金扁挑**、**停步驿**县南驿。有四里上水②。走衢州府，旱路只六十。龙游八十五至兰溪县：**张家埠**、**七都**、**湖镇**有巡司。防小人，**猫子潭**、**裘家堰**、**罗埠**、**伍家字**、**上横山**、**鹭鹚滩**、**马鞍池**、**兰溪县**上边一水，至金华府。水退及枣可买③。兰溪县九十里至严州府富春驿：**许埠**、**李埠**巡司、**香头**、**金家**、**梁白**、**岸捕**、**三河铺**、**麻车埠**可住舟、**大洋**、**小洋**、**相溪埠**、**富春驿**船泊东湾。离府五里。城前一上水，过淳安、徽州。严州府一百里至桐庐桐江驿：**乌石滩**七里垄一带，渔船多，要防小人、**胥口**、**长旗**、**扁百**、**冷水铺**、**钓台**、**鸬鹚**、**原清紫港**、**黄程铺**、**桐江驿**巡司。要查上水盐

---

① "塘"，底本作"唐"，据上下文意改。
② "有四里上水"，底本脱"水"字，据上下文意补。
③ "水退及枣可买"，底本原文如此，疑有脱误。

船,宜防。桐庐县一百里至富阳会江驿:柴埠可泊舟、新城县、港口可泊舟、横山、包家集、新店、陈横、长山垄、汤家埠、落山铺、会江驿。富阳县一百里至杭州江口驿:大岭头、梭山、平安桥、渡船铺、虎爪山、烂泥叉、闻家堰、潭头、清风亭、进龙铺、江口驿即钱塘江、虎爪山。对河、义桥、闻家堰二处搬坝。驳船去绍兴府。自清湖至江口,水路计六百七十五里。闸口行家:徐、杨、马俱好。须先寻主人来,方可搬起行李。如住久,每日三餐,每人五分。江口三十里至北新关:凤山门、武林门、北新关有户部主事在此抽分,凡货物须报税,天下惟此关查最严。江口登岸,住闸口,行家先遣人同主人到北新关报税,每多于孙三官家议妥,次日即雇人轿或驴,直到北新关上船。如入城,每多住传家,雇人轿至黑桥头,换船,出北新关。或轿直上船,或江口从西湖搭船,或闸口搭船穿城,俱可行。北新关报税货物颁定则例,或凭主人开报,或自到关上报税,然后挑起货物,验看亦可。其税银足纹加二戥,另给单杂费。凡此关写船,俱于江口或城内,主人代为议定。船名"螺蛳头",又一等游山船,又一等划子船,各有大小,价银二三两上下。又一等押水船,亦有大小,极捷,五六日可至扬州。大抵小船为便,大船恐奔牛、吕城河挤难行,须议定到彼处银若干。如不到彼处,减银若干,不宜听他口说。其议减者留下,至瓜州与之。又丹阳有时河挤难行,须另雇小船,或起夫去镇江,此亦当议。凡紧要处,俱当议。春冬回粮船,不得到瓜州者,十有八九。登船,每人柴火银一分,另讨茶酒钱。在外,凡过扬子大江,惟搭渡船最稳。若划子、押水等船,须自雇一二小船牵帮渡过,小船每只四五分。过江,宜清晨无风方可。

浙江省城北新关进京水陆路程

杭州府五十里至塘西镇:谢村、大坟头、横里先五里,西北一港往湖州府、塘西即临平镇。防小人。此地出湖丝。另一水由监溪、分市,亦出湖丝。乌镇乃浙江、江南交界。湖州同知驻此。往钱马头、乌龙坝、大船坊、平望等处。塘西九十里至石门镇：七星桥、落瓜桥、五土桥、北陆桥可住舟、戴帽桥、宋老桥、石门县、皂林驿、高阳桥、石门镇大。出丝绵。石门镇百三十五里至平望驿：皂林巡司、永新铺、赵墙铺、斗门、分香铺、嘉兴府西水驿、杉青闸巡司、金桥铺、王江泾①、璨镜铺、积庆桥、平望此处苏、杭交界。为非者多，防之。平望八十里至苏州府姑苏驿：上墩铺、八尺湖小人多，宜防之、包龙桥、吴江县松陵驿、脚步桥、尹山桥、大河、宝带桥太湖外通松江、觅渡桥、姑苏驿胥门入。城内可买金、白扇、书籍、绸缎杂货各物。自杭州府至苏州府，水路计三百五十五里。苏州府八十五至无锡县锡山驿：松树桥有巡司。船甚多，难行、财渎铺、浒墅关有主事在此抽分。如船小无货，不必近关，可穿桥小闸过。验关人，给他三分或五分、张家铺、德胜桥、望亭巡司、新安镇、锡山驿出惠泉酒。无锡县一百里至常州府昆陵驿：高桥铺有巡司。通孟津、藩封铺、洛社铺防小人、五牧铺、苏林铺、横林铺、漆氏堰、丁家堰、曰家桥、昆陵驿。常州府一百里至丹阳县云阳驿：连江桥通瓜州、奔牛镇巡司。有闸坝。无水。往县、张店、吕城有巡司。冬天打坝，须早，至此，迟□则车坝、锡口、陵墓口、青阳铺、云阳驿出侵香油草，极贱。此有一水往金县、句容等处。丹阳一百里至镇江府丹徒京口驿：张官渡、黄泥坝、大新丰、独山、小新丰、丹徒巡司冬天水浅，要换小船去。不可由外河、松树湾、南门闸、京口驿此处船多。冬天，打册船不能至瓜州，要雇夫挑至江边过渡，或雇定小船，然后搬行李，俱要小心。如遇暗时，切莫搬行李上岸，其江中晚风亦急，切勿过渡，须待清晨，方可过江。镇江府二十里至瓜州：扬子江边江中恐有逆风，切不可渡。划子等船须另雇小船，牵帮为妙。过江，瓜州城有巡司。乃大马头，无州官，有管下同知。天下水味，此为第一。上岸，从城内行。如坐船，则入闸。自杭州至此，水路七站，皆平坦。上水，则往江南省。瓜州四十里至扬州府广陵驿：八里铺、三叉河有夜行船、扬州府钞关。自苏州府至此，计四百四十五里。此处起早，雇驴骡或驼轿入京，计

---

① "江"，底本作"汪"，据《纪要》卷九一改。

日可到。其骡行在南关外，离钞关尚有五里。行家在河南北岸，共有数十家，如遇水滩河，则挑行李过。钞关外雇小船，三日至王家营，写骡驴轿，其价比扬州贱多，且省旱路四日劳苦。饭费切记之。但扬州马头大，牲口多，不如此处写去更妥。扬州府五十里至邵伯驿：黄金坝、湾头、高庙、淮子河、凤凰桥、邵伯巡司。邵伯百廿里至界首驿：三沟闸有饭店、腰铺、邵伯湖、露筋庙、高邮州盂城驿。有官河工部郎中、清水沟、张家沟巡司、六安沟闸、界首。界首一百里至平河桥江桥、范水、瓦铺店、魏关楼、北日铺、宝应县安平驿、黄铺、平河桥有巡司。平河桥至淮安府，旱路三十，水路四十。平河桥七十五至王家营：廿里铺、十里铺、淮安府淮阴驿、西湖嘴出毡袜、版闸、移风下闸、清江浦有闸。此处马头甚大。淮安府旱路至此三十里。钞关，船来在此上岸，过河。北来，在此雇船至扬州。过河，王家营。扬州至此三百四十五里。此处马头颇大。可写骡、驴、轿。入京如扬州例，且价多贱。行家亦多、好。王家营七十五至重兴集：郎市、鱼沟大店可住、来安集、重兴集大店可住。自过黄河。以上俱平原旷野。重兴集一百里至宿迁县：钟吾驿、崔镇、新安集、宿迁县。新安集至此，路旁无店屋，只是小草舍店，惟卖点心而已。此右路色雨次，走白洴多雨次①。宿迁县百廿里至红花埠：小店、章山铺、小湖洞嵧可打伙、殷家林、龙集沟无好店、汤店、马儿庄、刘马庄人家大、红花埠江南、山东交界。红花埠百廿里至李家庄：重兴集、曹村店、郯城县、十里铺、大埠、马站、硕桥、沙墩、朱县店可打伙、李家庄。李家庄九十里至伴城：一车輞店、沂州、鹅庄、枣沟、伴城南来，自此起山路。伴城九十里至垛庄：六峪、徐公店、青驼寺可住。出茧绸、上店、双堠庄、垛庄出茧绸。垛庄百里至鳌阳：界牌人家大，可住、蒋沟桥、桃墟集小店、青沙铺、保德店人家大、蒙阴县出茧绸、蒙山茶、东住佛、西住佛、常路、鳌阳出茧绸。鳌阳八十里至杨柳店：新泰县、翟家庄可打饘、浮丘、杨柳店。杨柳店一百里至

---

① "此右路色雨次，走白洴多雨次"，底本原文如此，疑有脱误。

泰安州：关桥有店、官庄、花马湾、时家庄、半边店可打尖、崔家庄出茧绸、逯家庄、李家店、泰安州南关店更好住。泰安州一百里至张夏：火炉店可打餷、新庄、界首、垫台人家大、长城、万德店人家大、靳庄、十家铺、张夏可住。出毡货。张夏一百里至晏城：固山、山店、炒米店中伙、潘村北来，自此上山。至伴城，山路方尽、杜家庙有店、齐河县晏城。晏城百廿里至平原县：黄家铺小店、常家庄可打伙、禹城县、十里房可打餷、刘北站、黎吉寨店大、廿里铺可打伙、平原县。平原县百五十至南留智庙：曲路、留高铺、黄河涯有店、谭家铺、德州此处齐、燕分界，乃各省合路之处、南留智庙人家大。南留智八十至阜城县：北留智、景州、香河屯、漫河有店。可住、阜城县。阜城县百十里至商家林：刘林店小店、新店、富生驿人家大。可伙、马家铺有小材□、单家桥巡司、献县乐城驿、臧家桥、商家林出天鹅毛、草帽。商家林一百里至任丘县：进头店出天鹅毛、河间府盈海邮、廿里铺可中伙、卅里铺、新中驿人家大、石门关、张屯、任丘县郑城驿。任丘县百十里至白沟河：黄家铺、香城铺有店儿可住、曹州人家大、枣林庄、赵北口可中伙、雄县妇义驿、王家桥、白沟河人家大。白沟河百廿里至琉璃河：高桥、新城县穿城行、方官、三家店、南皋店、涿州河南湖广分路。好住。店在北关、先锋坡有店、琉璃河此处主人多诈，先要讲定明白，方可入店吃饭。琉璃河一百里至彰义门：豆腐店主人如琉璃河、大十三里、良乡县南关主人比东关主人更好、长杨店、长新店、芦沟桥、大井、小井、彰义门即广宁门。自扬州至京师，旱路计二千二百七十五里。王家营至京一千九百三十里。

山东省城进京至禹城县合路程

济南府出城十里，黄冈有住店、邱家岸可住、马寨可住、黄家铺浙江、扬州在此合。大路。常家庄、禹城县合路，以上共一百里。自此至京八百里，详在浙江路程中。

山西省城进京至北直真定府合路程

太原府五十里至鸣谦驿，五十里至土桥，五十里至大安驿，九十里至寿阳县，六十里至平定州，六十里至芹泉驿，七十里至相井驿，四十里至固关巡司，五十里至井陉县，九十里至威州，五十里至真定府。太原府至此计六百六十里。真定府二百八十五里至保定府，又三百三十里至京，详在湖广、汉口路程中。

陕西省城进京至河南卫辉府合路程

西安府京兆驿三十里至霸桥，三十里至接口，廿五里至新丰，廿五里至临口，三十五至渭南县。西关北去，过黄河，三十里至赤水，二十里至华州，二十里至柳子，二十里至桴水，三十里至华阴县，五里至西岳庙，二十里至杨桥铺，十里至潼关。昔年客货纳过税，一路往北，渡黄河，六十里至蒲州，廿里至旧阌乡，二十里至盘豆，二十里至阌乡县，二十里至云底头，二十里至稠桑，二十里至灵宝县，二十里至曲沃，三十里至陕州，二十里至磁钟铺，三十里至张茅所，二十里至硖石驿，二十里至甘豪，四十里至渑池县，四十里至义昌驿，二十里至铁门，二十里至岩山铺出绵带，十里至新安县，四十里至孝水铺，先数里，过围谷关，十里至微水出手巾，廿里至河南府周南驿，二十里下山脚，二十里至北邙山，二十里至孟津县，二十里至紫金山，先渡黄河，十里至孟县，五十里至怀庆府，四十里至清化镇，四十里至武陟县，六十里至修武县，五十里至获嘉县，五十里至新乡县，五十里至卫辉府。此处至京一千三百二十里，详在湖广路程中。

四川省城进京至陕西西安府合路程

成都府锦官驿四十里至新都县，六十里至汉州，六十里至古庙驿，六十里至中江县，五十里至建宁驿，六十里至潼川州，六十里至秋林驿，六十里至云溪驿，六十里至富村驿，六十里至柳边驿，六十里至隆山驿，六十里至保宁府锦屏驿，七十五里至槐树驿，五十里至施店驿，四十里至柏林驿，六十里至元山驿，六十里至龙潭驿，六十里至叙州，六十里至沙河驿，三十里至朝天岭，四十里至神宣驿，五十里至宁羌州，七十里至金牛驿，六十里至青阳驿，六十里至沔县，四十里至黄沙驿，二十里至纽项铺，二十里至褒城县，十里至鸡鸣关，五十里至马道驿，六十里至安山驿，六十里至松林驿，二十里至南新店儿，四十里至三岔驿①，六十里至梁山驿，五十里至草凉楼驿，六十里至东河桥，五十里至凤县，二十里至北新店儿，三十里至明夷镇，十五里至宝鸡县，三十里至第五村，四十里至岐山县，六十里至扶风县，五十里至武功，四十里至长宁驿，四十里至兴平县，五十里至咸阳县，五十里至陕西省西安府。四川至陕西：一由连云栈，即韩信明修之道；一由陈仓，即韩信暗度之道。栈道，自凤县三百二十里至褒城县，乔木夹道，皆大小坡，缘岭而行，有缺处，以木续之，成道如桥，即栈道也。非若剑阁县崖峭壁之险，一路有店舍，岩穴可宿，亦有带釜而炊者，种火以待来人。至褒城县，地始平。

云南省城进京至贵州省城合路程

云南府出细毡。五色花石，状如玛瑙，可作器皿，三十里至下板桥，六十里至杨林所，口岸途中，间有巡司，六十里至易龙驿②有毒泉，不可饮，八十里至马龙州有官，讨票，七十里至交水驿有新税，四十里至白水站有苗税，五十里至平夷卫，四十里至亦资孔，五十里至普安州换脚子，有税，六十二里至新兴站，七十里至安南卫，六十里至顶站有毒泉及虎，宜慎之，五十里至关索岭有哑泉，不可饮，五十五里至安庄卫，四十里至安顺府□脚子纳过税，六十里至平坝卫，四十五至威清卫巡司，四十五里至贵州省城货物退税。

贵州省城进京至河南卫辉府合路程

贵阳府三十里至谷觉，三十里至杨老站可中伙，四十里至清平县，六十里至兴隆卫，三十里至东坡可中伙，三十里至偏桥卫，三十里至刘家庄可中伙，四十里至镇远府，五十里至椒溪可中伙，三十里至清浪卫，廿五里至太平

---

① "三"，底本作"二"，据《清会典》卷六八九、《路程图记》卷一之四改。
② "易龙"，底本作"乌鲩"，据《清会典》卷六八九、《路程图记》卷一改。

堡,三十里至平溪卫,三十里至鲶鱼堡,三十里至晃州驿①,三十里至波州,二十里至便水驿,三十里至冷水铺,四十里至沅州,四十里至罗旧驿,四十里至盈口,四十里至桃花驿,三十里至大龙门,三十里至山塘驿,四十里至辰溪县,三十里至船溪驿,四十里至麻溪中伙,三十里至辰州府,三十里至陶饭中伙,三十里至马底驿,四十里至狮子铺中伙,四十里至界亭驿,十里至马鞍山,四十里至宁口中伙,四十里至新店驿,三十五至杨溪桥,三十五至郑家驿,三十里至水溪,二十里至桃源县,六十里至常德府,六十里至大龙驿,七十里至清化驿,七十里至澧州,六十里至顺林驿,七十里至孙黄驿,六十里至公安县,六十里至荆州府,六十里至四方铺,卅五里至建阳驿,三十里至新店铺,二十里至园林铺,四十里至荆门州,三十里至小南桥,二十五至石桥驿,六十里至丽阳驿,六十里至宜城县,五十里至潼口驿,六十里至襄阳府,二十里至七里桥,二十里至陈庄铺,二十里至斗沟驿,二十五至黄渠铺,二十里至新店,三十里至新野县,三十里至妙堰铺,二十五至界冲,十五里至林水驿,三十里至屯儿,三十里至南阳府,四十里至夏润铺,二十里至博望驿,二十五至赵河铺,三十五至裕州,四十里至笃树,二十里至保安驿,三十里至旧县,三十里至叶县,三十五至新店铺,二十五至襄城县,九十里至石固店,六十里至新郑县,四十里至郭店驿,九十里至荥泽县,六十里至亢村驿,先过黄河,五十里至新乡县,六十里至卫辉府。

河南省城进京至卫辉府合路程

开封府四十里至金铃口,过黄河,三十里至齐益,二十里至延津县,十五里至搭儿铺,二十五至沙门,三十里至卫辉府。至京一千三百二十里,详湖广路程中。

---

① "晃",底本作"见",据《清会典》卷六八九、《纪要》卷八一改。

广西省城进京至湖广武昌府水陆路程

桂林府五十里至灵川县，八十里至兴安县，五十里至连安驿，九十里至全州，七十里至山角驿，七十里至柳浦驿，一百里至石碁驿，九十里至永州府，九十里至祁阳县，九十里至归阳驿，六十里至河州驿，六十里至植坊驿，六十里至新塘驿，九十里至衡州府，九十里至七里驿，七十里至流霞驿，六十里至衡山县，六十里至马公岸，十五里至都石驿[①]，四十五至贯田，六十里至渌口，三十里至耒州，二十里至古桑洲，三十里至湘潭县，三十里至焦山，三十里至东洋港，三十里至长沙府，八十里至彤关驿，八十里至湘阴县，入洞庭湖，三十里至芦林潭大口岸，三十里至荣田驿，六十里至磊石驿，三十里至庄顺，三十里至鹿角驿，三十里至扁山，三十里至岳州府，二十里至城陵矶，三十里至道人矶，三十里至白罗山，五十里至新堤，四十里至茅埠，三十里至石头口，三十里至六溪口，二十里至几家洲，四十里至嘉鱼县，二十里至小洲头，三十里至蒿洲，三十里至簰洲大口岸，三十里至牛角尖，三十里至东江脑，四十里至金口驿，三十里至串口，二十里至南湾庙，十里至武昌府。

广东省城进京至江西南昌府水陆路程

广东省乃阴盛阳泄之地，人多湿疾，出多瘴岚，走路宜饱飡，出门不宜早，侯瘴岚退，方妥。货物行李至南雄府发夫到南安府雇船，下水，往南昌，此处多有雇三板船。广东省城南，四十里至佛山镇，八十里至官窑，七十里至胥江驿，六十里至回岐驿。清远县、清远峡、横石驿、大庙峡、香炉峡、连州江口等处，共九十里至真阳峡，一百里至英德县，百里至清溪驿滩险，百里至濛里驿土尿滩。险，百二十里至韶州府神福，百里至平蒲驿，百里至始兴江口有柴卖，五十里至横塘驿滩。极险，九十里至南雄府。各货在此报税。雇船，直下广城，六十里发夫至中站，六十里至南安府雇船。鸡足一连三滩、新开河滩、峡口，共一百廿里至小溪驿，八十里至南康县，八十里至九牛驿。黄金巡司、高楼出

[①] "石"，底本作"百"，据《纪要》卷八〇、《士商类要》卷一之四八改。

靛青,共百廿里至赣州府。有户部在此过税。东门往瑞金、福建,廿里至储潭庙神福、白涧滩、鳖滩,共四十里至天柱滩神福。大乌洲、九脚滩、石人坝、天子地,共四十里至攸镇驿。铜盘、锡洲、凉口、凉滩、黄金洲、五座滩、匡风滩,共六十里至阜口驿。小溜滩、大溜滩、樆绳滩、标神阁、惶恐滩,此来上下各滩,下水多险,共六十里至万安县。龙泉江口、君滩、百家村、龙丘、滩头巡司,共六十里至浩溪驿。周公潭、速口洲、吉江口、将军庙可泊舟、太和县出烧酒、鲜茶江口,共三十里至陶金驿,二十里至花石潭,十五里至张家渡,十五里至永河埠头,五里至安福河口,十里至吉安府,十里至罗紫山、大洲头,廿五里至吉水县。三曲滩、白沙驿、富口、童江湾、长牌,共八十里至峡江县。仁和,共五十里至新淦县。河埠、石口、大扬州小神福、永泰、潇滩驿、临江河口,共九十里至樟树镇大市镇。聚卖药材。扬子州,共六十里至丰城县。龙头山、小港口、大港口、张吴渡防小人、市汊小人多、河泊所、象牙潭,共百廿里至沙井,对河江西省城沙井有骡马店,可买、可雇。

湖广省城进京陆路程

武昌府出楚石、桃花石,可刻圆章。对江便是汉阳府,合流入江处,为汉口。极大市镇。各省货物赶聚,川陕毡毯、药村、白蜡为项。此处雇骡或轿入京,如扬州例。汉口四十里至聂口(一站):尤河过渡、聂口过渡。聂口百里至杨店(一站):双庙、新店、达义铺、价佳铺、田镇铺、杨店。杨店八十里至小河溪(一站):观音堂、刘店可住、关新店、小河溪有路去河南。小河溪百里至东王店:邓家店、郭家店、广水可住、东王店。东王店百里至信阳州(一站):武胜关、鸡公店、李家寨、新店、彭家湾、信阳州。信阳州九十里至明港驿(一站):双井村、早阳店、常德关、明港驿。明港驿九十里至确山县(一站):同官店、五塞河、黄山铺、确山县。确山县九十里至遂平县(一站):古城、驻马店、界牌、遂平县。遂平县九十里至郭家店(一站):十里铺、廿里铺、西平县、李庄铺、郭家店。郭家店九十里至临颍县(一站):郾城县、王家店、小西桥、临颍县。临颍县九十里至丈地店(一站):

固厢、大石桥、许州、丈地。丈地店百里至郭店驿(一站)：济众桥、黎园、新郑县、十里铺、廿里铺、卅里铺、郭店驿。郭店驿九十里至荥泽县(一站)：十八里铺、郑州、荥泽县。荥泽县八十里至小冀集(一站)：黄河过河、王禄、亢村驿、小冀集。小冀集九十里至卫辉府(一站)：八里店、张武店、卫辉府。卫辉府一百一十里至宜沟驿(一站)：顿坊铺、吴店、淇县、高村店、大仁店、宜沟驿。宜沟驿一百十里至丰乐镇(一站)：光村铺、汤阴县、美河铺、魏家营、彰德府、北卅里铺、花村店、丰乐镇。丰乐镇百里至邯郸县(一站)：王家店、磁州、柱村店、车骑关、台城铺、南廿里铺、赵王古城、邯郸县。邯郸县百廿五里至顺德府(一站)：黄梁仙迹、界河店、七里店、临铭馆、搭连店、普通店、沙河县、食膳铺、九家铺、康庄铺、顺德府。顺德府一百一十里至柏乡县(一站)：双羊、庞马村、官庄、今提店、范解铺、大宁铺、柏乡县。柏乡县一百里至鑾城县(一站)：十里铺、同城店、沙河店、大石桥、赵州、新寨店、鑾城县。鑾城县百里至伏城驿(一站)：治河铺、荆壁铺、南廿里铺、南十里铺、真定府、拐角铺、伏城驿。伏城驿百廿五里至清风店(一站)：马头铺、同常店、小寨铺、新乐县、南卅里铺、明月店、南廿里铺、南十里铺、定州出好眼药,可买、北十里铺、北廿里铺、清风店。清风店百廿里至保定府(一站)：廿里铺、庆都县、拱辰镇、万顺桥、泾阳驿、郭村、大激店、小激店、保定府。保定府百廿里至定兴县(一站)：徐河桥、漕河店、荆塘铺、刘祥店、安肃县、白塔村、田村、固城店、上汲铺、北河店、定兴县。定兴县百十五里至豆腐店(一站)：马村河、高碑店、松林店、新店、忠义店、涿州各省在此合路、先锋坡、琉璃河、豆腐店。豆腐店八十里至彰义门：良乡县、芦沟桥、彰义门。

- 209 -

江西省城进京至江南徐州陆路程

南昌府四十里至乐化公馆，二十里至新兴店，三十里至搭水铺，十里至三下渡防小人，二十里至建昌县，三十里至驿南铺，三十里至德安县，十里至乌石门，五十里至通示驿可住，三十里至东林，三十里至九江府，过江。小池口有骡、驴，可雇进京，四十里至孔垄可住，三十里至濯港可住，二十里至黄梅县，二十里至亭前驿，二十里至二郎河有店，三十里至故县河合路，二十里至枫香驿可住，三十里至太湖县，四十里至小池驿，五里至界亭，十五里至方泥铺，二十里至潜山县，十三里至青口驿，廿五里至小路口可住①，三十里至陶冲驿，二十里至挂车河大店。可住，廿五里至桐城县，三十里至北山岭店，五里至北峡关，三十里至梅心驿可住，十里至南将大店，十七里至三里街可住，三里至舒城县，二十里至三沟州，二十里至青梅缺，二十里至派河驿，六十里至庐州府，三十里至店埠，三十里至梁县镇，十五里至护城驿，五十里至响铃铺，三十里至张桥驿防小人，六十里至池河驿，廿五里至崇家铺，二十里至红心驿，三十里至总铺合路，三十里至豪梁铺，三十里至临淮县，六十里至王庄店可住，六十里至固镇，六十里至大店驿，六十里至宿州，六十里至夹沟驿，二十里至闵子集，二十里至桃山驿，五十里至徐州。此处至京一千五百零里，详在江南路程中。

江西省城进京至江南江宁府水路程

南昌府下水，十五里至网铺，四十里至樵舍，六十里至昌邑，六十里至吴城镇大市镇，三十里至朱矶，六十里至南康府，十里至谢司港，二十里至青山头，二十里至大姑塘，五里至女儿港，五里至鞋山，三十里至湖口县，十里至鹚鸪塘，三十里至鲟鱼咀，三十里至彭泽县。小姑山、马富山、磨盘洲、花园真，共九十里至东流县。吉阳湖、横石矶，共八十五至安庆府。李阳河、乌沙、峡口、池口驿、老龙池、老洲头、大通镇，共一百九十五里至铜陵

---

① "可"，底本作"百"，据上下文意改。

县。夏家洲、紫沙洲、荻港、繁昌、旧县、二山峡、鲁港，共百七十里至芜湖县有户部督关报税。郝山矶、东西梁山、亩下、采石矶、尖鱼嘴、和前港、列山、江陆钱，共二百一十里至上新河、江南省城。

北京由山海关至辽东奉天府陆路程

崇文门四十里至通州，七十里至三河县，七十里至蓟州盘山。出好眼药，八十里至玉田县，八十里至丰润县①，八十里至沙河驿，四十里至永平府，六十里至抚宁县，七十里至升河驿，四十里至山海关。西林驿、杏前中所、东关驿、曹庄驿、宁远卫，共三百一十里至连山驿。杏山驿、十三山、吕阳驿、广宁大城、盘山驿、高平驿、沙岭、三叉河、蒲河卫、安山，共五百里至辽东城即今奉天府。

北京至甘肃宁夏镇陆路程

彰义门至河南卫辉府，详在湖广汉口路程中。卫辉府、新乡县、获嘉县、修武县、武陟县、清化镇、渡舟河，共二百八十里至怀庆府。孟县、紫金山，共八十里至渡黄河。孟津县、北邙山、下山脚、瀍桥，共七十里至河南府。嵩县、旧洛阳城、孝水、磁涧、甘罗基、钓台渡、涧水、青龙山，共一百廿里至义昌驿。渑池县、会盟台、上金银山、下金银山、硖山驿、孝子祠，共一百六十里至陕州。虾蟆泉、灵宝县、宏农涧、阌乡县，共一百七十里至潼关。东渡黄河、蒲州、养疮城、西岳庙、华阴县，共一百六十里至华州。渭南县、临潼县、消魂桥，共一百八十里至西安府城。杨家城、咸阳县、萧相祠、醴泉县，共一百六十里至乾州。梁山、永寿县，共一百五十里至邠州政平驿，共一百四十里至宁州。合水县、华池驿，共一百二十里至庆阳府城北有池，产盐。灵祐驿、马岭城、曲子城、本钵递运所，共二百三十里至环县。青平驿、山城驿、鄜城驿，共二百一十里至宁夏界。玉皇庙、小盐池、石沟驿、大沙井，共二百五十里至灵州。渡黄河，登

_____
① "润"，底本作"溜"，据《清会典》卷六八八、《纪要》卷一一改。

- 211 -

岸。一百里至贺兰山,即在宁夏之北,进镇城。

江南苏州府由四安至徽州府水陆路程

苏州府盘门觅渡桥、尹山桥,共四十里至吴江县。八尺、平望、梅堰、双杨桥、震泽巡司、南浔、东迁、旧馆、中山、八里店,共一百五十里至湖州府出绫、绵、笔、茶。西门搭夜航船。杨家庄、严家坟、四安塘、隐龙桥、红心桥、三汊河、林顺桥,共一百二十里至思安镇,起旱。东牌、广德州、失羊铺、汪家桥、土桥、柏店、前冲铺、杨滩、长洪、周村铺、阮村铺、河沥溪,共一百九十里至宁国县。杨维冈、竹下铺、瓦窑铺、桥头、铺云门、夹路、周易铺、尘岭、小临塘、河洛司、沙塜、观音桥、黄土墈、丛山关、杨溪岩、下铺,共一百六十里至绩溪县。新馆、牌头、吴山铺,共三十五里至徽州府,共水陆七百里。

苏州府由双塔至松江府水路程

阊门新开河搭双塔夜航船、盘门、葑门、独树湖、大八间村、陈湖,共九十里至双塔。殿山湖、谢寨关巡司、南路、泖湖①,共九十里至松江府。

苏州府由太仓州至南翔镇水路程

娄门外搭船、跨塘桥、夷亭、真义巡司,共六十里至昆山县。四十里至太仓州。盐铁山、角龙镇②、外冈③、嘉定县,共七十里至南翔镇。

苏州府由东坝至芜湖县水路程

阊门、浒墅关,共八十里至无锡县。阳山、运村、中溪桥、峨桥、屺亭,共一百一十里至宜兴县徐舍,共九十里至溧阳县。南渡桥、堑口、河口、定埠、下坝、上坝换船、湖口,共一百六十里至高淳县。唐沟、西斗门、乌车港、黄池,共百里至芜湖县。此路避长江而走芜湖者,近便无盗,但逢水干,盘剥多费事耳。

---

① "泖",底本作"柳",据《纪要》卷二四改。
② "角龙镇",按《纪要》卷二四"又有葛龙庙镇",距外冈不远,疑底本有脱误。
③ "冈",底本作"江",据《士商类要》卷一之二〇改。

苏州府由湖州府至孝丰县水路程

阊门搭湖州夜航船,每人银二分、吴江县、平望、梅堰、双杨桥,共一百四十里至南浔,换船,每人银一分。东迁、旧馆、深山、八里店,共六十里至湖州府,西门搭夜航船,每人银一分之间。杨家庄、严家坟、潘店、木灰山、下严渡、吴山湾、小溪口、金湾,共九十里至梅溪,起早。安吉州、三馆、沿干、白庙,共七十里至孝丰县。

苏州府由常熟县至通州水路程

齐门搭船、陵墓、理口巡司、红塔、李王庙,共八十里至常熟县。福山上江船。江面阔、人家港,共一百二十里至通州属扬州府。

常州府由常熟县至太仓州水路程

常州府、郑驮桥、三河口、石堰、南闸,共八十里至江阴县。云亭、王村桥、杨家桥、务代桥、北郭寨市、玉庄、大河、张母桥,共一百四十里至常熟县。七星桥、店市、谢堰、巴站、昆山县,共一百一十里至太仓州。

扬州府由泰州至通州水路程

扬州府东关搭船、宜林,共一百一十里至泰州。江堰、海岸、利发口,共一百五十里至如皋县。丁堰、白蒲①,共一百五十里至通州。

扬州府由六合县至庐州府路程

扬州府搭小船、三汊河分路,共七十里至仪真县走西关,雇驴。陈保桥,共六十里至六合县。新店、盘城、浦口西、葛城、界首,共一百六十里至全椒县②。白酒冈、柴店冈、大石街、侍郎镇、小燕山、石塘桥、店埠,共二百二十里至庐州府。

---

① "蒲",底本作"埠",据《一统志》卷一〇六、《纪要》卷二三改。
② "全椒县",底本脱"全"字,据《清史稿·地理志》、《上商类要》卷二之五五补。

淮安府由海州至胶州水陆路程

淮安府礼字坝搭船，九十里安东县，过坝。傅门镇、八角墩、五江口、白头关、新安镇、龙沟、张家店、大伊山、木港口、版蒲，共二百一十里至塔儿湾，起旱，十里至海州西门外雇长驴。小河口、青口，共八十里至赣榆县。龙王庙、九里戚、朽汪，共七十五里至分水，货出清水口，上船八里。火山铺、丰和山、游所、将滩、寨上，共九十里至日照县，货出夹仓口，□五里上海船。河山店、梁乡、敖上、井奇、庄塔山、横河川、高歌庄、张仓、五岭庙、王台，共二百三十里至胶州。

清江浦由南河至汴梁水路程

清江浦三十里至清口马头。有巡司。洪泽共百里过湖，至草嘴、挠子山、步英沟、龟山、洒州、二陈沟、易河潘、旧县、龙窝、山冈、双沟、失引庙、浮山、妙冈，共二百三十里至五河县。下市、小岐、早巷、散汊，共八十里至凤阳旧城。临淮县、十里城儿、长淮、半步溜、荆山、马头城、上窑、洛河、石头铺、白龙潭、下蔡、肥河口，共二百九十里至寿州河口。焦冈、笋椿、河口、八里垛、蔡涧铺、三道冲，共一百六十里至颍上县。江口、流龙口、回溜窝、七里河、白庙、泗河铺、太和旧县、税子铺、界沟，共三百里至纸店，船户此关①。王霸溜、槐方店、牛埠口、王敝集、新店、传霸口、牛家埠、周家口西北去均州、李方店，共一百七十里至西华县。龙石头、李家桥、红花集、扶沟县、李家潭、石家桥、水坡，共二百二十里至朱仙镇，起车。四十里至汴城开封府。

清江浦由小河至符离桥路程

清江浦、清河县、桃源县、古城、小河口、耿车、高座，共二百六十里至睢宁县。茅竹港、桐郡、孟山、时村、符离桥，共二百七十里至徐集口。

---

① "船户此关"，底本原文如此，疑有脱误。

镇江府由洋子江至九江府水路程

镇江府、何家港，共六十里至仪真县。新河口、青山、方山、东沟、矶山、瓜埠、燕子矶，共百里至龙江关。中上新河、大胜关驿、三山，共七十里至江宁镇①。上三山、烈山、和尚港、望夫矶、采石驿、东梁山巡司、裕溪口、四合山、赤矶窑、一矶，共一百四十里至芜湖县。鲁港、螃蟹矶、三山峡、教化渡、芦席夹、繁昌旧县、圯汊、板子矶、荻港驿、钱家湾、丁家洲、油榨港，共一百六十里至铜陵县。窑头、杨家矶、大通驿、老洲头、黄家套、麻布料、流波矶、清溪、池口驿、乌沙夹、宗阳口、哪咤矶、李阳河驿、拦江矶、长枫夹、祝家嘴、黄盆、桑园，共二百四十里至安庆府。官口港、黄石矶、吉阳湖，共九十里至东流县。雷港驿、花扬镇、磨盘洲、马铛山、小姑山，共百里至彭泽县。胭脂港、鲟鱼嘴、柘矶、八里江、它鹅洲、老鸦矶巡司、叚腰、小池口，共一百里至九江府，船装货，量头纳载。

江南徽州府由景德镇至武当山路程

徽州府出墨、冷水铺、茆田铺、长充铺、涨山铺，共六十里至休宁县出墨。绿溪铺、蓝渡、齐云岩脚、界首、渔亭、榔木岭、横路头、新设铺、双溪楼，共一百一十里至祁门县，搭船。下水。昌下、后潭、塔坊、坪里、版石、白桃、倒湖滩下水、北港、池滩、小儿滩、石鼓岭、浮梁县，共二百五十里至景德镇出瓷器。官庄、石牌滩、宗潭、鞍山、狮子山、大阳埠、鸳鸯岭、顾园渡、程家渡、蚊虫湾、磨刀石，共一百九十里至饶州府。竹鸡林、九字脑、洪家阌、团砣、棠阴巡司、打石湾、周溪、钓台、柴棚巡司、饶河口，共一百九十里至都昌县。六十里至南康府、青山，共一百二十里至湖口县。六十里至九江府。龙平巡司、邬家穴、蟠塘、马口，共一百九十里至靳州。渔阳口、道士洑、散花料、回风矶、兰溪驿、巴河，共一百九十里至黄州府产绿毛龟，能避飞尘。三江口、团风驿、矮柳铺、双流夹、阳罗驿、青

---

① "宁"，底本作"陵"，据《路程图记》卷七之二、《士商类要》卷一之二八改。

山巡司、马公洲，共二百里至汉口，进襄河。蔡店巡司、云口，共一百六十里至汉川县。关王庙、陈柏亭、麦芒嘴，共一百八十里至尖刀咀。塘湾、彭石河，共一百二十里至岳家口。狮子河、渔泛洪、黑牛渡、塔儿湾、泽口、夜叉口、史港、畔湖、望车、罗院、多宝湾，共一百九十里至新城巡司。沙阳、小河口、茅草林、旧口驿、茶园、马梁、石牌、溜连口、塘港、板桥滩，共一百二十里至安陆府。池河渡、毕家港、盛家店、丰乐河、龙王洲、清水港，共一百七十里至宣城县。毛家港、潼口驿、观音阁，共一百二十里至襄阳府柴店冈，共一百八十里至光化县小江口，共一百五十里至均州。四十里至石板滩。七里，自紫阳观至朝圣门，共六十五里到金殿。

江南徽州府由淳安县至严州府水路程

徽州府梁下搭船、浦口、梅口、狼源口、瀹潭、薛坑口、庄潭、绵潭、逢寨、九里潭、深渡、白石岭、境口、小沟、山茶坪、结坞头、横石、牵钻滩、米滩、八郎庙，共一百一十里至街口巡司。王家潭、滚滩、威坪滩、竹节、洪云、头滩、锡行渡、老人窗、慈滩、仰村冈、小金山、羊须滩，共八十里至淳安县。东溪、源口、赖爵滩、遂安港口、塔行、藻河、罗山墩、瓦窑埠、茶园、百步街、小溪岩、猢狲淇、试金滩、白沙埠、杨溪、下衙、马没滩、宗潭、到潭插，共一百五十里至严州府。

徽州府由金华府至温州府水路程

徽州府梁下搭船、深渡，共一百十五里至街口巡司。八十里至淳安，一百五十里至严州府，转搭横港船。上水。大洋、三河铺、汝埠巡司、兰溪县南门外搭永康船。俱上水，共一百四十里至金华府产南枣、火腿。七十里至白溪口，起旱，五里至武义县。溪里、六树下、破竹园、龙门岭、李村、鸡沟岭、库头、西溪、洪渡、双溪、小安、竹洲、柴拼口、花街，共一百四十里至处州府五里下河。搭船。苦竹渡、经水、小群、海口、株溪头，共一百五十里至青田县产图书石。安溪、小泾，共一百二十里至温州府产西施舌，其味甘。

徽州府由开化县至福建建阳县路程

徽州府旱路、岩镇铺、茆田铺、茆岭、东干、隆阜、临溪、汊口、许家墩、王源，共一百四十里至古楼坦。陈村、桃林、思鸡、田岭、里霞山、网巾街、地本、明廉、音坑，共百里至开化县。青山底、夏埠，共八十里至常山县，东下水，至衢州府。北东上水，至此雇夫。草坪，共八十里旱路至玉山县，搭下水船，至河口镇。南山塘、沙溪铺、勘石塘、灵溪，共百里至广信府。龙潭、焦石塘、叶村、洲旁、罗头，共八十里至河口镇，在此起岸。下水，往江西省。分一水，六日到饶州府。白沙，共三十里至铅山县。洋源、牌黄、柏阪、紫溪店可住、竹方桥、车盘可住、乌石街，共八十里至分水关。黄连坑、大安街可住、小浆、杨庄、黄石街、石洪街，共七十里至崇安县雇船。下水。赤石街、裴村公馆水西乃武夷山①、产茶、外溪、城村、兴田下有滩、将口，共一百三十里至建阳县，于路有滩。

芜湖县由妙埠至河沥溪路程

芜湖县、百家店、泾梁河口、落蓬湾、黄池、乌车港、官陡门、下水洋、上水洋、徐村坊、管家渡、新河庄、七里沟、陈村湾、油榨沟、峡石，共一百四十里至妙埠。上水，起剥，雇纤夫。下水，本船收载俱在此处。乌盘、沿东、溪桥、乌泥埠、高桥坊、孙家埠、田家湾、下西、后潭、水东产麻、港口出姜柴、屯远、落公等、五姑渡往徽州货物，由此发卖，共一百二十里至河沥溪。

江南六合县由汊涧至盱眙县陆路程

六合县、盛家冈、黄泥坝、马家集可住、虞家洼、汊涧大市镇、茶庵，共一百一十里至旧铺可住。莲塘、孟店、义井、十里营，共五十里至盱眙县无城郭。大马头。

---

① "水西"，底本作"西水"，据地望乙正。

盱眙县由怀远县至亳州水路程

盱眙县三百四十里由旧县至荆州水程，前已详载清江浦由河南至汴梁水路中。怀远县从亳入西北小河行①、红庙、十里铺、沙沟、龙窝、陈窑、何家溜、龙冈、界沟集、双涧集、雉河集，共二百里至赵家屯。龙王庙、上沙、上集、泗上、车家埠口，共八十里至亳州大马头。凡山陕、客货，在此起旱雇车。转牲口往南，在此雇船。下水。

山西省城由蒲州至河南省城路程

山西省城临汾驿②，八十里至同戈驿，五十里至贾令驿，六十里至洪善驿，七十里至义常驿，七十里至瑞石驿、仁义驿，共九十里至霍州。普闰共一百四十里至平阳府。蒙城驿共百里至候马驿。冻川驿共一百三十里至泓芝驿。樊桥驿共一百六十里至蒲州。六十里至潼关渡黄河，一百七十里至陕州，二百九十里至河南府，四百二十里至开封府。

陕西巩昌府由沔县至湖广襄阳府路程

巩昌府、纳泥铺，共九十里至宁远县。四门寨、八角、麻池、埃成店，共一百六十里至礼县。石保，共六十里至西河县。转雇骡脚。青羊镇、石峡关巡司、纸坊头、小川子、韦家坝，共二百四十里至七防关巡司。窑平、里晋口巡司，此处搭船，下水，共一百一十里至略阳县。又雇骡脚。接官亭、峡口驿、睢水、分水铺，共一百六十里至沔县下水。百廿里至汉中府，七十里至城固县，五十里至洋县，九十里至庙上。陆路卅里。水路甚险，九十里至渭门，一百八十里至石泉县，一百八十里至马家营，一百里至紫阳县。中沙坝、耳河、小河道，共二百八十里至兴安州。黎家口共一百二十里至洵阳县，一百四十里至树河关，一百里至夹河关。白河，共一百八十里至郧阳府。白杨林一百八十里至均州。小江口共一百五十里至光化县。柴店

---

① "入"，疑为"州"字误。
② "山西省城临汾驿"，底本作"山西省临分驿"，据《清会典》卷六五五、《纪要》卷四〇补正。

冈共一百八十里至襄阳府。往四川货物，秋冬由荆州雇川船，装往各府去卖。春夏防川河水大难行，由樊城雇小船至沔县起旱，雇骡脚二百二十里至阳平关，骡脚运货至此，下船转装，往各府去卖。

河南临颖县由开封、大名二府至柏乡县路程

临颖县、郭家村、土桥、张潘店、五女店、西天，共百里至南席。冯村集、尉氏县、歇马营、闹店，共八十里至朱仙镇大市镇。可雇骡驴。老范店、仙人庄，共四十五里至开封府。黄河过渡、陈桥、潘店、留光集，共百里至长垣县出绵绸。九鸡集、南岳集、旧城、浦城，共七十里至东明县。司马集、沙堌堆、庆祖集、子岸集，共九十里至开州。胡村集、堌城埃、二庄、新店、石滚村外旷野。早晚不可行、谷村、御河、大名集，共一百二十里至大名府。六十里至广平县。翟固集、漳河、府东桥，共七十里至广平府。曲柏集、郑西，共七十里至南和县。贾宋桥、郜村，共三十里至任县。南王店共五十里至唐山县。齐村、北杨村，共三十五里至柏乡县。至京师，详在湖广汉口路程中。

湖广长沙府由高垄至万安县水陆路程

长沙府出正南门。旱路。行，一百里至珠田：关头可住、龙头、荷塘铺、珠田可住。珠田八十里至醴陵县：梢冈、靖安可住、板寨、醴陵县。醴陵县八十里至丹陵桥：龙山、泗汾、横岭中伙、丹陵桥。丹陵桥九十里至攸县：洞井、新市、石桥铺、高值头、攸县。攸县九十里至茶陵州：五里牌、长春铺、平桥可住、黄石铺、把集有店、洪山庙、茶陵州。茶陵州六十里至高垄：腰坡可住、背江、扶江、高垄。高垄六十里至路江：月江、车塘铺可住、界头、岭北、亭塘、市桥头可住、山下、路江。长沙府至此，七站水路。上迟缓，难定日期，在此雇船。下水。路江下水六十里至永新县：里田、阳吴、永新县。永新县一百至周源：怀古、莲花坪、坪山、周源。周源一百一十里至永阳：敖城、刘江、柴阳渡、郎湖、永阳。永阳七十里至永和镇：永阳、江口、梁潭、石头山、横山渡、子江口、双江口城、江山、永和镇有市。永和

镇七十里至泰和县出烧酒及乌骨鸡。泰和县一百里至万安县①：涑口洲、窑头、百家村可泊舟、罗潭湾、万安县上水，至赣州府。

湖广长沙府至武昌府汉口水路程下水十三站，顺风五六日可到

长沙府八十五里至彤关（一站）：山沙矶、下阴沟、禁子湾、清沟、彤关。彤关八十五里至湘阴县（一站）：曾沟、桥口塘、樟树沟、三直六湾、杨四庙、清州、湘阴县。湘阴县六十里至荣田（一站）：芦陵潭有市、荣田驿。荣田驿一百二十里至鹿角驿（二站）：百玉岐可住舟、陈启、望沟渚、鹿角驿。鹿角驿八十里至城陵矶（一站）：布袋口、岳州府、城陵矶。城陵矶一百二十里至茅埠（二站）：白鹿矶、羊陵矶、罗山大口岸、王家堡、新堤大口岸、茅埠。茅埠一百二十里至嘉鱼县（二站）：石头口、六溪口烧神福、垄口、嘉鱼县。嘉鱼县九十里至簰洲（一站）：小洲头、老鼠甲、簰洲大口岸。簰洲一百二十里至武昌府（二站）：东江脑、下沙湖、金口驿、甲口、武昌府省城。

湖广荆州府由川河至四川巫山县路程

荆州府大神福、笃箕凹、虎渡出豆、龙洲、渊市出棉花、天鹅碛、鸭子石、石套子、晒谷坪，共六十里至流店驿②。蔡歇、麦子碛、高家套、百里洲出棉花、雀儿尾、朱家埠出棉花、乌秋尾、灌子滩、思洋洲，共六十里至松滋县。诈角洲下水。要雇长送、王家山防厌风、焦石子、杨溪口、白果园、碓窝滩、鹅儿碛、枝江县、龙窝防小人，共九十里至白羊驿③。马棕碛、秤埂碛、云池、红石嘴、红花套、虎脑背、十二背、接官亭、大碛头、临江市、媳妇背、胭脂填、青草滩，共八十里至夷陵州小神福。团碛子、冷水碛、三溜子、南津关巡司。进峡、刑官峡、白龙洞、黄茅防下梁、列鬼、黄荆葬、洪溪、偏捞、平善坝、打麦场、石碑、稍公石、火仗背、猪圈子、黄颡洞、虾

---

① "万安县"，底本"安"下衍"安"字，据《清会典》卷六五六删。
② "流"，底本作"刘"，据《寰宇通志》卷五三、《纪要》卷七八改。
③ "羊"，底本作"杨"，据《寰宇通志》卷五一、《纪要》卷七八改。以下径改。

蟆口、喜滩、天竹山、南沱、马鞍滩、粗石滩、斗船沱、果园、小无泥、大红石、罗汉溪、红石子、大无泥、官槽、一株、大株,共九十里至黄陵驿大神福。滩大,水险。防小人。大沱、小沱、洪烟、铜钱堆、高桅子险、虎头、鹿角大水漩,险、旧庙、史君滩、下不管、上不管、取水沱、饭甑倒、鲟鱼嘴、罗尾、野猫子、端滩、腰机子、长埠、铁炉背、白洞子、塔洞大水,慎之。防小人、净洪溪①、上下羊背,共六十里至屈溪驿。马家三滩、锦宗河、杉木溪、上下通陵、青林井、青鱼坊、马肝峡、马槽背、新滩下沱、驴马溪、豆石子、石板滩、射洪碛、将军滩、新滩。货物尽盘搬过滩②,每背约六七厘,其船空扯上滩③。夜了背、小新滩、石虎沱、双庙子、兵书峡、米仓口、香溪口、金盘碛、南罗官、耍和尚、黄泥三滚、铁心肝、旧归州、莲花三背、屈原沱④,共九十里至归州。渣滩、方滩、鹦鹉崖、沙贞观、叶滩大水,险、汝流、石门管、七姊妹、下巴斗、上巴斗、旧牛口、磨力滩、蛟龙蛇、黄蜡石,共八十里至巴东县小神福。青竹标、东嚷口、旧县、西嚷口、雄滩、母猪滩、广东沱、门扇子大水,险、杨家蓬、卓牛沱、楠木园、马屎滩、洪崖碛、扁鱼港,共九十里至万流驿楚蜀分界。金扁担峡、铁棺材峡、皮石、香炉滩、白鹭鹚、黄老背⑤、金巴斗、沙滩嚷、大小磨大水,慎之、神女庙、巫山十二峰、青石洞、望夫崖、担川峡⑥、三分水、赖子洞、霸王锄、老鼠

---

① "净",底本作"浮",据《士商类要》卷二之一〇〇改。
② "搬",底本作"抚",据《士商类要》卷二之一〇〇、《路程图引》卷二之一〇〇改。
③ "每背约六七厘,其船空扯上滩",底本作"每背约良六分,其船空抽滩",据《士商类要》卷二之一〇〇改。
④ "沱",底本作"泥",据《士商类要》卷二之一〇〇、《路程图引》卷二之一〇〇改。
⑤ "黄",底本作"方",据《士商类要》卷二之一〇〇、《路程图引》卷二之一〇〇改。
⑥ "川",底本作"州",据《士商类要》卷二之一〇〇、《路程图引》卷二之一〇〇改。

凑、横石、鬼错路、跳石雇人管缆添扯①、官家坊、上下羊圈、羊旺子、迷猴子、空亡沱、朽石子，共六十里至巫山县出蜜糖、黄蜡。

浙江塘栖由余杭县至富阳县路程

塘栖从西水路行、上陌镇行家李圣木。发夫，每名约二钱，六十里至余杭县行家施明远。发夫，每名约一钱，七十里至富阳县行家任明远。写船。上、下水。

浙江省城由绍兴府至南海水路程

杭州府出望江门即草桥门，一百卅里至绍兴府：西兴此处写船，至曹娥、萧山县、白鹤院、钱青、皇桥、绍兴府。绍兴府九十里至曹娥江：乌门山出石板、高溥、陶家堰、樊江、东关驿、曹娥江。曹娥江一百零四里至余姚县：梁湖雇船至宁波府，每人三分、上虞县、上坝船用大绳辇过坝、中坝船俱牵过、余姚县。余姚县一百一十里至宁波府：丈亭、西坝俱绳摇过、宁波府出大东门，桃花渡雇船，至镇海县换船，或直上香船，至南海普陀山。宁波府二百里至南海普陀山：镇海县、定海县、南海普陀山。

浙江绍兴府由台州府至处州府水陆路程

绍兴府、蒿坝、三界公馆、仙岩公馆、嵊县，共一百八十里至新昌县在此起岸。会寺岭、关岭、天台县，共一百九十里至台州府，下船，百里至黄岩县。岭店驿、窑奥驿，共百八十里至乐清县。馆头驿共八十里至温州府，一百二十里至青田县出图书石。石门山共一百四十里至处州府出青窑器。

浙江杭州府由长安坝至上海县水路程

杭州、钱塘江口、回回坟上夜帆船、东新桥、沈塘湾、龙平山，共一百一十里至长安坝换船。崇德县、石门镇、皂林、斗门，共一百一十里至嘉兴府。东抵口、七里桥、嘉善县、张泾汇、风泾②、泖桥③、朱泾、斜塘桥，

---

① "缆"，底本作"总"，据《路程图引》卷二之一〇〇改。
② "风"，底本作"丰"，据《一统志》卷八三、《纪要》卷二四改。
③ "泖"，底本作"柳"，据《士商类要》卷一之一二改。

共一百一十里至松江府出绫、紫花布、鲈鱼、□菜、鹤。泗泾、七宝①、黄浦,共九十里至上海县。

江西南昌府由瑞州府至花桥山路程

南昌府、高家渡、市汊、松湖,共一百九十里至瑞州府出西门。涌桥八分银雇马到花桥山、坪山坳、飞仙桥、张坊,共一百里至花桥山。

饶州府由乐平县至徽州府陆路程

饶州府、乔麦湾、石头街、岭前,共一百四十里至乐平县。宝兴寺、毛桥、湾头、黄沙、庄玩,共二百里至婺源县。樟木铺、霍溪、古坑、汪口、江家湾、中平、芙蓉岭、对镜岭、官亭、黄茅、新岭脚、山斗、五城、溪口、隔山铺、闵口、高堰、屯溪、朱塘铺、姚岭铺、黄墩、环山铺、黄山拱秀,共二百二十里至徽州府。

江西湖口县由涂家埠至宁州路程

湖口县九十里至南康府,七十里至吴城,六十里至涂家埠。建昌县、屈家湾、涂征、白插、长乐、平马、子滩、陶芜、三凤滩、龙虎三湾、箬溪头、康滩、金口、潭头埠、泥泞铺、凤口,共百里至武宁县②。吴滩、姚湾、钝埠、仙人潭、临江滩、里溪、清江、柏树湾、石溪、彭古、抱子,共一百八十里至宁州,炭船俱泊于犀角潭。

南康府由谢家埠至福建邵武府路程

南康府二十里至左蠡。矶山、都昌县、饶河口、康山,共二百里至八字脑。柘林、谢家埠、清源驿,共一百九十里至抚州府。石门驿共二百二十里至建昌府,陆路。硝石、五福、杉关、纸马街,共二百一十里至光泽县,八十里至邵武府,下水,往福州府。

---

① "宝",底本作"保",据《士商类要》卷一之一二改。
② "武宁县",底本脱"武"字,据《纪要》卷八三补。

江西樟树镇由袁州府至衡山县路程

樟树镇大马头。卖药材。上水、临江河口、萧滩、滩头、黄土、罗家坊、中郭市，共一百四十里至新喻县。杨村、版壁铺、水口、绣塘、钟山洪，共百里至分宜县。金堂铺、早山铺、滨江、深新铺、杨冈、石牌、桑岩、黄石、下浦，共百里至袁州府。十地江、五江口、岩凤下、沙泉、西村、张家坊、杨村湾、仙峰市镇有夫，可雇、芦溪起早。雇夫。至湘东、岗铺、云居铺，共一百五十里至萍乡县。湘东大市镇。船。下水、火烧桥、陂头、双坑口，共一百一十里至醴陵县。铁江口、新福沟、十停可住舟、唐山口、渌口巡司、山门、朝陵、贯田、朱亭、都石驿、马公岸、石宫、右湾，共二百七十里至衡山县。

江西许湾由抚州府至樟树镇陆路程

许湾市镇，四十里至抚州府，雇车。西行：黄坊、游坊、抚州府。抚州府九十里至乌石岗：章家石、战坪小店、状元岭有店、缘福桥、界桥有点心卖、演塘中伙、古楼墟、邹家铺小店、乌石岗。乌石岗一百里至樟树镇：五马坊、朱树桥有店、官店大店、清风桥大店、潭埠墟、大桥、樟树镇，上水往芦溪、湖广，下水往南昌府。

许湾至江西省城南昌府水路程

许湾、黎坊，共六十里至抚州府。周渡、焦石出针、新鱼渡，共一百五十里至温家镇巡司。谢家埠、柘林、八字脑、官潭塘、赵家围、拜石，共二百二十里至南昌府。

江西樟树镇由袁州府至湖广长沙府路程

樟树九十里至黄土，上水。至庐溪起岸。过山：临江府、瓦窑、滩头、泗溪、太平沟、黄土。黄土八十里至新喻县：刘家渡、罗坊、安河、大鳖渡可住舟、新喻县。新喻县一百零五里至分宜县：杨村、颜塘、白米渡、水口可住舟、袁家渡、分宜县。分宜县一百一十里至袁州府：金塘铺、昌山可住舟、江斜、冯星、白沙塘、鹅沟、垄下可住舟、下埠、袁州府。袁州府一百二十里至庐溪：章公石不可泊舟、心安、西村、张家坊、杨坑、重公头、宜风有街市。可住舟。如遇水浅时，有夫可雇、庐溪大市镇。起岸。庐溪八十里至湘东旱路：高冈铺、云居铺、十里铺、萍乡县、湘东大市镇。下水至长沙。湘东八十里至醴陵县：黄花桥、火烧桥、坡头、双坑口、醴陵县。醴陵县九十里至渌口：铁江口、新福沟、十停可住舟、唐山口、渌口上水往衡州。渌口九十里至湘潭县：寮州塘、朱洲、下湾塘、古山洲、湾头沟、下洲屿、萧河口、湘潭县大马头。湘潭九十里至长沙府：文昌阁、洲埠沟、章公石、焦山、回龙沟、仁坡沟、东洋沟、箍十万、狮子山、长沙府。

江西吉安府由高垄至长沙府水陆路程

吉安府西关雇夫。旱路。行，六十里至沣田：庙前中伙、故江有市、沣田。沣田七十里至虹桥：王屯中伙、塘边小店、胡湾有店、虹桥。虹桥五十五里至箭市：故塘、溶村亭、箭市可住。箭市八十里至高垄：里田、沙沛不可住、桥头可住、界头岭、北亭、车塘铺可住、月江人家大、高垄下水，至长沙等处。高垄九十里至茶陵州：长塘、东山、茶陵州水小，滩窄，难行。或旱路，只六十。茶陵州一百二十里至攸县：巴焦山、门滩、鹅王庙神福、王平州、攸县。攸县一百四十里至余济：草市巡司、茅洲、大岳滩、余济人家大。余济四十里至衡山县：潭坝、雷家铺分河，直通广西省城、衡山县。衡山县六十里至马公岸：石湾、石宫、马公岸。马公岸一百二十里至渌口：都石驿、朱亭、贯田、朝陵、山门、渌口有东上水，去醴陵县。渌口九十里至湘潭县：朱洲、古桑洲、湘潭县。湘潭县九十里至长沙府：焦山、东洋港、长沙府。

江西铅山县由南康府至荆州府水路程

铅山县、周村、安舟渡、金白、沙饭、罗墩，共三十里至河口镇。此处另一路东上广信府，西下水。大心滩、叫岩寺、松树滩、烟望、西潼、连珠滩，共八十里至弋阳县。横洪滩、小箬埠、舒家港、桃花滩、大岩、上河潭、下村滩、大港、留口，共百里至贵溪县。九鸟滩、金沙埠、石鼓、鹰潭有市、东溪、界牌、石港，共八十里至安仁县。浮石、梅港、黄丘埠、霞山、大树埠、大九渡、龙掘、霸口、渔家埠、苦竹、驼背张、富家格，共一百四十里至瑞洪大市镇。一水西往抚州。康山共一百二十里至都昌县。矶山、左蠡东往饶州，共六十里至南康府。神灵湖、谢司港、青山头、长岭、大始塘、安儿港有关。报税、鞋山、文昌洑，共八十里至湖口县。它鹅洲、老雅矶巡司、投腰，共四十里至九江府上、下船。报税。官牌夹、猪婆料、新开口巡司、袁驼口、龙平驿、萧家马头、邬家穴、蟠塘对江富池，进兴国州、橹息窝、田家镇、马口、杀人港，共一百七十里至蕲州。挂口、渔阳口、毛山港巡司、道士洑、散花料、黄石港、回风矶、兰溪驿、巴河，共一百九十里至武昌县，十里黄州府。三江口、团风驿、矮柳铺、双流夹对江白洲镇、抽分厂竹、木在此抽分、阳逻驿、八溪甫、沙口、五通口水通黄陂，对江青山、马公洲，共二百一十里至汉口镇水通襄河，对江武昌。武昌府、鲇鱼口巡司、金沙洲、楠木庙、串口沙湖由此进口、大均山、金口驿、白人矶、东新滩口、下簰洲、上簰洲大口岸。有巡司、蒿洲、小临湾，共二百一十里至嘉鱼县。几家洲、六溪口、石头口、茅埠巡司、新堤大口岸、白螺山驿、杨陵矶、白鹿矶、城陵矶进洞庭、东南往长沙，西北往常德、唐家洲、瓦子湾、车水湾，共三百八十里至监利县。塔市驿①、调弦驿，共一百二十里至石首县。柳子驿、公安县、蚊虫脑、黄潭，共一百八十里至荆州府客货聚。沙、石卖。

福建漳州府由北溪至延平府水陆路程

漳州府出北门，旱路，至浦南雇船。上水，至岭脚上岸。雇夫，至华丰市雇船。上水，共一百七十里至大氾（二站）。蚶仔口、华口，共六十里至漳平县（一站）。罗溪口至茶篮湖（一站）。公馆岭、十一湖，至宁洋县（一站）起岸。雇夫。过山。自漳平至此，水路多险滩。马山岭、钱公桥至林田驿（一站）、蚌口至永安县（一站）雇船。下水，至延平府。桃源洞、贡川大市镇。出网席，至三元街（一站）。水急。洋口至沙县（一站）。又至□溪（一站），下盂、

---

① "塔"，底本作"踏"，据《士商类要》卷一之二七改。

双溪口,至延平府(一站)。

延平府上水至邵武府路程

延平府、双溪口左,上沙县、王台馆有驿、上杨埠出铜板、夏布,共一百二十里至顺昌县出酒。富屯驿、黄溪口、沙溪口,共一百二十里至拿口驿多滩。宫墩铺、浮桥、新铺、铜青铺,共七十里至邵武府。

福建汀州府由九龙滩至延平府水陆路程

汀州府东行。岸路、新桥有店、大息岭中伙、馆前驿、彭家村可住在此,分路去清流、罗溪、应头、竹篙岭崎岖,共一百九十里至宁化县。雇船至延平。开神福。七姑、龙王庙神福,共六十里至清流县神福。松口营、韦家铺村、龙秋口神福,共七十里至铁石矶。客上岸,陆路行。上、下龙王庙雇梢子,一名银一二钱不等。至大岭三十里梢子回去,客仍下,船自放,至安沙防小人,共一百四十里至永安县。自贡川神福,由沙县、双溪口分水,上顺昌县,共三百四十里至延平府。

福建汀州府由白水镇至浙江衢州府路程

汀州府三百二十里至石牛驿,八十里至宁化县,七十里至高田,七十里至白水镇雇船,四十里至广昌县。长星桥、柑竹、双连、罗坊、白石、河源可住、丰林、西坑、磨刀渡,共一百一十里至南丰县。杨家沟、仙人桥、曾潭渡、金新对可住、六安桥、敖家渡,共一百一十里至建昌府神福。出麻姑酒。杨家渡、伏牛梁、安石门、青泥,共一百里至许湾。此处雇人、车,至邓家埠。若下水,往南昌府。田东,共二百一十里至邓家埠雇船。下水。至安仁县六十里。上水,一百里至贵溪县,六十里至莲湖,七十里至青山湾,五十里至叶村洲,七十里至灵溪,八十里至玉山县起岸,雇轿,过山,八十里至常山县雇船。下水,八十五里至衢州府下水,去江口。

汀州府由石城县至白水镇路程

汀州府、中山、黄祀岭下可住、沿江可住、上弼、头巾岭、龙江、秋口可住、坪山可住、株树下，共一百五十里至石城县。长乐、小松可住、分水岭、驿前可住、株树坑，共一百里至白水镇。

福建上杭县由小陶至永安县及至延平府路程

上杭县出北门。陆路、水西渡从右行。左往龙庆、梅溪寨、石圳潭、铁场、旧县、佛祖岭、射口桥、何坑铺、马羊洞防剪径，共一百一十里至馆前驿①。杨家坊、林屋坪、太平隘、羊城、溯口起岸、金鸡岭、曲溪、姑田，共一百七十里至秋家兰。隘口每人过隘银一分，每担行李亦一分，赏守隘人、湖口桥、小馆船下水、彭田、热水有温泉，共一百五十里至永安县。田②桃源洞、雷公滩险、沙县、相逢庙神福。有秤勾滩，共二百八十里至延平府。

福建建宁府建阳县由邵武府至许湾路程

建阳县七十里至麻沙：桃芝铺、马伏铺、后山、杭桥、莒口、东峰、虞渚、麻沙人家大。麻沙九十里至邵武府：叶坊、江坊、界首、梅里、林墩、官源、洒溪冈住、王堂有店、邵武府东门。邵武府八十里至光泽县：漠口、龙斗中伙、破石、和顺渡、直早塘、光泽县有关税。水陆路同。光泽县百里至石峡：黄溪铺、京牙中伙、止马铺可住、黄华林、杉关、顶上飞鸾大店、洎溪、石峡。石峡一百一十里至建昌府：五福往来在此起夫、蓝田司、师公铺、黄源、眼石、硝石、水箭滩、山门石、小岭、建昌府。建昌府百里至许湾：杨家渡、厂口、青麻、伏牛、梁安、青黎旱路。可行、东馆、许湾。

福建建阳县由铅山县至衢州府水陆路程

建阳县二十五里至将口：转水铺有螺蛳滩、墩头、河船铺、酗口铺有滩、将口人家大。将口三十里至城村：横径铺、兴田人烟大、城村人烟大。城村四十里至斐村公馆：外溪可住舟、双门、蒜洲塘、公馆。斐村公馆

---

① "馆"，底本作"新"，据《清会典》卷六八八、《路程图记》卷三之二九改。
② "田"，底本原文如此，疑有脱误。

三十五里至崇安县：赤石街出酒。有墟、崇安县南门外上岸。雇夫。出西门。崇安县五十里至大安街：石洪街、三渡、黄石街、杨庄、小浆可住、大安街。大安街七十里至黄柏坂：黄连坑有店、分水关大店、乌石街、车盘驿大店、紫溪店、黄柏坂。黄柏坂六十里至河口：洋源栅、闻家桥小店、铅山县、安洲、白沙、七里亭小店、虞家店小店、河口大市镇。雇船。上水。若下水，则往省城。河口五十里至焦石塘：界石潭、旁罗头、叶村洲、焦石塘。焦石塘六十里至勘石塘：龙潭右水，往广丰县、广信府、灵溪、勘石塘。勘石塘六十里至玉山县：黄石、沙溪人家大、胡溷塘、南山塘、张阪塘、十里山、玉山县上岸。雇夫。玉山县八十里至常山县：十里铺、桐梓巷、古城、屏风关、草坪巡司、中伙、白石街、蒋连铺、常山县雇船。下水。常山县百里至衢州府：招贤、王埠、衢州府。

福宁州由温州府至兰溪县水陆路程

福宁州、灶坑、湖坪、杨家溪、龙亭、杜家、蒋洋、五蒲岭、白磷店、头岩泉、同山镇，共二百一十里至分水关。桥墩门、水头、萧家渡、钱仓，共一百二十里至平阳县。瑞安县共一百二十里至温州府。前后于路，俱可雇船。温溪共一百二十里至青田县出图书石。大石溪、大洋、芝溪、海口、官坑、紧水、石盘，共一百八十里至下河离处州府五里。在此起旱。雇夫。岩泉东馆、交青、金坑、东渡，共九十里至缙云县。黄碧公馆、石柱街、黄堂，共八十里至永康县。烈桥、花街、杨公桥、石塘、交道岭、下铺，共一百一十里至金华府船下水、兰溪县五十里。另雇船，下江口。

广东潮州府由汀州府至赣州府合路程

潮州府上水，百里至□隍，百里至高陂，百里至三河坝。安乐渡共六十里至大埔县。长空滩、青山头、石上起旱、半山、小溪隘、峰市雇安香船、折滩大水，险、小池滩、大池滩水小，极险、大田溪口有塘、小姑滩、南蛇渡有塘、新峰滩水大，极险、长峰头大水，险、大姑滩有塘。水小，险、白水礁、黄泥垄有塘。此处剥上河船，至汀、狮子潭有塘、张滩坝，共一百七十里至上杭县南关下货报税。**九洲河口**有塘。查税、**赤面**、**石下**有塘、**涧头渡**、**紫金山**有塘。出图书石、**三潭**、**头锅**、**峰头**有塘。大水，险、**蓝屋驿**、**宫庄**、**回龙**有塘。水大，险、**羊牯卵**有塘、**磜滩**水小，极险，宜避上岸、**小蓝河口**有塘、**米筛角**有塘、**员当**有塘、**水口**有塘、**三洲驿**、**大小潭**有塘、**河田**有塘、店。有温泉、**赤田**有塘、**游绳渡**有塘，共二百一十里至**太平桥**。船到教场、养鱼潭止。**至汀州府**，十五里至**白云铺**有店、**青山铺**大店、**古城**巡司。大店。有小船至瑞金、**隘岭**有关、**招坊店**，共八十里至**瑞金县**。在此写船。下水，往省。**茶湖滩**险。用纤索扯放下、**青埠**、**周坊**有滩、**木杨围**可泊舟、**茅山滩**险。上水。滩有墟市、**谢坊**有墟。塘可泊舟，共八十里至**会昌县**上手一河至军门镇。**芝兰铺**此下滩多、**大塬坝**有店。有滩、**骆口**有塘。可泊舟、**剪刀架**、**百河洋口**、**芝麻塘**可泊舟。有大滩、**紫山**、**宁都江口**赣关。下水。在此换船。上水收票，共一百九十里至**雩都县**。**小溪塘**可泊舟、**沙门滩**、**兴国江口**有塘、店。可泊舟。有大滩、**信丰江口**、**梅林**可泊舟、**七里镇**，共一百二十里至**赣州府**。有户部在此①。货物报税，分东西二关，一日开一关。

广州府至惠州府潮州府水路程 为东水路

广州府起行、**东沙河**、**猎德**、**东浦**、**鱼珠**、**乌涌**、**白沙**、**墩头**、**南冈头**、**新塘**、**泥子湾**、**南塘**、**瓦窑三槽**、**沙洲**、**大墩**、**新村**、**黄涌**、**穿龙**，共一百九十里至**石龙**大镇头。**缸瓦洲**、**绿兰塘**、**马嘶塘**、**李村**、**铁冈驿**、**永平洲**、**苏州驿**、**合竹州**、**鳡鱼角**、**博罗县**、**剑潭**产鱼虾，共一百一十里至**惠州府**。**樟树坝**、**七女湖**、**横沥墟**、**天刚围**、**庙子角**、**钓鱼公**、**赤塮**、**槟榔潭**、**观音阁**、**秋香水**一水进永安、**榄溪**、**苦竹排**、**小市桥**、**黄泥角**、**石功神**有墟、**三王寨**，共百七十里至**河源县**。**麻竹窝**、**古云塘**、**湖洲**、**鹿溪**炭贱、**满坑**、**三学塘**、**枕头寨**、**大运水**巡司。有墟、**猪头石**、**将军夹**、**柳城市**，共百一十里至**龙川县**。**沙涧步**、**鬼子岩**、**老龙**在此雇夫、**走旱**、**秦岭**、**黄泥坑**、**通衢驿**、

---

① "户"，底本作"月"，据上下文意改。

蓝关、岐岭在此雇船、清溪、高沙，共一百二十里至**长乐县**。转水湾、鹧鸪塘、朱矶、七都驿、紫高塘，共六十里至**兴宁县**。小峰山、步头冈、蛇坑、官桥塘、新桥塘、云台坑、南头营，共七十里至**程乡县**。揽潭驿、程江驿、松口驿、西洋滩、青草营、郑军渡、柄树塘、莲子渡、麒麟寨、铜湾冈、松江司、将军角、铅坭塘、蓬赖滩、燕水坑、虎子石、三河坝、枫树塘、元海塘、南坑塘、九龙潭、宋公塘、高陂汛、鬼子石、石岩塘、竹基塘、赤水塘、转水塘、猪坑塘、散溪塘、隰隍司有市、葛布塘、松水塘、曲湾塘、归湖塘、凤栖塘，共三百七十里至**潮州府**。

广东韶州府过小岭至湖广汉口水陆路程

韶州府、芙蓉驿出西门、遇仙关船至此，入户部投单，放关，货物秤过，兑税要挂号。秤税小包银，桥兵银。门下，取水票银过关。水浅换剥，架堂自理，**试船滩**、黄冈滩、龟头、石滩、下坑尾、靖村可泊舟、墨斗滩、横石滩、犁头步、双合滩水浅、莲塘村、沙园村防盗、犁壁滩、崩峰头、九思滩、下园村、厢廊村柴贱、龙门、石绵普、磨面滩、高坪、黄村营、黄村神福，共一百八十里至**乐昌县**产毛茶，苎布，茶油。上龟滩、猫儿滩最险、小汀滩、大汀滩大船到此，多并剥、小瘟滩水紧、大瘟滩、扫寻滩、石峡滩、昭镜石、梳妆台、杨溪水口、鱼梁滩、安口村、背坑村、白石潭、李田村、缆步滩、大赛滩、东乡水口、长犁村、水步滩、新路滩、戽斗滩、牛轭滩、昌石塔、头庙、牛屎滩、乐昌、白沙湾，共一百三十里至**沙堤市**。至此雇泷船，有经纪，写船各事要先详细辨理，方免等候，多卖其泷。遇险者，客要上岸，待上泷讫，方回船。衣服可加着一二件，入峡防冷。**鹅公石**、张滩、小浅滩、虎口、奇门滩产棉花、白茫泷极险、平石、罔湖滩最险、金泷有石、得鱼津、小园滩、大园滩、穿腰滩、九峰水口、梅泷大河、牛腿滩有石、白鸡滩、滁泷、梅丽滩、新泷、韩泷、罗渡巡司。截角用银二钱，米一筒，船家自出，**田家水口**出麻、棉、布、确铺、淡步村、马头寨、金鸡山、白沙水口、蓬塘口猪肉贱。土产棉花、东和布、大莲肉，共百里至**宜章县**。泷船至此，换小剥单船，或起岸，俱要议定。塘村口十五里至临武县、江口潭、新阪路、观音岩、黄泥坑、窄涌口、滑石滩、五羊桥、曲溪水土产苎麻、葛布、石佛寺、小韩泷、胡公庙，共一百二十里至郴州。店家彭、曹二姓，客货到齐，主人照点收店，然后与银，发夫过山，如南雄事例。雇夫一日，至长田歇家，每扣五厘。北关、五里山、牛筋洞、野石铺、奶子冈、御杜村庙人家多、晋军洞、樟桥铺、折岭中伙、施茶亭、枣子园、良路口、石坡、西路巡司、举岭、良田铺歇家姓余、曹、邹、万岁桥、长山铺、枫木山防脚夫逃走、走马岭中伙、老虎洞、草鞋岭、升仙桥、香花井，共九十里至澄江口。货到主家写。大木、马、船写。大船至汉口，约每扣载银一钱六七分之间。货齐，雇小船剥至瓦窑坪，上大船剥。船每装七八担，约银二钱间。写船每百担抽小伙三。担过山，送轿一乘，定规船银加一抽用。自此水浅，有乱石，须在瓦窑坪多雇剥船。东江直进。苏山桥、长涌口、小泷、杨家峡、乱石滩、箭头滩、下凤滩、白莲池、虾蟆滩、画眉滩、柳江口上水。有剥船、瓦窑坪剥船至此，货上大船、大小黄牛滩、大鹁鸡滩高、茅坪头、铜牌洲滩、观音滩、老鸦埔滩、风浪滩、澄江、口塘土产靛花，共六十里至永兴县起船。头滩、侍郎岩、香洲滩、齐公滩、唐公滩左有大石、三矶滩、青步滩有石、铸江口、瀑水、洪滩、雷坛观，共六十里至上圊街神福。此河于路多有。龙王滩、观音岩有石，宜慎、脚盆滩、八尺洪艰。险、桂阳水口、杨家栏柴贱、长路滩、杨州栏滩、柳州滩、大小窝滩、桃洲、市渡、铁市关、潭家湾、综子滩甚大。河中有乡子石，共九十里至耒阳县神福。出锡。乱石洪、清水铺出煤炭、煤炭场、肥港铺、三四门滩、乌龟峒、杨州坪、雷公洲滩、墨斗滩、易口渡土产莲、茶、靛、花、灶头街、县城街，共九十里至新城街县在左边。有塘、驿、巡。紫竹滩、口牌湾土产靛、花、耒洲渡、村口滩、大悲寺、撞牌头大水，宜慎、高宽滩，共七十里至小江口有巡司。猪肉贱。扛船凹、深坑滩产茶、百里渡、安堂寺、梁荇滩，共六十里至茶槽。马口滩、相公堡、高峰寺、水口滩，共六十里至泉溪渡。马卵堡、新渡头、欧公滩一水入河。驿河口神福。上水，往广西。此处米贱、朱家渡、铅锡滩、梧桐寺、耒河口出河与永州合水，上合湘潭顺水，又通洞庭。多买神福。米贱,共七十里至**衡州府**。**江口滩**、**樟木市**米贱、**白鹭港**、**霞流驿**,共六十里至**七里驿**。**滩大堡**可泊舟、**萱洲**可多买柴,共六十里至**衡山县**。**斗米滩**、**龙应港口**、**大源滩**多作神福。石多害舟。下水。宜请滩师、**茶陵江口**右通江西、**雷家堡**巡司。上水。查盐、**乌石矶**,共六十里至**都石驿**。**皇华驿**、**鳌州**、**矾石横**、**横鱼滩**、**实洲滩**,共三十里至**朱亭**。**挽州滩**有石、**朱亭港**、**渔翁港**,共七十里至**渌口**有一小河通袁州、樟树。**黄桑树**防小人、**泗州驿**、**昭陵滩**神福。乱石多,请水手送至三门滩,客出银三分、**三门滩**出竹篙、**水司**一水往江西、**紫石台**、**古桑洲**、**大石围**出蓬、盐、榄、**象石洲**、**濯石寺**、**朱洲村**、**鼓颡洲**防盗、**下摄**巡司、**一宿河**防小人、**湘乡水口**一水入蓝田、**石鼓嘴**、**夏家肆**产紫竹、白莲子,共九十里至**湘潭县**神福。商贾大埠。□米肉贱。至此换盐课船,更易过湖。**湘潭驿**土产莲藕、莲肉,三十里至**照山**北风必要剥船、**暮云巡司**、**白水湾**左有石、**巴矶石**东洋港、**黑石滩**、**一歇洲**好泊船,共五十里至**长沙府**。**水瀼洲**、**罗塘口**有大河,通入流县①、**夏源港**、**金钩湾**、**清江市**、**彤关驿**、**清港**出竹缆、**桥口**巡司一水入常德、宝庆、荆州等处、**青衣湾**、**三十六湾**、**杨四庙**,共一百六十里至**湘阴县**。有草湖,东纳汨罗之水,北与洞庭相接。春水多涨。**芦陵潭**即洞庭湖口,河通常德,共六十里至**荣田驿**。河中有大石,如紫竹。极多鱼卖。买神福。**株木涌**、**白鱼池**、**陈沙港**、**断腰港**,共六十里至**磊石驿**有市镇。通常德。**黄茅港**、**洞庭君王庙**、**铜盆洲**、**鹿角驿**、**万石湖**可泊舟、**新湘河**、**大布袋口**有水入常德、**扁山**、**军山**,共一百二十里至**岳州府**。河通洞庭。**岳阳楼**、**岳飞庙**、**线湖港**、**城陵矶**鱼贱、**荆河口**上水,去荆州府、**临湘港口**防盗,共九十里至**临湘县**。**沙窝**、**瓦子湾**小神福。过罗山。大口岸、**黄家堡**防小人、**白螺**巡司。防盗,共五十里至**监利县**出莲、肉、鱼、干子、棉花。**新堤驿**大口岸、**茅堡**巡司。防盗、**祭风台**,共六十里至**六溪口**大市镇。莲子多。**订新溪**、**滩口**,共五十里至**嘉鱼县**可泊舟。鱼贱。**上簰洲**大口岸、**牛角尖**、**上下了口**、**通襄驿**,共九十

---

① "通入流县",底本原文如此,疑有脱误。

里至金口驿。上下荆山、串口出沙湖，往仙桃镇。口岸。产棉花、盐、鱼、鹦鹉洲、楠木庙，共六十里至汉阳府东流为汉水，与涢水合流入江、汉口镇天下大马头。

广东广州府至肇庆府水路程

广州府土产丁香、荔枝、龙眼、蕉、桂、柑、橙、人面子、板枝花、肉、姜、豆、蔻，由五羊驿①、佛山极大镇头。天下洋货俱聚此发兑。厂上查税、黄借冈、西南司税货馆，共百里至三水县。背水汛、大稔塘、横槎汛、长利土产佛手柑、黄麻、蕉布、葛巾、后沥塘、羚羊峡、灵山寺、黄江沙，共百里至肇庆府土产端砚、岩石铁、陈香、宿砂、蕉布、干漆。

广东肇庆府至河头往高、雷、廉、琼水陆路程

肇庆府出奇美之砚。往新兴河头，起旱，至高、雷、廉、琼四府，望江朴槙②，过海口、永安汛、江口塘、大合水、莲塘、新桥有沙汤。出竹器、柴头墟、那乐塘、金鸡塘、长江寺、腰古有墟、官渡头、铜村塘、车江塘、土桥塘、岣口塘一水入新兴县，一水至河头、同山寺、旧营角、云齐塘、马鞍塘、白马塘、河头水路至此，雇轿车。起岸、天堂巡司、黄江汛、黄泥湾可住、那乌庙、高流水中伙、牛江坟，共三百七十里至阳春县。宜早歇起行。头塘铺、赤冈塘、冈尾塘、潭辣河、那且可住、清湖塘、莲花营、王拾塘中伙、大墟、马嘶塘、太平歇、住、白子、余洞中伙、五蓝高州、电白、梅绿在此分路、树下汛中伙、红花铺歇、住、蛋渡、水东塘中伙、南江汛、沙浣歇、住、王村迳防盗、潭巴墟、梅绿③大镇。高州府委人在此查税，客货报明，不宜瞒漏分厘。高、雷、廉、琼四府货聚此兑、三江岭、朱砂塘、板步塘、堂塅歇、住、宿江塘、坡头塘、铜鼓迳中伙、山口铺、石头塘，共五百六十里至遂溪县歇、住。白泥沟、石井塘、丝麻塘、城越歇、住、二塘铺、聚奇塘、平冈中伙，共一百六十里至雷州府。

---

① "羊"，底本作"仙"，据《路程图记》卷一之二改。
② "江朴槙"，底本原文如此，疑有误。
③ "梅绿"，按《纪要》卷一〇四"零绿镇在石城县南，以废零绿县而名"，疑为"零绿"误。

宜早歇起行。马踏墈、南界塘中伙、平乐塘、淳化塘、英利塘歇、住、遇贤塘、烂滩二塘、头塘,共二百一十里至徐闻县。观涛塘、海安所歇、住。候风登舟,渡洋一百廿里,至港口登岸,十里至琼州府四面皆海。

广东肇庆府至广西桂林府水路程

肇庆府往广西省,向西湾,直至关上、头塘、桂林头、小厢塘、陆步司、木头营、龙母庙、荔枝塘、栗头塘、勒头塘、麻墟汛,共百里至德庆州。思姑滩、罗傍汛、石头塘、照镜塘,共七十里至封川县。开建江口、界排塘、系龙洲,共六十里至梧州府。大沥涌、龙船洲、平浪水口、倒水寺、龙江驿、黄滩观音、涌口、上下古蓝、尚书庙、龙门滩、捡篙溠有大滩。右多船上水,宜慎、良凤涌、五将塘出金、上下湖墩、塘巾干路。有滩,共二百七十里至昭平县有上下马滩、猪婆石,宜慎。威灵镇出峡口、凤涌、黄牛寨、大龙塘、大结滩有暗石、长塘滩有五牛石。船上下水,要慎,共百里至平乐府东至贺县。凤凰山、李鱼堡、流公营、湖里塘,共四十里至阳朔县老县。嘉鱼县九十里至簰洲(一站):三小洲头、老鼠甲、簰洲大口岸子。簰洲一百一十里至武昌府(二站):东江脑、下沙湖、金口驿、申口、武昌府省城。

湖广荆州府由川河至四川巫山县路程

荆州府大神福、筲箕凹、虎渡出豆、龙洲、渊市出棉花、天鹅碛、鸭子石、石套子、晒谷坪,共六十里至流店驿。蔡歇、麦子碛、高家套、百里洲出红花、雀儿尾、朱家埠出棉花、乌纱尾、淮子滩、思洋洲,共六十里至松滋县。羊角洲下水。要雇长送、王家山防厌风、焦石子、杨溪口、白果园、碓窝滩、鹅儿碛、枝江县、龙窝防小人,共九十里至白羊驿。马棕碛、秤梗碛、云池、红石嘴、红花套、虎脑背、十二背、接官亭、大碛头、临江市、媳妇背、胭脂填、青草滩,共八十里至夷陵州小神福。团碛子、冷水碛、三溜子、南津关巡司。进峡、刑官峡、白龙洞、黄茅防小人、列鬼、黄荆葬、洪溪、偏捞、平善坝、打麦场、石碑、稍公石、火仗背、猪圈子、黄颡洞、虾蟆口、喜滩、天竹山、南沱、马鞍滩、粗石滩、斗船沱、果园、小无泥、大红石、罗汉溪、红石子、大无泥、官槽一株、大株,共九十里至黄牛驿①大神福。滩大,水险。防小人。大沱、小沱、洪烟、铜钱堆、高桅子险、虎头、鹿角大水漩,险、旧庙、史君滩、下不管、上不管、取水沱、饭甑倒、鲟鱼嘴、罗尾、野猫子碛上口有梁通河、唐工背、孟梁子、白沙沱、羊渡溪(一站)、花林驿巡司、虎须子、野土地、鲤鱼沱、高家溪、三关、嘴漏、阑子冲、天槽、葫芦碛,共六十里至鄨都县。蚕背险、送客堆、金斗三背、观音滩、攒灶子、弹子石、土捞子、深溪,共六十里至焦崖驿。土地滩、大百牵乱石。水大,慎之、和尚石、铁匠石、高庙子下有大石、群珠慎之、大眼看小眼、到抹石(一站)、涪州一河通思南府、龙王嘴、龟龙峡、李渡大神福、麻批滩、五布镇,共六十里至蔺市驿②。茶壶碛、鱼肠子、官田坝、黄鱼岭、烧丹背、龙溪碛、龙舌滩(一站)、长寿县、台盘子、田家沱、养蚕堆大水,险、昌鬼洞、青溪坝、灵家庙、乐碛柴贱、石牛栏、下乾堆、大洪溪、金鸡关、编塔镇、背子嘴、红纱碛、应家滩,共六十里至木洞驿③。马岭子、董阁老碛、当山峡、斩钒、老蛇堆、斗七子、普涝子、野猪崖水甚紧急。跳渡。慎之、广羊沱、卧龙堆、乌坝,共五十里至葛家沱。石峭子、下昭阳、趑滩、上昭阳、大佛寺、龙床碛、黄角渡、饿鬼滩,共五十里至重庆府一河通保宁府。土产白蜡、荔枝。

四川重庆府由川河至嘉定州水路程

重庆府小神福、洗垢滩水急、珊瑚坝、牛头髻、沙桥、九龙滩水紧、老官庙、马尾碛、水银口,共六十里至鱼洞驿。古坟堆、落黄峡、班竹沱、猫儿碛(一站)、铜罐驿、虎跳子、荔枝滩、莲蓬三滩、瓮坝碛、恋三渡、中渡,共六十里至江津县神福。鱼子沱、楼门滩、洪猪峡、龙七子(一站)、

---

① "牛",底本作"陵",据《士商类要》卷二之一〇〇、《路程图引》卷二之一〇〇改。

② "蔺",底本作"宁",据《士商类要》卷二之一〇〇、《路程图引》卷二之一〇〇改。

③ "木",底本作"水",据《纪要》卷六九、《路程图引》卷二之一〇〇改。

石羊驿、五台山、金光背、羊卵岩、湖滩、东海白沙、罗广子，共六十里至石门驿。黄鱼沱、草登山、梅家渡、大矶脑、羊角滩、长七子，共六十里至汉东驿清平司。驴过匾、壶瓶口、大东溪、到流子、鸡婆碛颗丈要放长扯、门关滩，共六十里至史坝驿。石坝垄、连石子、明家坝、合江县、晒金坝、石鼻子、猴子石，共六十里至牛脑驿。折尾子、小陶朱、旧泸州，共六十里至神山驿①。张观滩、新路口、螃蟹碛、龙瑶滩、巴岩子，共六十里至黄舣驿。高坝碛、小里滩、千年石、江西沱，共六十里至泸州大神福。一河通富顺县。出红铜、锡、铅、大棉布。三岩濠、蓝田三坝、九节匾、石硼关巡司、虎泊湾（一站）、纳溪县一河通永宁府、野猪崖、芸王坟、大角石，共六十里至董坝驿②。井口大水，慎之、麻衣沱、黄角碛，共六十里至江安县。香炉滩、鲤鱼岭、铜鼓子，共六十里至南溪县。合水滩、九凑子，共六十里至李庄驿。南广洞、黑窑厂，共六十里至叙州府神福。一河通马海府。土产筇竹、荔枝、五焦皮。锁江津、铜罗湾、牛屎匾，共六十里至牛口驿。千佛崖、大盆石、板凳溪，共六十里至真溪驿。龙床背、苦蒿屏、蛮河口、宣化驿、火掌背、打鱼村（一站）、月波驿一河通木川司、老鸦洲大水，险、呆门子，共六十里至下坝驿。紫云城、孝女渡、乱石滩、铜钱背，共六十里至犍为县③。蛮洞、大麻衣防小人、马盼子、金台子水小，险、杏坝、真武沱（一站）、三圣驿、四望溪巡司、牛心碛、竹根滩、羊腰渡、黄金匾、乌水滩、乌牛寺、大佛寺、三江门，共六十里至嘉定州。

川峡甚多，西峡、归峡、巫峡为三峡，惟黄草峡、瞿塘峡甚险④。三

---

① "神"，底本作"岭"，据《纪要》卷六九、《路程图引》卷二之一〇〇改。
② "董"，底本作"薰"，据《纪要》卷七二、万历《四川总志》卷二二改。
③ "犍"，底本作"健"，据《纪要》卷六九改。
④ "西峡、归峡、巫峡为三峡，惟黄草峡、瞿塘峡甚险"，底本作"惟黄草峡、瞿塘峡甚险，西峡、归峡、巫峡为三峡"，据《士商类要》卷一〇〇、《路程图引》卷一〇〇乙正。

峡七百里中①，两岸连山无缺②，重峦叠障，隐天蔽日，非亭午及夜月中天③，其余不见日月。风无南北，惟有上下而已。

云南马龙州由易龙驿至云南省城路程

马龙州、昌隆铺、鲁婆伽司讨票。每担送司海巴半奔、下板桥、小关索岭、易龙驿，共八十里（一站）。果子园通□□船，下保甸府、河口、腰站、罗傍铺有毒泉，不可饮、罗良村、杨林所大口岸（一站）、者察铺、大树哨、赤水鹏巡司。讨票。将前票相粘，每担送海巴半奔、官者哨、下板桥（一站）、黑虎哨、金马关，共三十五里至云南省城。以上四站，于中坡岭路多。

贵州省城由安顺府至云南马龙州路程

贵阳府客货纳税、阿江铺、小菁铺、倒树铺、芦寨铺、威清卫（第一站）、的澄河巡司。截角。脚子打发、狗场铺、镇夷铺、界首铺、平坝卫（第二站）、沙足铺、万龙铺、腰铺、石佛寺、猫儿铺、安顺府（第三站）换脚子。纳过税、杨家关、腰铺、龙井铺、安庄卫（第四站）、安庄铺、跌水铺、鸡公铺、关索岭（第五站）有哑泉，不可饮。惟马跑泉可饮、白口铺有一路通广西、安龙菁铺、顶站（第六站）防虎、黄土坡、新铺、盘江河、保甸铺有毒泉，不可饮、新哨有哑泉，不可饮、哈马庄、安南卫（第七站）坡极高、乌明铺、蜡溪铺河有桥、江西坡、泥纳铺、芭蕉关、新兴站（第八站）路高、三板桥、革纳铺、软桥哨、旧普安、水塘铺以上各处山路岭高④、普安州（第九站）换脚子。存税、蒿子铺、易纳铺、大坡铺以上俱山坡路、鹅琅铺、亦资孔（第十站）、鲁尾铺、平文所、滇南胜境、宣威关哨、平夷卫（第十一站）、羊尾哨、多罗铺、响水哨、土地坡、腰铺、于沟、哨坡、白水站（第十二站）上税、新铺、独树哨、海子铺、交水驿（第十三站）新税、三汲、响水坡、马龙州。

---

① "三峡"，底本作"有"，据《士商类要》卷一〇〇、《路程图引》卷一〇〇改。
② "山"，底本作"天"，据《士商类要》卷一〇〇、《路程图引》卷一〇〇改。
③ "午"，底本作"牛"，据《纪要》卷九六改。
④ "以上各处山路岭高"，底本作"以口各处路高山岭"，据上下文意改。

云贵之路，多有山坡，贵州之镇远、平越等府属，途中坡远，谨防蛮子、小人。